스토리
세계사

7

근대편 · II

■ 일러두기

- 본문에 나오는 인명과 지명 등의 표기는 원칙적으로 국립국어원이 정한 외래어 표기법을 따랐으나, 저자의 요청이 있거나 관례로 굳어진 몇몇 경우는 예외로 했습니다.

- 고대편과 중세편은 각 장의 미주를 책 마지막 부분에 장별로 구분하여 함께 실었습니다. 근대편과 현대편은 미주를 따로 싣지 않고 책의 뒤쪽에 참고자료로 정리했습니다.

- 책 이름은 『 』, 잡지나 신문명은 《 》, 개별 작품은 「 」으로, 영화나 연극, 미술작품 등의 제목은 〈 〉로 감싸서 표기했으며, 미주에서는 각 장별로 처음 나오는 책은 저자 등의 서지 정보를 다 수록했으며, 이후부터는 책 이름 이외의 서지 정보를 생략했습니다.

'혁명의 시대'부터 라틴아메리카의 독립 전쟁까지

스토리 세계사
7

근대편 · Ⅱ

임영태 지음

21세기북스

역사의 삭은 과일에서 희망의 술을 뜨자

이어령

역사의 수레바퀴는 뒤로 돌리지 못한다. 그러나 역사의 녹화 테이프는 뒤로 돌릴 수 있다. 미래를 준비하기 위해 역사를 되돌아보는 일은 필수불가결한 일이다. 요즘 사람들은 과거의 일을 쳐다볼 겨를이 없다. 앞만 보고 달려가기에도 바쁜 탓이라 말한다.

그러나 역사를 되돌아보지 않고 앞만 보고 달려나가다 보면 사달이 나게 마련이다. '세월호' 사건이 그렇고 인사 난맥이 그렇고 우리의 경제가 그렇다. 과거에 이미 해답이 다 있는데도 불구하고 그 해답을 굳이 찾아보지 않은 채 앞으로 내달리기만 하기 때문에 큰일이 벌어지는 것이다.

앞만 보고 달리는 일을 잠시 멈추고 숨을 고르는 시간이 필요하다. 역사책을 읽는다는 것은 그런 의미에서 큰 가치가 있다. 그러나 요즘은 역사책마저도 요약본이 대세다. 몇 년도에 어떤 일이 있었고 누구누구는 몇 년도에 태어나서 몇 년도에 세상을 떠났다는 것만 아는 것은 역사를 제대로 이해한 것이 아니다.

역사에는 원인과 결과가 있다. 역사는 누구에게 어떻게 영향을 미쳤는지 분석하고 판단하는 총체적인 과정을 거쳐야 비로소 우리에게 필요한 길잡이가 되는 것이다. 역사를 아는 사람과 모르는 사람은 아주 큰 차이가 있다. 역사에 세상살이의 이치가 녹아있기 때문이다.

따라서 이번에 출간되는 『스토리 세계사』는 가뭄 끝의 단비와 같다. 역사를 겉핥기식이 아니라 속속들이 깨물어 먹게끔 해주기 때문이다. 처음부터 편안하게 읽어나가기만 하면 재미와 함께 세계사의 장면 장면들이 오롯이 떠오르기 때문이다. 또한 행간마다 녹아있는 저자 특유의 분석력은 각 사건이면 사건, 인물이면 인물들의 인과관계를 일목요연하게 보여주면서 역사의 인과관계를 조감도로 그려낸다.

기존의 역사책들, 우리가 교과서를 통해 배우고 책을 통해 알던 역사는 그리스에서 시작된 서양식 역사관에 의해 만들어진 것이다. 예를 들어 동양과 서양이 전쟁을 벌인 장면도 서양식으로 쓴 역사는 '동양의 누가 서양의 아무개 나라를 침입했다'는 식의 설명이 고작이다. 전쟁의 원인을 제공한 것이 서양 쪽의 '아무개'라면 더더욱 그렇다.

『스토리 세계사』는 이제까지 서양인의 시각으로 본 세계의 역사를 동양인, 그것도 극동아시아의 작은 나라인 한국 역사학자의 시각으로 쓴 것이다. 그렇다고 해서 이 책이 국수주의적으로 쓰인 것은 아니다.

다만 세계 역사 속에서 한국인이 서야 할 정당한 자리를 차지하고, 보다 중립적인 시각으로 보편적인 인류의 삶을 이야기하고자 하는 것이다.

　『스토리 세계사』는 인류 역사의 시작인 오스트랄로피테쿠스부터 2011년 12월 말 미국 오바마 행정부가 이라크 주둔 미군을 철수하고 아프가니스탄에 증파했던 일에 이르기까지 방대한 역사를 다루고 있다. 이것은 기존에 우리가 익히 알고 있던 반 룬이나 곰브리치의 역사서와 확연히 다른 점이다. 인류가 과거 천 년 동안 생산해낸 정보가 근래의 십 년 동안 생산해낸 것보다 적다고 한다. 시간은 빛의 속도로 흘러가는데 우리는 근 백 년쯤 전에 나온, 그것도 서양인의 시각으로 본 세계사의 늪에 빠져있었던 것이다.

　『스토리 세계사』는 이밖에도 또 하나의 미덕을 갖추고 있다. 세계사 자체의 기술을 사건, 혁명, 인물, 테마 등으로 잘게 분류하여 하나의 사건이라도 입체적으로 바라볼 수 있게 도와준다는 것이다. 시간의 흐름에 따라 평면적으로 서술된 것이 아니라, 어떤 사건이나 특정한 인물이 어떤 경위로 역사에 등장하게 되었고, 어떤 영향을 끼쳤는지를 균형 잡힌 시각으로 보여준다. 따라서 인류의 과거와 현재를 바로 볼 수 있고, 앞으로 우리 삶이 어떻게 흘러갈 것인지에 대한 안목을 기를 수 있다.

역사, 그것은 나와 같으면서도 다른 사람들이 동시대를 살아가는 수평적인 기록들을 수직적으로 바라본 작업의 결과물이다. 씨줄과 날줄로 엮여있는 삶의 궤적들을 엄정한 눈으로 잘라내고 그 의미를 찾아내려고 노력한『스토리 세계사』가 여러분에게도 많은 통찰을 안겨줄 수 있었으면 한다.

역사가 내포하고 있는 역설은, 행동으로 역사를 만들어가는데 그것을 말로 기술한다는 데에 있다. 저자는 비록 글로써『스토리 세계사』를 서술했지만 그의 삶 자체가 양심과 함께 부단한 실천으로 일관된 것이었기에 이 책이 더욱 믿음을 준다는 점을 강조하고자 한다.

이제 우리는『스토리 세계사』를 통해 역사의 삭은 과일에서 희망의 술을 떠야 할 시간이다.

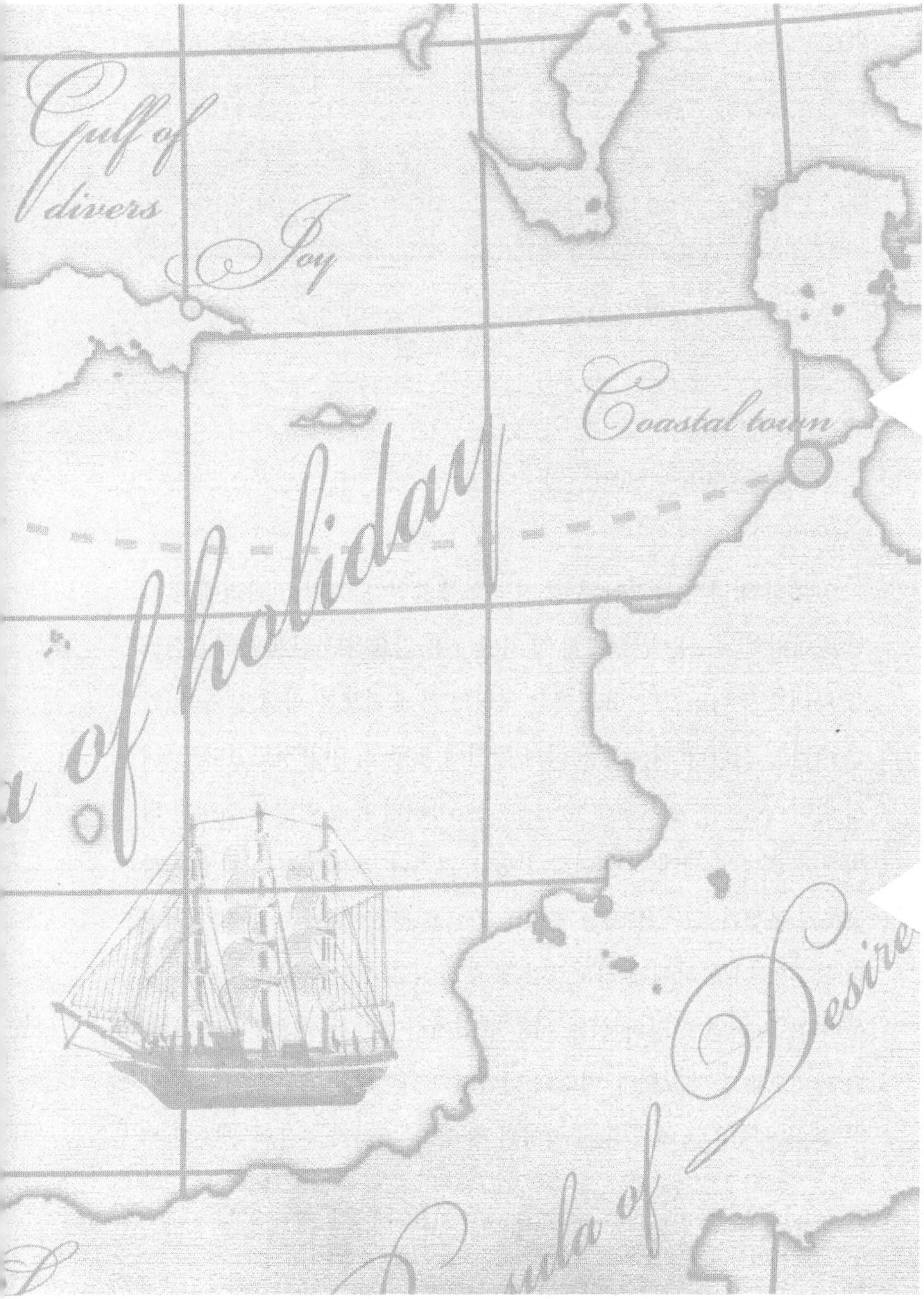
Gulf of
divers
Joy
Coastal town
of holiday
sula of Desire

1. 1848년 유럽 혁명

유럽에 휘몰아친 최초의 '세계 혁명'

진정한 최초의 세계 혁명

1848년 혁명의 물결이 유럽 전역을 휩쓸었다. 프랑스 파리에서 시작된 혁명의 파고는 민중에게 철 지난 옷을 강요하던 전제주의 세력들을 차례로 무너뜨렸다. 유럽에서 혁명의 거센 파도를 피해 갈 수 있었던 나라는 섬나라 영국과 유럽의 뒷전에 있던 러시아 정도였다. 그래서 월러스틴Immanuel Maurice Wallerstein*은 1848년 유럽 혁명을 진정한 의미에서 '최초의 세계 혁명'이라고 했다. 그러나 1848년 유럽 혁명은 성공하지 못했다. 그것은 처음 혁명의 불길을 올렸던 부르주아지가 혁명의 불길이 너무 거세게 타오르자 등을 돌리고 배신의 칼을 꽂았기 때문이다. 1848년 혁명의 실패 이후 유럽에서는 노동계급이 혁명의 주된 세력으로 등장했으며, 혁명의 이념도 변화했다.

1848년은 유럽 역사에서 '혁명의 해'였다. 정치적 자유와 민족의 통

---

* 세계를 하나의 사회체제로 파악하여 중심부와 주변부의 지배와 종속적 관계를 강조하는
   '세계체제론'을 주창한 정치경제학자. 주요 저서로 『근대세계체제사』가 있다.

일·독립을 위한 혁명의 열풍이 전 유럽을 휩쓸었기 때문이다. 1848년의 혁명은 파리에서 부다페스트까지, 밀라노에서 코펜하겐까지, 유럽의 거의 모든 나라에서 일어났다. 프랑스, 이탈리아, 스위스, 오스트리아, 프로이센, 덴마크, 폴란드, 헝가리의 주요 도시에서 폭동이 일어났고, 그 폭동은 혁명으로 발전했다. 오직 영국과 러시아만이 1848년 혁명의 위기를 모면했을 뿐이다. 그러나 영국과 러시아도 심한 공포감을 느끼지 않을 수 없었다. 그래서 월러스타인은 1848년 혁명을 '진정한 최초의 세계 혁명'이라고 불렀던 것이다.

1848년의 유럽 혁명은 프랑스의 2월 혁명으로 그 막이 올랐다. 파리는 봉건세력에게는 반란과 공포의 상징이지만 자유와 해방을 추구하는 사람들에게는 혁명의 상징이 되었던 도시였다. 그 파리에서 1848년 2월 22일 시민들이 내각을 무너뜨리기 위해 봉기를 일으켰다. 이 소식은 다른 지역의 정치세력들이 행동 방향을 정하는 데 결정적인 역할을 했다. 3월 5일 빈에서는 이런 보도가 나왔다. "마치 청천벽력처럼 파리의 혁명은 우리가 처한 상황의 어둠을 밝혀주었다. …… 도시 근교는 흥분된 상태에 놓여 있다고 한다. 소시민들은 격분해 있다. 흉흉한 소문이 나돌고 있다."

파리에서의 혁명 소식은 유럽 전역으로 퍼져 나갔고 그것은 혁명의 물결이 되어 전제군주들을 도미노처럼 무너뜨렸다. 3월 15일에는 반동의 심장부 빈에서 혁명이 일어나 빈 회의를 주도한 오스트리아의 재상 메테르니히 정부가 무너졌다. 독일에서는 2월 말 남부에서부터 민중봉기가 시작되었고, 3월 18일 베를린에서 시민들의 봉기가 일어났다. 이렇게 되자 오스트리아와 프로이센의 지배 아래 있던 이탈리아, 폴란드, 슬로바키아, 헝가리 등에서도 독립을 위한 민중봉기가 일어났다. 그리고 4월 10일 영국에서도 차티스트 운동Chartism의 마지막 불꽃이 타올랐다.

혁명의 광풍이 휘몰아친 1848년은 유럽 근대사에서 하나의 분기점을 이루는 해였다. 유럽 혁명을 계기로 그 이전과는 분명히 다른 정치적 모습을 띠었기 때문이다. 그 원인은 여러 가지가 있지만, 그 가운데 가장 주된 것은 대략 두 가지 정도를 들 수 있다.

우선 한 가지는 1848년의 유럽 혁명은 일부 나라를 제외하고는 실패했지만, 혁명을 이끌었던 사상적 바탕은 오히려 대중적으로 확산되었다는 점이다. 다시 말해 1848년 혁명과 더불어 유럽 전체를 뒤덮었던 자유주의와 민족주의의 물결은 혁명과 좌절을 통해 더욱 폭넓게 대중 속에 각인됨으로써 그 뒤 시대적 대세로 확고히 자리를 잡았다. 보수반동 세력은 비록 1848년 혁명 자체는 좌절시킬 수 있었지만, 시민의 자유와 민족의 독립이라는 열망을 완전히 꺾을 수는 없었다. 자유와 독립을 향한 민중의 투쟁은 그 뒤에도 끊임없이 이어졌고, 결국 지배자들은 '아래로부터의 혁명'을 철저히 탄압하는 대신 현실 정치 과정에서 '위로부터의 개혁'을 통해 그것을 점진적으로 수용하지 않을 수 없었다.

다른 한 가지는 1848년을 기점으로 노동자 계급이 역사의 무대에 새롭게 떠오르기 시작했다는 점이다. 처음 혁명을 주도한 것은 자유주의적 부르주아지였지만, 이들은 결국 반동적 지배 세력과 타협하여 혁명을 좌절시켰다. 그러자 민중은 이에 반기를 들었고, 그 과정에서 노동자 계급이 싸움의 전면에 등장한 것이다.

1848년 전후의 유럽 사회는 산업 혁명을 바탕으로 자본주의가 자리를 잡아 가던 시기였다. 따라서 절대군주와 귀족이 지배하는 봉건제도로는 더 이상 민중을 지배할 수 없는 상황이었다. 그러나 봉건세력들은 아직도 철이 지난 옷을 인민들에게 강요하고 있었다. 그러자 새로운 시대의 주역으로 떠오른 부르주아지와 자유주의 지식인, 그리고 이제 막 세상에 자신의 모습을 드러내고 있던 노동자 계급이 힘을 합쳐 낡은 제도를 고집하는 절대주의에 반기를 들었고, 그 위력 앞에 봉건세력은 힘없이 무너질 수밖에 없었다.

그러나 봉건세력이 무너지고 혁명이 발전하자 부르주아지는 돌아섰다. 그것은 혁명이 계속된다면 자신들의 이익도 손상 받을지 모른다는 두려움 때문이었다. 그 뒤 부르주아지는 절대주의 세력과 연합하여 권력 일부를 나누어 가진 지배자로 등장했고, 민중은 다시 새로운 투쟁을 시작할 수밖에 없었다. 그 투쟁의 선두에 노동계급이 선 것은 당연한 일이었다. 그들은 수적으로 가장 많았을 뿐 아니라, 자본주의 사회에서 가장 잘 조직된 계급이었기 때문이다.

"하나의 유령이 유럽을 떠돌아다니고 있다, 공산주의라는 유령이." 로 시작되는 마르크스의 저 유명한 '공산당 선언'이 발표된 것도 1848년 이었다는 사실을 상기한다면, 1848년 혁명 이후 노동계급이 가장 강력한 정치적 세력으로 부상한 것은 우연이 아니었음을 알 수 있다.

파리가 움직이면 유럽이 움직인다

1848년의 유럽 혁명은 하루아침에 갑자기 일어난 사건은 아니었다. 이전부터 수많은 정치·경제적 모순들이 쌓여 왔고, 그것을 견디

프란츠 빈터할터가 그린 루이 필리프 1세의 초상화

다 못한 민중들이 반기를 들면서 시작되었다. 그것은 1848년 이전에 계속된 수많은 반란과 봉기를 통해 성장한 민중의 힘이 일시에 폭발한 결과였다. 그런 점에서 1848년은 억압과 수탈에 대한 민중의 분노가 최고조에 달한 순간이었고, 마침내 그것이 폭발하여 유럽 혁명이란 화산으로 터져 나왔던 것이다.

1789년 프랑스 대혁명이 일어난 이후 파리는 혁명의 도시가 되었다. 파리는 혁명의 상징이었고, 파리 시민은 혁명의 전사들이었다. 파리가 조용하면 유럽 전체가 잠잠했고, 파리가 움직이면 유럽 전체가 요동을 쳤다. 그래서 유럽의 반동 세력은 항상 파리의 움직임에 신경을 곤두세웠고, 그들은 프랑스의 반동 세력과 함께 파리를 잠재우기 위하여 함께 연합했다. 그런 파리에서 1848년 2월에 다시 혁명이 일어났다.

프랑스에 혁명의 불안한 그림자가 어른거리기 시작한 것은 1846년부터였다. 1846년 프랑스는 순조롭지 못한 날씨로 곡물이 흉작이었다. 거기다가 설상가상으로 아일랜드에서 번진 감자 병충해가 유럽 대륙으로 퍼지면서 서부 유럽과 북부 유럽은 감자마저 대흉작이었다. 곡물 가격이 두 배로 뛰었고, 1846년 겨울 이후에는 감잣값이 네 배로 껑충 뛰었다. 이와 함께 불황이 닥치고 임금이 저하되었으며 실업자가 늘어났다. 가난한 농민과 도시 빈민, 그리고 노동자들의 생활은 위기에 몰렸고, 그들의 불만이 고조되기 시작했다. 이런 불안한 경제적 상황에다가 정치적 위기가 겹치면서 1848년 혁명으로 발전했다.

1830년의 7월 혁명으로 들어선 루이 필리프 1세Louis-Philippe I*의 프랑스는 입헌군주제7월 왕정였지만 근본적으로 민주주의와는 거리가 멀었다. 특히 그 가운데 가장 문제가 된 것은 선거법이었다. 당시 프랑스는 1831년에 개정된 선거법에 따라 3천만 명의 인구 가운데 겨우 20여만 명만이 선거권을 가지고 있었는데, 이는 겨우 전체 인구의 170분의 10.6퍼센트에 불과했다. 이것은 영국이 1832년의 선거법 개정으로 전체 국민의 26분의 1이 유권자였고, 벨기에는 86분의 1이 유권자였던 것과 비교하면 터무니없는 것이었다. 이 당시 프랑스 지배자들의 주장은 "부자가 되어라, 그러면 선거를 할 수 있다."였다.

반정부적인 공화주의자들은 1847년부터 선거법 개정운동을 개혁 연회 방식으로 전개하기 시작했다. 이 개혁 연회는 70여 회나 계속되었고, 횟수를 거듭할수록 반향이 높아갔다. 드디어 운동은 자유주의적 개혁을 넘어서 보통선거제도였던 1793년 헌법으로 복귀하라고 요구하기에 이르렀다. 정부는 계속 방관만 할 수 없었다. 1848년 파리 제12구의 개혁 연회가 1월 19일 열릴 예정이었으나 정부는 집회를 금지했다. 항의가 빗발쳤으나 당시 왕당파의 지도자였던 기조Guizot는 끄떡도 하지 않았다. 개혁파는 연회를 2월 22일로 연기했고, 이때부터 상황이 심상치 않게 돌아가기 시작했다.

---

* 　루이 16세의 사촌이자 정적이었던 평등공 오를레앙의 아들이다.

군중이 동요하기 시작했고, 드디어 2월 22일, "개혁 만세! 기조 타도!"를 외치며 시민과 공화주의자들이 몰려들기 시작했다. 그리고 군중은 곧바로 무장에 들어가 거리를 장악하기 시작했다. 다음 날 저녁 노동자, 수공업자, 학생으로 구성된 파리의 혁명군은 수천 개의 바리케이드를 치고 정부군의 공격을 막아내며 끈질기게 투쟁했다. 드디어 루이 필리프 왕은 기조 내각을 해산하고 새로운 내각을 구성했다. 그러나 기세가 오른 민중은 그것으로 만족하지 않았다. 2월 24일 군중은 계속해서 거리를 장악하고 내각 해산과 공화제를 요구했다. 그날 밤, 군대가 투입되면서 대량 학살이 일어났다. 그러자 국민방위대가 혁명 군중에 가담했고, 다음 날 군대를 파리에서 몰아냈다. 드디어 임시정부가 들어서고 공화정이 선포되었다. 제2공화정이 수립된 것이다.

임시정부의 지도권은 상층 부르주아지를 대표하는 라마르틴이 잡았지만, 이 외에도 임시정부에는 급진 공화주의자 2명, 사회주의자 블랑, 노동자 대표 알베르 루브리에가 참석했다. 이것은 매우 중요한 일이었다. 노동자를 대변할 수 있는 사람이 임시정부에 참가했다는 것은 그만큼 혁명에서 노동자의 역할이 지대했음을 웅변하는 것이기 때문이다. 사실 2월 혁명이 성공할 수 있었던 가장 중요한 원동력은 노동자들이었다. 이 혁명은 '노동자 혁명'이라 불릴 정도로 노동자들이 지대한 역할을 했다. 그러니까 1830년 7월 혁명의 결정적 승자는 부르주아지였지만 1848년 2월 혁명의 승자는 노동자 계급과 중소 부르주아지의 연합이었다. 사실 1830년 혁명과 1848년 혁명의 커다란 차이가 여기에 있었다. 그랬기 때문에 1848년에는 부르주아지가 수세에 몰리고 있었다.

이렇게 하여 노동계급이 역사의 무대에 새롭게 그 모습을 드러내기 시작했다. 임시정부는 "민중에 의해서 수행된 혁명은 민중을 위한 혁명이 되어야 하므로, 노동자의 오랜 부당한 고통에 종지부를 찍을 때가 왔다고 생각하여 노동자 대책 정부 위원회를 창설한다."고 공포했다. 그리고 3월 1일 노동위원회가 업무를 시작했다. 노동위원회는 노동 시간의 단축, 실업자 해소, 노동 환경의 개선, 노동권의 보장과 같은 사회적인 문제를 논의하기 시작했다. 이것은 엄청난 변화였고, 노동자들에게 열광과 희망을 가져다주었다.

또한, 3월 5일에는 21세 이상의 모든 남자에게 선거권을 주고, 25세 이상의 남자 가운데 6개월 이상 일정한 곳에 거주한 자에게 피선거권을 주는 보통선거제가 결정되었다. 이렇게 되면 유권자는 1846년 8월 당시의 24만 8천 명에서 960만 명으로 늘어나는 것이었다. 이와 함께 출판의 자유, 노예제의 폐지, 사형제도와 신체구속 및 체형제도가 폐지되었다. 자유와 평등, 공화주의의 물결이 프랑스 사회를 뒤덮었다. 프랑스의 2월 혁명이 이렇게 공화주의의 기치 아래 전진하기 시작하자, 그 여파는 곧바로 유럽 대륙의 다른 나라로 확산되기 시작했다. 그 첫 파문은 독일에서 시작되었다.

빈과 베를린에서도 혁명이 일어나다

프랑스 2월 혁명의 불똥이 가장 먼저 번진 곳은 독일이었다. 독일은 프랑스와는 달리 아직 시민 혁명의 경험을 한 번도 거치지 않았을 뿐만 아니라, 오스트리아와 프로이센, 그리고 그밖의 소국가와 자유 도시들로 분열되어 있었다. 따라서 독일에서 일어난 혁명은 시민적 자유와 독일 민족의 통일이라는 두 가지의 과제를 동시에 제기하면서 진행될 수밖에 없었다. 독일 연방은 오스트리아가 주도하고 있었다. 오스트리아는 나폴레옹의 패배 이후 유럽에 복고주의와 정통주의에 기초한 '신성동맹'*을 주도했다. 복고주의는 프랑스 혁명과 나폴레옹이 무너뜨린 왕정을 회복하는 것을 말하고, 정통주의는 1789년 프랑스 혁명이 일어나기 전의 국경선과 왕가만이 정통으로 인정되는 것을 말한다.

그런 점에서 신성동맹은 역사를 뒤로 돌리는 지극히 반동적인 체제였으며, 프랑스 혁명의 이념이 유럽에 전파되는 것을 막기 위한 봉건귀족, 전제군주들의 반혁명의 방파제였다. 나아가 오스트리아는 독일 내에서 자유주의와 민족주의 운동을 억제하기 위해 프로이센과 다른 소국들을 느슨한 독일 연방으로 묶어 두고 있었다. 이 모든 것을 실질적으로 주도한 것은 오스트리아의 수상 메테르니히Metternich였다. 그 때문에 빈은 '반동의 심장부'였고, 메테르니히는 '반동의 우두머리'였다.

프로이센은 1806~1807년에 나폴레옹과의 전쟁에서 패배한 후 슈타인과 하르덴베르크가 등장하여 개혁 정책을 펼치면서 얼마간 부르주아적 자유가 확대되었지만, 메테르니히의 오스트리아가 주도하는 독일 연방에 참여하면서 개혁은 퇴보하고 말았다. 독일 연방은 독일 내에 '자유주의와 민족주의가 전파되는 것을 막기 위한 방파제'였다. 따라서 프로이센에도 전제주의가 강화되었고, 프로이센과 동부 독일의 지주 계층인 봉건적 '융커Junke'의 경영이 확대되는 등 전체적으로

---

*   '신성동맹'은 러시아 알렉산드르 1세, 오스트리아 메테르니히, 프랑스 탈레랑 등이 주동하여 만든 동맹. '안정과 평화'를 모토로 내걸었다.

후퇴했다. 시민적 자유가 철저히 억압된 것은 두말할 필요도 없다.

　그러나 신성동맹과 독일 연방으로도 모든 것을 막을 수는 없었다. 젊은 지식인들이 중심이 된 자유주의 물결이 독일 전역에 퍼져 나갔고, 남부 독일의 나사우, 뷔르템베르크, 헤센-다름슈타트 등지에서 입헌주의 운동이 줄기차게 진행되었다. 1830년에는 프랑스에서 7월 혁명*이 일어났고, 같은 해에 네덜란드에서도 봉기가 일어나 네덜란드의 속국이었던 벨기에는 레오폴트 1세가 왕에 오르며 독립했다. 러시아의 지배 아래 있던 폴란드에서도 봉기가 일어났다. 독일에서도 자유주의 운동이 확대되고, 작센, 헤센, 하노버 등의 도시에서 폭동이 일어나 새로운 헌법이 제정되었다. 1832년에는 팔츠**령 함바흐에서 시민, 학생, 수공업자 등 3만 명이 급진 자유주의자들의 지도로 대규모 군중집회를 열고 시위를 벌였다. 이렇게 자유의 물결이 계속 확대되자 메테르니히는 더욱 반동적인 탄압 정책을 폈다.

　대중적 운동은 위축되었지만, 지식인들의 문화 · 이념 투쟁은 계속되었고, 그것은 반봉건 투쟁이 새롭게 도약하는 계기를 만들어 주었다. 독일의 '청년 독일파'를 이끈 혁명 시인 하이네, '청년헤겔파'에 소속되어 『예수의 생애』로 이름을 날린 철학자 슈트라우스가 그 대표적 인물이었다. 그리고 더욱 중요한 사실은, 이런 가운데서도 영국에서 시작된 산업 혁명이 대륙으로 옮겨 오면서 자본주의는 꾸준히 발전했고, 그에 따라 노동자들이 수적으로 늘어났다는 점이다.

---

*　7월 혁명에서 언론탄압, 망명귀족 재산 보상, 토지 소유자를 위한 보호관세 등 구 제도로의 복귀를 시도한 샤를 10세를 몰아내고 입헌군주제를 이루었다.

**　팔츠는 신성 로마 제국 세속 군주 팔라틴 백작 소유의 영토. 현재 바이에른 주에 속한다.

자본주의의 발전은 영국과 프랑스에서 먼저 시작되었으나, 1830년대 중반이 되면서 독일에서도 산업 혁명이 급속히 일어났고, 그에 따라 자본주의 발전의 속도가 매우 빨라지기 시작했다. 자본주의의 발전은 필연적으로 노동자들의 저항 운동을 불러왔다. 영국에서는 러다이트 운동을 거쳐 차티스트 운동으로 발전하고 있었고, 그 지도자는 로버트 오언Robert Owen 같은 공상적 사회주의자였다.

프랑스에서는 1831년과 1834년에 리옹에서 노동자들이 폭동을 일으켜 피의 혈투를 벌였는데, 이 두 사건은 세계 노동운동사에서 큰 의미를 지닌다. 1831년의 투쟁은 역사상 최초의 노동자와 자본가의 투쟁이며, 1834년의 투쟁은 '공화국 아니면 죽음을!'이라는 슬로건을 내건 정치투쟁이었다. 이 사건의 배후에는 바뵈프의 동지였던 부오르나티가 지도하는 민중협회가 있었다. 1830년대 후반기에는 생 시몽, 푸리에 등의 공상적 사회주의 운동이 시작되었다. 여기에 자극을 받아 독일에서도 재단공 출신의 엔데만과 목공 호프만이 이끄는 '정의동맹League of the Just'*이 결성되었다.

독일에서도 1840년대가 되면서 다시 반체제 운동이 일어나기 시작했고, 사회적 불안이 고조되었다. 노동자들의 파업과 폭동이 빈발하는 가운데 1846년과 1847년의 대흉작이 닥쳤다. 흉작은 프랑스에서처럼 식량 부족과 물가 폭등을 가져왔고, 민중은 여기저기서 폭동을 일으키기 시작했다. 이러한 가운데 사회주의 사상이 등장하여 혁명적 분위기

---

* 1836년 독일의 수공업 노동자들이 만든 비밀 결사조직이다. 1847년 6월의 동맹대회에 마르크스와 엥겔스가 참여했고, 그 뒤 1848년 공산주의동맹(The Communist League)으로 개칭되었다. 마르크스의 '공산당 선언'은 이 공산주의 동맹의 강령적 선언문으로 작성, 발표된 문건이다.

를 고취했고, 자유주의자들은 독일 통일과 헌법 제정을 요구하고 나섰다. 이런 상황에서 파리에서 2월 혁명이 일어난 것이다.

파리의 소식은 독일 혁명의 도화선이 되었다. 그 불길은 맨 먼저 바덴에서 시작되었다. 3월 1일 바덴의 자유주의자, 노동자, 수공업자가 들고일어나 3월 9일 새로운 정부가 수립되었다. 이를 흔히 '3월 요구'라고도 한다. 바덴 북부 지역에서는 농민 폭동이 일어나 오덴발트를 휩쓸고, 뷔르템베르크와 헤센-다름슈타트까지 확대되었다. 뷔르템베르크에서는 2월 29일부터 민중봉기가 일어났으며, 헤센의 하나우 시에서도 민중이 봉기를 일으켜 자위대를 구성했다. 나사우와 비스바덴에서는 농민들이 혁명을 주도했다. 특히 3월 4일 비스바덴에서는 3만 명이 모여 집회를 열었는데 대부분이 농민이었다. 봉기는 계속되었다. 바이에른, 작센, 하노버, 튀링겐, 브라운슈바이크, 뤼베크, 브레멘, 함부르크, 프랑크푸르트 등지로 3월 내내 봉기가 확산되었다.

그리고 마침내 독일 연방 내의 반동적 두 맹주 국가인 오스트리아와 프로이센에서도 혁명이 일어났다. 3월 13일 빈에서 헌법 제정과 반동정부 해산을 요구하며 학생, 노동자, 시민 등이 군중집회를 열었다. 집회를 해산하기 위해 군대가 동원되었고, 무장 투쟁이 벌어졌다. 그러나 학생과 시민, 노동자들의 끈질긴 투쟁에 결국 정부도 손을 들고 말았다. 반동의 수괴였던 메테르니히는 망명길을 떠나야 했다. 그는 불과 2주 전만 해도 파리에 동맹군을 파견해서 진압해야 한다고 떠들었었다. 혁명과 함께 검열제도가 폐지되었고, 시민의 손으로 군대가 조직되었다. 3월 15일에는 황제가 헌법 제정을 약속했고, 3월 20일에는 새로운 정부가 구성되었다.

3월 3일부터 시작된 쾰른 노동자들의 투쟁은 노동자, 수공업자 등 5천 명이 봉기한 독일 최초의 대중적 노동자 시위로, 견고하기 이를 데 없어 보이던 프로이센에 혁명의 불꽃을 일으키는 기폭제가 되었다. 3월 6일 베를린의 자유주의자들이 움직이기 시작하면서 봉기가 시작되었다. 빈에서의 승리는 베를린 시민과 노동자들에게도 새로운 용기를 주었다. 3월 13일부터는 군대와 민중 사이에 충돌이 시작되었다. 14일부터 군대가 발포를 시작했으나 자유주의자들과 학생, 노동자들은 굴하지 않았다. 3월 17일부터 시작된 베를린 민중의 시위가 18일에는 무장 투쟁으로 발전했다. 곳곳에 바리케이드가 설치되고 무력 충돌이 벌어졌다. 19일까지 전투가 계속되었고, 결국 프리드리히 빌헬름 4세도 손을 들고 말았다. 봉기 중 거리 투쟁 때 피살된 사람들 시신 앞에서 헌법 제정을 약속한 것이다.

　3월 초 남부 독일에서 시작된 독일의 3월 혁명은 3월 15일의 빈, 3월 18일의 베를린 봉기로 절정에 이르렀다. 그 후 독일은 이러한 혁명의 열기를 독일 민족의 통일 운동으로 발전시켜 갔다. 그리고 마침내 그 물결은 오스트리아, 러시아, 프로이센의 지배를 받고 있던 이탈리아와 동유럽 국가들로 번져 나가기 시작했다.

혁명의 도미노 현상이 일어나다

　1848년 2월에 프랑스에서 시작된 혁명은 3월에는 오스트리아와 프로이센으로 영향을 미쳤다. 이렇게 혁명의 파고가 넘실대면서 유럽 대류의 중심 국가 가운데 러시아를 제외하고는 모든 나라에서 혁명이 일어났다. 그러나 혁명의 물결은 거기서 그치지 않았다. 그 파고는 곧바로 이들 나라에 짓밟혀 온 국가들, 즉 이탈리아, 폴란드, 헝가리, 슬로바키아 등으로까지 확대되었다. 이들 나라에서 민족의 독립을 기치로 봉기가 시작된 것이다.

3월 초에는 오스트리아의 지배에서 벗어나려는 이탈리아에서 무장봉기가 시작되었고, 헝가리에서도 독립운동이 시작되었다. 헝가리는 3월 15일 페스트Pest, 도나우강 좌안의 도시, 페슈트에서 무장봉기가 성공하여 보트야니의 주도 아래 헝가리 내각이 조직되었다. 체코슬로바키아에서도 혁명 운동이 시작되었고, 3월 중순에는 프로이센 지배 아래 있던 포젠'포즈난'의 독일식 발음에서 폴란드 민중이 봉기했다. 그런데 이 나라들의 독립운동은 이번이 처음은 아니었다. 어떤 면에서는 이미 프랑스 혁명보다 먼저 이들의 독립 혁명 운동이 시작되었고, 그런 움직임은 유럽의 중심 국가들에 거꾸로 영향을 주고 있었다. 1846~1848년 사이의 폴란드와 스위스, 그리고 이탈리아에서 일어난 민중봉기가 그것이다.

폴란드는 1795년 러시아, 프로이센, 오스트리아 세 나라의 분할로 지도 상에서 완전히 사라져 버렸다. 그 뒤 나폴레옹이 등장하여 바르샤바 공국이 잠깐 존재했지만, 나폴레옹의 몰락으로 다시 마찬가지 신세가 되었다. 폴란드 애국자들은 1830~1831년 사이에 봉기를 일으켰으나 러시아의 탄압으로 실패했다. 하지만 그들은 다시 1846년 혁명적 민족주의자 뎀보프스키의 지도로 분할된 세 지역에서 동시에 봉기를 일으켰다.

러시아에 속했던 폴란드 지역과 프로이센에 속했던 포젠 공국에서는 봉기가 실패했지만, 그라쿠프독일어로 '크라키우'에서는 성공했다. 1846년 2월 22일 폴란드 혁명정부가 구성되었다. 그러나 3월에 혁명지도자 뎀보프스키가 오스트리아 군부에 의해 살해되면서 그라쿠프의 봉기는 실패로 끝나고 말았다. 비록 폴란드 혁명은 실패했지만, 독일의 반정부 세력들에게 많은 영향을 주었다.

한편 1847년 스위스의 급진 자유주의자들은 오흐젠바인의 지도로 존더분트 자유주의에 대항해 가톨릭 주들이 결성한 동맹인 특별주를 해체하고 스위스를 하나의 연방으로 통일하기 위하여 들고일어났다. 1815년의 빈 회의는 스위스의 각 주가 독립권을 가진다고 결정했고, 그 뒤 보수적인 6개 주만 특별연방으로 묶여 있었다. 그러나 이러한 각 주의 독립권으로 스위스는 상공업의 발달이 저해되고 있었던 것이다.

스위스의 이런 움직임은 메테르니히 주도의 빈체제에 대한 정면 도전이었다. 이에 오스트리아, 러시아, 프로이센, 프랑스가 자유지향적인 주들에 압력을 가하는 한편, 특별연방에 무기와 자금을 지원했다. 그러나 스위스의 자유주의자들은 굴하지 않았다. 1847년 11월 주 대표자 회의는 특별연방을 무력으로 해체하기로 했고, 몇 주일 후 스위스 시민과 농민들은 무장 민병대를 조직했다. 결국 특별연방은 해체되었고, 예수회도 추방되었다. 스위스의 승리는 독일의 진보적 세력들에게 깊은 감명을 주었다. 그리고 이탈리아에 직접적인 영향을 미쳤다.

당시 여러 개의 작은 나라들로 쪼개져 있으면서 특히 북부 지역은 오스트리아에 지배를 받고 있던 이탈리아는 1820년대부터 반봉건 혁명 운동의 전시장처럼 되어 왔다. 1848년 1월, 드디어 이탈리아에서도 주세페 마치니가 이끄는 '청년이탈리아당'의 지도로 봉기가 일어났다. 봉기는 삽시간에 이탈리아 전국으로 확대되었다. 밀라노, 파비아, 파두아, 베로나, 비첸차, 트레비소 등의 도시에서 시위가 벌어지고 시가전이 전개되었다. 1월 12일 팔레르모에서 무장봉기가 발생했고, 정부군이 도시 밖으로 밀려났다. 1월 말 페르디난도 2세는 나폴리에서 헌법을 약속했고, 이 헌법은 2월 10일부터 효력을 발휘했다. 오스트리아가 지배하던 북부는 오스트리아군이 일단 민중봉기를 진압했으나 롬바르디아에서 민중봉기가 점차 확대되자 후퇴하지 않을 수 없었다.

그러나 오스트리아도 마냥 이탈리아의 시민봉기를 막을 수는 없었다. 3월 15일 빈에서 혁명이 일어난 직후 밀라노에서 시민들이 다시 들고일어났다. 밀라노의 시민들은 바리케이드 투쟁을 벌이면서 격렬히 저항했고, 결국은 오스트리아 군대를 몰아냈다. 또한 베네치아에서도 민중이 봉기하여 승리를 쟁취했다. 이렇게 하여 프랑스나 오스트리아의 간섭과 지배에서 벗어나 통일된 독립 국가를 세우려는 민족주의 운동이 요원의 불길처럼 이탈리아 반도를 휩쓸게 된다. 이 과정에서 지도적 역할을 한 것은 마치니였다. 마치니가 지도하는 1848~1849년의 통일과 독립을 위한 운동은 결국 실패하고 말았지만, 그의 사상과 정신은 민중의 가슴에 깊이 남아 그 후 이탈리아 통일 · 독립 운동의 바탕이 되었다.

이탈리아에서 오스트리아군을 몰아내기 위한 투쟁이 전개되고 있을 때 폴란드에서도 다시 민중들이 들고일어났다. 프로이센의 지배 아래 있던 포젠 지역에서 농민과 노동자들은 '자유 투사'를 자처하면서 무기를 들었다. 이렇게 되자 폴란드 귀족과 프로이센 왕은 착취를 완화하는 새로운 협약을 체결할 수밖에 없었다.

한편 슬로바키아와 헝가리에서도 인민들이 봉기했다. 슬로바키아의 시민과 농민들은 과중한 조세를 줄이라고 요구했고, 언론과 집회의 자유를 쟁취했다. 헝가리에서는 로요슈 코슈트의 지도 아래 오스트리아 합스부르크 왕가의 지배에서 벗어나기 위한 투쟁에 나섰다. 헝가리의 민중봉기는 2년간이나 계속되었지만, 러시아의 탄압으로 실패했다.

혁명의 불길은 프랑스, 오스트리아, 프로이센을 거쳐 이탈리아, 헝가리, 슬로바키아, 폴란드로 번졌고, 유럽 대륙을 완전히 뒤집어엎을 기세로 타올랐다. 이것은 마치 혁명의 도미노 현상과도 같았다. 마르크스가 "선진 자본주의 국가에서의 동시 혁명"을 이야기했던 것은 아마도 1848년 유럽 혁명의 파고를 직접 경험한 때문이 아니었을까 싶다. 어쩌면 냉전 시대 미국과 서방 자유주의 세계가 공산주의 혁명의 도미노 현상을 그렇게도 목놓아 소리친 것도 역시 1848년 유럽 혁명을 연구한 결과로 나온 것은 아닌지 모르겠다.

그 열기가 얼마나 무서웠으면 러시아도 혁명이 번질까 봐 수만의 군대를 국경 근처에다 집결시켜 놓고 구실만 생기면 혁명의 불길을 잠재우기 위해 달려가려고 했겠는가. 심지어는 바다 건너 영국에도 열기가 번져 1848년 4월 10일 수십만 명이 모인 제3차 차티스트 운동의 마지막 불꽃이 타올랐다. 이때 너무 놀란 영국 정부는 나이 80살이 넘은 '워털루 전투'의 영웅 웰링턴 경을 말에 태워 대기시켜 놓았을 정도였다. 영국은 이러한 혁명의 위기에서 벗어나기 위해 적극적인 개혁에 나서지 않을 수 없었다.

혁명의 실패와 그 뒤에 남는 것

1848년 혁명은 들불처럼 유럽 전역에 번지면서 차례로 전제군주들을 쓰러뜨렸다. 혁명의 열기는 1849년까지 계속되었다. 그러나 다시 전열을 가다듬은 봉건귀족과 군주들의 반격으로, 그리고 부르주아의 타협으로, 혁명은 대부분의 나라에서 성공을 거두지 못하고 실패로 끝나고 말았다.

프랑스에서는 1848년 6월 23일의 노동자 봉기가 진압되면서 혁명이 후퇴하기 시작했다. 6월의 노동자 봉기는 당초 공고일보다 2주 연기된 1848년 4월 23일과 24일 이틀 동안 실시한 국민의회 선거에서 주도권을 잡은 온건 부르주아지가 반反노동자 정책을 펴고 노동자의 힘을 약화시키기 위해 국립 공장을 폐쇄하자 그에 항의하여 일으킨 것이었다. 이 선거에서 전체 의원 830명 가운데 민주파는 1백 명도 못 미쳤고, 노동자 후보는 단 한 사람만 당선되었다. 사회주의 진영의 지도자들도 대거 낙선했다. 따라서 이 선거결과를 두고 노동자들은 깊은 의혹과 불신을 가졌던 것이다.

6월 23~26일 노동자와 정부군 사이에 시가전이 벌어졌고, 수많은 노동자가 살해되었다. 사망자의 숫자는 정확히 알 수 없지만 대략 1만 명 이상의 사상자가 발생했을 것으로 추정되었다. 그 가운데 재판 또는 조사도 없이 즉석에서 사살되어 죽임을 당한 숫자가 1천 5백 명이 넘었다. 그럼에도 정부군은 1천 명이 죽었다고 공식 발표했다. 체포된 자 가운데 1만 1천 명이 군사 재판에 회부되어 4천 명 정도가 알제리로 유배되었고 6천 4백 명이 석방되었다.

이 사건 이후 사회주의자였던 블랑은 영국으로 망명해야 했고, 사회주의자 단체와 신문들이 폐쇄되었다. 이를 두고 마르크스는 이렇게 말했다.

노동자들에게는 선택의 여지가 없었다. 그들은 굶어 죽거나 싸움에 나서야 했다. 그들은 엄청난 폭동으로 응수했는데 이 폭동은 현대를 가르고 있는 두 계급 사이의 최초의 대전투였다. 그것은 부르주아지 질서의 유지냐 파괴냐를 놓고 벌어진 투쟁이었다. 공화국을 가리고 있던 장벽은 찢어졌다.

그리하여 프랑스는 부르주아 공화주의자가 주도권을 완전히 장악하게 되었다. 그 뒤 선거에서 대통령에 당선된 나폴레옹의 조카 루이 나폴레옹은 삼촌과 똑같은 방법과 절차를 통해 황제로 즉위하고 스스로 나폴레옹 3세로 자처했다. 1852년 11월의 일이었다. 이렇게 해서 프랑스 2월 혁명은 실패하고 다시 제정으로 돌아갔다.

오스트리아에서는 메테르니히가 망명한 후 한때 자유주의 귀족들로 구성된 개혁파가 주도권을 잡았으나, 10월 이후 군부를 배경으로 한 보수적 귀족들이 득세하기 시작했다. 결국은 1849년 3월 오스트리아 의회가 강제로 해산되었고 다시 절대주의체제가 회복되고 말았다. 프로이센에서는 3월 혁명의 열기를 모아 5월에 프로이센 국민의회를 구성했으나 6월부터 반혁명 세력의 반격이 시작되었다. 개혁은 지지부진했고 헌법 제정도 원만하게 진행되지 못했다. 결국, 11월 11일 군부 쿠데타로 혁명이 후퇴하기 시작했다. 반동 세력은 베를린에 계엄령을 선포하고 국민의회를 무력으로 해산했다.

　1849년 5월에는 헌법이 제정되었지만, 이것은 군주가 일방적으로 내려 준 '흠정헌법'*이었다. 프로이센은 의회의 기능이 크게 약화하고 군주권이 비대해진 '절대주의적 입헌군주제'가 되고 말았다. 이렇게 해서 프로이센의 3월 혁명도 실패로 끝났다. 그 뒤 프로이센은 귀족과 군주가 주도권을 잡은 가운데 일부 부르주아지가 합세하여 민중을 완전히 배제했다. 융커 귀족과 부르주아지가 연합한 프로이센은 '위로부터의 개혁'으로 혁명을 대신했고, 비스마르크Otto von Bismarck가 등장하면서 철혈 정책을 펴 독일을 통일하게 된다.

　이탈리아의 통일 운동도 오스트리아 군대의 무력 진압으로 실패로 돌아갔고, 슬로바키아와 폴란드의 독립 투쟁도 좌절되었다. 그리고 유럽 혁명의 마지막 보루였던 헝가리도 1849년 8월 13일의 빌라고스 전투에서 러시아와 오스트리아의 연합군에 패배함으로써 운명이 결정되었다. 이렇게 해서 1849년까지 유럽의 모든 혁명은 사실상 실패로 돌아갔다.

　그러면 왜 유럽 혁명은 실패했을까? 마치 유럽 전체를 뒤집어엎을 것처럼 거세게 휘몰아친 혁명이 왜 한 나라에서도 성공하지 못한 것일까? 1848년 독일과 유럽 전역에서 자유주의 정부와 민족의 자유를 요구하는 혁명이 일어나 빈체제가 산산이 붕괴했다. 그러나 이러한 혁명 운동은 프랑스에서 볼 수 있듯이 6월까지는 밀물이었으나 그 이후에

---

* 　군주의 권력을 일부 유보하고 국민에게 어느 정도 권리와 자유를 은혜롭게 인정한, 군주가 제정한 헌법을 말한다.

는 썰물이 되었다. 왜 그랬을까?

그것은 몇 가지로 정리할 수 있을 것이다. 첫째, 유럽 각국 정부가 한때는 혁명 세력에 밀렸으나 실질적으로 붕괴하지는 않았다. 둘째는 혁명 세력의 지도자들이 대부분 문필가, 편집자, 교수, 학생들로 세속적인 힘을 갖지 못한 관념적인 인물이어서 혁명 세력의 힘이 실제로는 강력하지 않았다. 셋째, 사회주의 사상의 대두로 중산계급과 하층 혁명 세력이 서로 불신하여 힘을 합칠 수 없었다. 넷째, 영국이나 프랑스의 노동자들과 달리 유럽 대륙의 노동자들은 비조직적이었고 정치의식이 없었다. 다섯째, 해방된 소수민족끼리 이견과 반목이 심했으며, 해방된 농민들이 더 이상의 혁명에 적극적이지 않았다.

하지만 무엇보다 중요한 것은 '부르주아지의 배반'을 들 수 있을 것이다. 다시 말하면 혁명의 주도권을 쥐고 있던 부르주아지가 노동자들의 진출에 겁을 내서 반동 세력과의 싸움에 적극 나서지 않았던 것이다. 그래서 발터 슈미트는 『독일 근대사』에서 이렇게 말하고 있다.

혁명이 실패한 데 대한 가장 큰 책임은 부르주아지에게 있다. 부르주아지는 혁명의 주도권을 쥐고 있었다. 혁명이 성공하기 위해서는 모든 반봉건적인 세력이 단합해야 하며, 그러한 가능성이 부르주아지의 정책에 달려 있었다. 그러나 귀족의 반동에 대하여 시민사회의 진보세력을 규합하고 3월 혁명을 통해 획득한 성과를 시민사회로의 개혁에 철저하게 이용하는 대신, 독일 부르주아지는 이미 한풀 꺾인 반봉건적 반동과 결속했다. 물론 부르주아지는 계속 절대주의에 반대하는 정책을 추구했지만, 1848년 3월 말부터 혁명적인 민중을 적대시하고 혁명을 계속하려는 모든 노력을 저지했다. 부르주아지는 시민혁명을 주도하는 그들의 과제를 수행하지 않았기 때문에 모든 사회 계층의 이해관계를 대변해서 나설 수 있는 능력을 이미 상실했다. 3월 혁명 초기에는 그와 같은 기능을 확신했지만, 혁명 후 이들은 배반했다.

이것은 독일 혁명을 평가하면서 한 말이지만 결국 1848년 혁명 전반에 적용될 수 있는 이야기다. 부르주아지는 혁명을 통해 자신들의 이해가 어느 정도 확보되자 더 이상 혁명을 진행하려 하지 않았던 것이다. 그들은 봉건 지배계급과 타협함으로써 반혁명 공세로부터도, 노동자들의 급진적 요구로부터도 자신들을 지킬 수 있었다. 따라서 "1848년 혁명은 실패했다기보다는 그 성과가 부르주아지들에게 돌아갔다."는 평가가 더 정확할 것이다.

그렇다면 1848년 혁명이 던지는 의미도 분명해진다. 1848년 혁명이 일어나던 그 시대는 이미 자본주의체제가 자리를 잡은 사회였고, 그런 속에서는 부르주아지가 더 이상 혁명적인 계급이 될 수 없었다. 따라서 이제부터 진정으로 혁명적인 세력은 노동계급일 수밖에 없었고, 1848년 혁명은 이런 점을 실증적으로 보여 주었다. 그로부터 유럽의 혁명 운동과 사회 운동은 부르주아지에 대한 노동자의 투쟁이 그 기본을 이루기 시작했다. 그러니까 1848년 혁명은 그 서막이었던 셈이다.

1848년의 혁명에서는 노동자들이 절대적으로 중요한 역할을 했다. 그리고 그들은 혁명 투쟁에서 새로운 정치적 훈련을 할 수 있었다. 혁명을 통해 정치의식이 성장했고, 대중운동을 경험함으로써 자신들의 힘을 자각했다. 이제 그들은 노동계급이 사회에서 차지하는 역할이 얼마나 대단한가를 깨닫게 되었고, 자신들의 힘을 하나로 조직하기 시작했다. 1848년 혁명은 대규모의 노동자 대중운동을 불러왔고, 그것이 바탕이 되어 전국적인 규모의 노동자 조직들을 만들어 가기 시작했던 것이다. 마르크스가 '공산당 선언'에서 했던 다음과 같은 말이 부르주아지를 향해 비수처럼 날아갔던 것이다.

부르주아지가 봉건제를 타도하는 데 이용했던 무기가 이제는 부르주아지 자신을 향하게 된다. 그러나 부르주아지는 자신에게 죽음을 가져다 줄 무기를 단련시켰을 뿐만 아니라, 그들은 또한 무기를 사용할 사람들도 만들어 냈다. 근대의 노동자, 즉 프롤레타리아가 그들이다.

2. 카를 마르크스

인간 해방의 횃불을 든 프로메테우스

마르크스, 천사와 악마 두 얼굴의 사나이

1848년 1월 마르크스는 망명지였던 벨기에의 브뤼셀에서『공산당 선언』이란 문건을 탈고했다. 그것은 곧바로 런던으로 발송되어 부르크하르트라는 독일인 망명가가 경영하는 조그마한 인쇄소에서 출판되었

**1848년 런던에서 발간된
『공산당 선언』 표지**

다.『공산당 선언』은 프랑스 2월 혁명과 함께 발간되었고, 3월 중순에는 프랑스와 독일에 배포될 1천 권이 파리로 보내졌다. 또한『공산당 선언』은 그해 3월부터 7월에 걸쳐 독일의 영향력 있는 신문《독일-런던신문》에 실렸으며, 곧이어 유럽 여러 나라 말로 번역 출판되기 시작했다.

그러나 1848년 유럽을 휩쓴 혁명의 폭풍이 봉건귀족과 보수적 부르주아지의 탄압으로 잠재워지면서,『공산당 선언』은 유

럽의 지배자들에게 가장 '위험한 물건'이 되어 더 이상 합법적으로 배포될 수 없었다. 또한, 마르크스도 공산주의 혁명과 유혈 폭동을 선동하고 배후 조종했다는 혐의를 받고, 혁명 동안 잠시 돌아가 있던 조국 독일을 떠나 영국으로 망명하지 않을 수 없었다.

카를 마르크스

그에게는 '붉은 혁명 박사'라는 칭호가 붙여졌고, 유럽 모든 나라의 비밀경찰이 추적하는 가장 '위험한 인물'이 되었다. 그때부터 마르크스는 세계 역사에서 지울 수 없는 인물이 되었다. 하지만 그가 그토록 유명한 역사적 인물이 된 과정은 매우 비극적이었다.

마르크스는 19세기 동안 유럽에서 공산주의 혁명의 대명사가 되었고, 20세기에는 혁명이 있는 모든 곳에서 그의 이름이 거론되었다. 마르크스라는 이름은 지배자들에게는 '공포와 혐오의 대상'이었고, 반역과 혁명을 말하는 사람들에게는 '찬사의 대상'이었다. 그런 점에서 그에 대한 인상은 '천사와 야수의 인상만큼이나 대조적'이었다. 더구나 사상과 이념의 대립이 국가와 체제 간의 대결로 전개되면서 마르크스는 더욱 극단적인 평가를 받았다. 한때 어떤 나라에서는 그의 사상을 비판하는 것은 죽음을 의미했다. 또 다른 나라에서는 '중세기의 마녀사냥보다 혹독한 박해를 감수하지 않고는 사소한 호의조차도 나타낼 수' 없었다.

그러나 이제 그런 시대는 끝났다. 마르크스의 사상을 현실에서 구현하고자 했던 사회주의체제가 무너지면서 마르크스는 더 이상 위험 인물이 아닌 상황이 되었다. 그렇지만 현실 사회주의의 몰락이 곧 마르크스가 차지하는 사상가로서의 위치마저 허물어 버리는 것은 아니다. 오히려 이제야말로 마르크스에 대해 진정으로 자유롭고 정당한 평가가 가능해졌다.

현실 사회주의가 몰락하는 그 순간부터 마르크스는 편견의 사슬에서 해방될 수 있게 되었다. 따라서 그의 사상은 마르크스주의라는 공식 이념이나 '종교적 숭배'의 대상에서 벗어났을 뿐만 아니라 부당한 편견과 조롱, 마녀사냥과도 같은 증오에서도 벗어날 수 있게 되었다. 마르크스 또한 역사적으로 인류에게 엄청난 영향을 미쳤던 위대한 사상가들 가운데 한 사람으로 정당하게 평가받을 수 있는 조건이 마련된 것이다.

한 시대를 풍미한 사상 속에는 인류가 다 함께 섭취하고 받아들여야 할 자양분이 반드시 있게 마련이다. 공자나 소크라테스 같은 위대한 철학자의 사상이 몇 천 년이 지난 오늘날에도 계속 거론되며 사람들에게 영향을 미치는 이유는 여기에 있다. 어떤 인물의 사상 가운데서 시대적 한계와 제약에 갇혀 있어야 할 것과 시대를 뛰어넘는 보편성 때문에 받아들이고 발전시켜야 할 것을 제대로 구분해 내는 일이야말로 후세 사람들이 해야 할 몫이다. 그 점은 마르크스에 대해서도 마찬가지다. 다만 마르크스의 사상은 아직도 '살아 있는 실천의 무기'로서의 유효성이 다른 어떤 것들과는 비교되지 않는다는 점을 염두에 두어야 할 것이다.

사슬에 묶인 프로메테우스

마르크스가 처음 세상의 주목을 받기 시작한 것은 《라인신문》에 기고자로 초빙되어 프로이센 사회에 대한 날카로운 현실 비평들을 발표하면서부터였다. 《라인신문》은 당시 독일 사회의 진보적 사상을 대변하고 있던 청년헤겔파와 깊은 관련을 맺고 있던 급진적 부르주아지들이 1842년에 창간한 신문이었다. 쾰른은 프로이센의 상업 중심지였고 신문사는 상인, 은행가, 산업가들이 모여서 만든 민주적이고 자유로운 언론기관이었다.

1842년의 독일 사회는 산업 혁명과 더불어 자본주의가 발전하고 노동계급도 막 태동하고 있었다. 이와 함께 산업 혁명 초기의 노동 문제도 발생하기 시작했고, 전반에 걸쳐 사회적 모순도 분출하고 있었다. 독일 사회는 신성동맹이 결성된 이래 자유주의와 민족주의 운동이 탄압을 받아 1830년대까지는 암흑기나 마찬가지였다. 하지만 1840년대로 들어서면서 다시 자유주의의 물결이 시작되었고, 이제 막 기지개를 켜기 시작한 노동자들도 움직이기 시작했다.

마르크스는 애초 대학교수가 될 생각이었지만, 당시의 정부가 대학에서 진보적인 교수들을 쫓아내는 것을 보고 그 꿈을 포기했다. 이럴 때 《라인신문》은 그에게 주요한 기고자가 되어 달라고 요청했다. 그는 《라인신문》의 지면을 통해 아직도 중세기의 꿈에서 헤어나지 못하고 있는 시대착오적인 정부와 귀족의 절대주의를 공격하는 한편, 노동자와 농민 문제에 관한 글들을 발표하면서 뛰어난 글 솜씨와 현실에 대한 날카로운 해부로 명성을 얻었다.

당시 마르크스는 당국의 언론 검열에 대해 민중을 염탐하는 비천하고 악의에 찬 속인들에게 신과 같은 권능을 부여하는 죄악으로 단정하고 쏘아붙였다. 하지만 이때부터 정부에서는 그를 요주의 인물로 주시하기 시작했다.

마르크스는 1842년 10월에 《라인신문》의 편집장이 되었다. 편집장이 된 후 더욱 많은 기고자를 불러 모았고, 신문을 훨씬 더 대중적으로 만들었다. 이런 그의 노력과 시대 상황에 힘입어 신문은 라인 주를 넘어 프로이센 전체로 퍼져 나갔고, 외국에서도 읽히기 시작했다. 이 무렵 이미 마르크스는 사상적으로 헤겔의 영향에서 벗어나 유물론으로 기울고 있었다. 그의 신문 논조도 더욱 강한 반정부적 성향을 띠게 되었고, 정부의 감시와 검열도 더 까다로워졌다.

마르크스가 프로이센의 언론 검열제도에 대해서 가차 없는 비판을 가하자 정부는 더욱 검열을 강화했고 결국 정부의 탄압으로 《라인신문》은 1843년 3월 31일 폐간되고 말았다. 이때 《라인신문》의 탄압을 두고 '사슬에 묶인 프로메테우스'에 비유하는 풍자화가 등장했다. 그후 청년 시절의 마르크스를 프로메테우스에 비유하는 것은 일반적인 평가가 되었다. 그러나 마르크스도 처음부터 급진적 사상을 가졌던 것은 아니었다. 그를 급진적 인물로 만든 것은 반동적 복고주의가 지배하던 당대의 현실이었다.

카를 마르크스는 1818년 5월 5일, 당시 프로이센 라인 주의 트리어에서 일곱 남매 중 셋째아들로 태어났다. 그의 아버지 하인리히 마르크스는 사람들로부터 존경받는 유능하고 성실한 변호사였다. 그는 유대인이었지만 1824년에 개종하여 신교도가 되었을 만큼 자유주의적이었으며 결코 평범한 소양의 인물은 아니었다. 18세기 프랑스의 지도적 사상가들이 펴낸 글들을 골고루 섭렵했고, 그 방면에 상당히 해박한 지식을 갖고 있었다. 그는 자유주의자의 경계를 넘어선 적은 없지만, 당시의 프로이센 상황에서는 그것도 용기와 소신이 없이는 아무나 할 수 있는 것이 아니었다. 마르크스의 아버지는 자식의 정신적 성장에 지속적인 관심과 애정을 쏟았으며, 마르크스 역시 아버지를 각별한 애정으로 따랐다.

1836년 10월 마르크스는 베를린 대학에 입학했다. 그는 대학에서 법학, 역사, 예술론, 외국어와 철학에 대한 공부를 열심히 했다. 철학에 대한 최초의 자극은 법철학에 대한 논문을 준비하면서 시작되었지만, 점차 당대의 현실과 그것이 안고 있는 모순들을 파헤치고자 하는 충동으로 발전했다.

마르크스도 처음에는 당시의 베를린 대학과 당시 독일을 지배하고 있던 헤겔 철학의 영향을 받아 주관적 관념론의 입장에서 세계를 설명하고자 했다. 아버지가 죽은 후 재정 형편 때문에 베를린 대학 대신 예나 대학에 제출한 박사학위 논문은 이러한 영향에서 벗어나지 못했다. 그가 쓴 논문 제목은 「데모크리토스와 에피쿠로스의 자연철학의 차이」였다. 1841년 그는 이 논문으로 예나 대학에서 철학박사 학위를 받았다.

마르크스는 대학에 있을 때 브루노 바우어가 이끌던 '청년헤겔파' 그룹에 가담하고 있었는데, 이들은 헤겔 철학으로부터 무신론적인 또는 혁명적인 결론을 이끌어내려고 했다.

---

* 독일의 신학자, 철학자, 역사가다. 대표 저서로 『종교와 예술에 관한 헤겔의 학설』이 있다.

그런데 마르크스가 논문을 완성하던 바로 그 해에 포이에르 바흐의 『그리스도교의 본질』이 출판되었다. 이 책은 종교에 대한 유물론적 비판을 담고 있었는데 당시의 지성인에게 커다란 영향을 미쳤다. 어떤 의미에서 포이에르 바흐는 청년헤겔파 가운데 관념론을 처음으로 극복한 철학자였다. 마르크스도 포이에르 바흐의 저서에서 많은 영향을 받았다. 그는 포이에르 바흐에게서 유물론 철학의 기초를 받았다.

마르크스는 대학을 졸업하고 교수가 되기 위해 본으로 이주했다. 그런데 정부는 이미 포이에르 바흐의 강좌를 박탈했고, 1841년에는 젊은 교수 브루노 바우어마저 대학에서 추방해 버렸다. 이런 정부의 처사를 본 마르크스는 대학교수의 꿈을 포기할 수밖에 없었다. 만일 이때 마르크스가 대학에 남았다면 어떻게 됐을지 모르지만, 그는 대학을 포기하고 《라인신문》이라는 급진적 신문과 연을 맺으면서 새로운 인생 항로를 시작했다.

만국의 프롤레타리아여, 단결하라!

『공산당 선언』은 1847년 3월 7일 런던에서 조직된 '의인 동맹'*이 '공산주의자 동맹'으로 개칭하면서 마르크스와 엥겔스에게 강령을 만들어 달라고 요청하면서 만들어진 것이었다. 마르크스는 엥겔스가 작

---

* 일명 '정의 동맹'으로도 불리며, 1836~1837년에 결성된 노동조직이다. 후에 스위스의 '청년 독일' 일부가 합류하게 되었으며, 프랑스 정부의 탄압을 피해 1839년 런던으로 본부를 옮겼다.

성한 문답식의 '공산주의의 원리'를 기초로 하고, 그 이념에 문학적인 표현을 부여하여 선언의 형식으로 만들었다. 이『공산당 선언』에는 당시까지의 마르크스 사상이 집약되어 있다. 마르크스가 여기에 기울인 심혈은 이루 헤아릴 수 없다. 그는 모든 문장을 문학적으로 기술했으며, 만족스럽지 못한 표현들을 삭제하고 수정하여 가장 잘 맞는 말을 고르기 위해 애를 썼다. 각고의 노력 끝에 '선언'은 1848년 1월 말경에 탈고되었고, 곧 런던으로 발송되었다. 그것은 이렇게 시작된다.

> 하나의 유령이 유럽을 떠돌아다니고 있다, 공산주의라는 유령이. 구 유럽의 모든 권력, 즉 교황, 차르, 메테르니히, 기조, 프랑스의 급진파, 그리고 독일의 관헌이 이 유령을 퇴치하기 위하여 신성동맹을 맺고 있다.

이어서 공산주의는 "유럽의 모든 권력으로부터 하나의 세력으로 인정받고 있다."면서 이제 "공산주의자가 자신의 견해, 자신의 목적, 자신의 의도를 전 세계에 공공연하게 표명하여, 공산주의 유령이라는 소문을 당 자신의 선언으로 대체해야 할 때가 오고 있다."라고 선언한다. 공산주의를 공공연하게 주장하고 활동을 시작하라는 것이다.

『공산당 선언』에서 가장 핵심적인 내용은 부르주아지와 프롤레타리아의 관계에 대한 것이다. 이것은 마르크스 사상을 관통하는 핵심이다. 마르크스는『공산당 선언』에서, 부르주아지는 봉건제가 해체되고 자본주의가 발전하는 과정에서 매우 혁명적인 구실을 했지만, 이제는 '아니'라고 했다. 왜냐하면, 자본주의는 부르주아지와 더불어 그에 적대 되는 계급인 프롤레타리아를 출연시켰기 때문이라는 것이다. 이제까지 모든 사회의 역사는 계급투쟁의 역사였기에 이제 부르주아지와 프롤레타리아는 피할 수 없는 계급투쟁을 벌여야 하고, 그 싸움의 승패는 이미 결정이 나 있다는 것이다.

지금까지의 모든 사회는 억압하는 계급과 억압당하는 계급의 대립에 기초하고 있었다. …… 부르주아 계급이 생존하고 지배하기 위한 가장 기본적인 조건은 개인의 수중에 부가 축적되는 것, 자본이 형성되고 증대되어가는 것이다. 자본의 조건은 임금 노동이다. 임금 노동은 오로지 노동자 간의 경쟁 위에서만 유지된다. 그러나 부르주아지가 의도하는 것과는 달리 공업의 진보는, 경쟁에 의한 노동자의 고립화를 결사에 의한 노동자의 혁명적 단결로 바꿔놓는다. 따라서 대공업이 발전함에 따라 부르주아지가 생산물을 생산하고 취득하기 위한 기초가 부르주아지의 발밑에서 무너진다. 무엇보다 먼저 부르주아지는 자기의 몰락과 무덤을 파는 사람을 생산한다. 부르주아지의 몰락과 프롤레타리아의 승리는 둘 다 피할 수 없다.

따라서 공산주의자와 노동계급은 부르주아지를 무너뜨리고 권력을 자신의 손에 쥐어야 하며, 권력을 쥔 노동계급은 그 정치적 지배를 이용하여 부르주아지의 자본과 모든 생산 수단을 빼앗아 국가의 수중에 넘겨야 한다고 했다. 그리하여 발전을 계속해 가면 계급 차별이 소멸하고 "계급 대립을 가져왔던 낡은 부르주아 사회 대신 각자의 자유로운 발전이 만인의 자유로운 발전을 위한 조건이 되는 하나의 협동 사회"가 나타나게 될 것이라고 했다. 『공산당 선언』의 마지막은 이렇게 끝난다.

공산주의자는 자신의 견해와 의도를 감추는 것을 경멸한다. 공산주의자
는 종래의 사회 질서 전체를 폭력에 의해 타도하지 않고는 그들의 목적이
달성될 수 없다는 것을 공공연하게 표명한다. 지배 계급이 공산주의 혁명
앞에서 전율케 하자! 프롤레타리아가 이 혁명에서 잃을 것은 쇠사슬이요,
그들이 얻을 것은 전 세계다. 만국의 프롤레타리아여, 단결하라!

드디어 마르크스는 『공산당 선언』을 통하여 "자본주의가 멸망하고
공산주의가 도래할 것"이라고 세계만방에 선언했다. 마르크스가 『공
산당 선언』을 탈고하자마자 유럽에는 거센 혁명의 폭풍이 몰아치기
시작했다. 혁명은 1848년 2월 프랑스에서 시작되었고, 그 불길은 유럽
전역으로 확산되어 갔다. 그리고 마르크스가 그토록 찬양해 마지않던
노동계급이 혁명의 전면에 등장하기 시작했다.

1848년 유럽 혁명에서 노동계급은 매우 중요한 역할을 했다. 특히
프랑스 2월 혁명은 '노동자 혁명'이라 불릴 정도로 노동자들의 역할이
두드러졌다. 혁명으로 세운 임시정부에도 사회주의자와 노동자 대표
가 공식적으로 참여했다. 상층 부르주아지 대표 라마르틴, 사회주의자
대표 블랑, 노동자 대표 루브리에, 급진 공화주의자 2명이 임시정부를
구성한 것이다. 비록 6월의 봉기가 실패함으로써 노동자와 사회주의
세력이 축출되지만, 이것은 역사에서 새로운 전기가 아닐 수 없었다.
양상은 달랐지만, 독일에서도 노동자들은 매우 큰 역할을 했다.

평생을 함께한 엥겔스의 우정

혁명이 일어나자 독일로 돌아간 마르크스는 브뤼셀, 파리, 쾰른 등지에서 민주주의 좌파와 함께 혁명에 참가했다. 그는 노동자 계급이 민주적 부르주아지와 연대할 것과 프랑크푸르트 의회에 대표를 파견하지 말 것을 주장했다. 또 노동자 동맹 지도자들의 혁명 노선에 제동을 가하는데, 이는 당시의 정세가 '공산당 선언'이 유보되어야 할 시점이며, 공산주의 동맹이 해체되어야 할 상황이라는 엥겔스의 견해와 일치하는 것이었다.

마르크스는 일간지인 《신新라인신문》의 편집장이 되었다. 그는 《신라인신문》^{부제 '민주주의 기관지'}을 통해 독일뿐만 아니라 전 유럽에서 매일매일 일어나는 사건들에 대해 혁명적 평가를 부여했다. 또한, 그는 투쟁 강령을 제시하며 민주주의 혁명을 주장하는 한편, 대담하게 노동자 계급의 이익을 주장했다. 이 신문은 독일에서 최초로 좌파의 이념을 대변한 신문이 되었다.

1849년 5월 프로이센의 반혁명 정부는 《신라인신문》의 발간을 금지했다. 붉은색으로 인쇄된 마지막 호에서 신문은 '노동자 계급의 해방'을 부르짖었다. 이 신문의 마지막 호는 엄청나게 큰 화제를 불러일으켰다. 마르크스는 다시 런던으로 망명을 떠나지 않을 수 없었다. 엥겔스도 독일 남서부에서 무장봉기에 참가하여 정부군과 싸우다가 패배하자 스위스를 거쳐 영국으로 망명했다.

마르크스는 일거수일투족을 감시당하고 있었다. 그는 혁명적인 언론을 발간하는 일도 할 수가 없었고, 저작이나 논문을 발표할 기회도 얻지 못했다. 따라서 인세 수입도 기대할 수 없게 되었다. 마르크스는 이후 오랫동안 정기적인 수입이 없었는데, 그와 그의 가족에게는 참으로 견디기 어려운 궁핍의 시대였다.

엥겔스는 마르크스와 평생을 함께한 동지였고, 그의 열렬한 후원자였다. 마르크스와 엥겔스가 서로의 흉금을 터놓고 가까워진 것은 1844년이었다. 그해 8월 말 엥겔스가 파리로 마르크스를 찾아왔다. 엥겔스는 영국에서 독일로 귀국하던 중이었다. 엥겔스가 파리에 머문 열흘 동안 두 사람은 많은 시간을 함께 보내면서 매일 진지한 토론을 벌였고, 서로 의견이 일치하고 있음을 깨닫게 되었다. 이로부터 평생을 가는 우정이 시작되었다. 이들의 만남에 대해 레닌은 이렇게 말하고 있다.

옛 전설은 우리에게 우정에 관한 여러 감동적인 이야기를 들려준다. …… 인간의 우정에 관한 고대의 그 어떤 이야기도 이 두 사람의 우정만큼 감동적일 수는 없을 것이다.

마르크스와 엥겔스의 만남은 숙명적이었다. 그들은 파리에서의 첫 만남 이후 혁명 이론 작업과 실천에서 한 몸처럼 움직였고, 고통과 기쁨을 함께 나누었다. 엥겔스는 동지로서, 후원자로서 마르크스를 물심양면으로 도왔고, 험난한 세월을 함께했다. 엥겔스의 우정과 도움이 없었다면 마르크스가 이룬 업적은 아마도 불가능했을 것이다. 그만큼 이들 두 사람의 만남은 의미 있는 것이었다.

프리드리히 엥겔스는 독일의 도시 브레멘현재 부퍼탈로 편입된 소도시에서 부유한 방적공장주의 장남으로 태어났다. 그는 10대 때부터 글재주를 발

프리드리히 엥겔스

휘하여 신문 평론을 썼으며, 24세의 나이에 저 유명한 『영국 노동 계급의 상태』를 간행했다. 이 책은 그가 아버지의 방적공장 영국 사무소에 근무하면서 당시 가장 발전한 자본주의 나라 영국을 관찰한 경험을 바탕으로 쓴 것이다. 그는 1848년 혁명이 실패한 뒤 옮겨 살게 된 맨체스터에서 마르크스를 물심양면으로 지원했다. 처음에는 맨체스터 소재 어맨 앤드 엥겔스사의 평사원에 불과해 지원금이 크지 않았다. 1864년 그 회사의 동업자가 되었을 때 지원금의 규모도 커졌다.

『자본론』 제1권이 완성되었을 때 마르크스는 "자네의 희생이 없었다면 내가 이 엄청난 대사업을 완성하는 것은 도저히 불가능했을 것이네."라고 엥겔스에게 감사의 편지를 썼던 이야기는 유명하다. 엥겔스는 어학에 뛰어났고, 마르크스가 죽은 뒤에도 마르크스주의를 보급하는 데 크게 이바지했다. 그는 또 철학, 자연과학, 역사, 정치, 군사 등 광범위한 분야에 걸친 지식으로 마르크스주의 이론을 발전시켰다. 그가 쓴 주요 저작으로는 『반反뒤링론』, 『포이에르 바흐론』, 『공상에서 과학으로』, 『자연변증법』 등이 있으며, 『자본론』 제2권과 제3권은 마르크스와의 공동 저작이라 할 수 있다. 1883년 마르크스가 『자본론』 제1권만을 마친 상태에서 세상을 떠나자 엥겔스는 마르크스의 연구를 바탕으로 10년의 세월을 바쳐 제2권과 제3권을 정리했던 것이다. 원래 마르크스는『자본론』을 모두 4부로 구상했는데, 마지막 4부는 엥겔스가 죽은 후 K. 카우츠키에 의해 『잉여가치 학설사』라는 독립된 제목의 형태로 출간되었다.

평생의 반려자 예니의 고통

마르크스는 1851년 여름 《뉴욕 데일리 트리뷴》지의 통신원 자리를 얻었다. 10년이 넘도록 5백여 편의 기사와 논설을 기고하면서[*] 중국과 인도, 영국과 스페인 등지의 사회 운동과 소요 등을 비교했다. 그러나 수입도 적고 그마저도 부정기적이어서 거기서 나오는 소득만으로는 빚도 다 갚을 수 없었다. 자연 마르크스는 돈 문제에 얽매여 다른 일들을 할 수가 없었다. 인세를 담보로 돈을 빌리거나 지급을 연기하는 일로 시간을 허비하면서 최소한의 가계라도 꾸려가기 위해 노력하지 않으면 안 되었다. 어떤 때는 밀린 집세를 해결하지 못하여 길거리로 내몰릴 위기에 처하기도 했다. 1850년 5월 20일 마르크스의 아내 예니는 바이데마이어J. Weydemeyer에게 이런 편지를 띄웠다.

우리는 그야말로 빈털터리 신세가 되었습니다. …… 그러자 집달관들이 들이닥쳐 우리가 갖고 있던 자질구레한 것들, 즉 침대며 여러 옷가지 등속, 그리고 심지어는 우리 가엾은 갓난아기의 요람과 아이들에겐 더없

---

[*]   그중 1/4은 엥겔스 제공

이 소중한 장난감까지 압류 딱지를 붙이고 말았습니다. 아이들은 그 자리에 우두커니 서서 그저 주체할 수 없는 눈물을 흘리고 있을 따름이었죠. 집달관은 두 시간 내에 그 모든 것을 압수해 갈 것이라고 위협했습니다. 그때 나는 두려움에 떨고 있는 자식들과 함께 쓰라린 가슴을 안고 맨 마룻바닥에 드러눕고 싶은 심정이었습니다.

마르크스는 가난과 궁핍으로 엄청난 정력을 소모해야 했고 결국은 건강을 해쳤다. 그의 가족들도 영양실조와 근심으로 병마가 끊이지 않았다. 마르크스는 눈의 염증과 류머티즘으로 고통받기 시작했고, 1853년 3월에는 간 질환에 걸리고 말았다.

이렇게 계속되는 가난과 질병으로 가족의 일부가 저세상으로 떠나는 아픔을 맛보아야 했다. 마르크스의 아이들은 모두 일곱 명이었는데, 그 가운데 겨우 셋만 살아남을 수 있었다. 1850년 11월 19일 한 살짜리 하인리히가 폐렴으로 사망했고, 프란치스카는 돌이 지난 직후인 1852년 4월 14일 세상을 떠났다. 마르크스와 예니는 말할 수 없는 슬픔과 비탄에 빠졌다.

그러나 그들의 불행은 여기서 끝나지 않았다. 1855년 7월 초에는 예니가 낳은 아이가 핏덩이인 채로 생명을 잃고 말았던 것이다. 하지만 마르크스에게 가장 큰 충격을 준 것은 1855년 4월 6일 여덟 살 난 에드가의 죽음이었다. 재능이 뛰어나고 붙임성이 있는 소년이었던 에드가는 매사에 호기심이 많았고, '귀여운 참새'라는 애칭으로 불리는 가족들의 귀염둥이였다. 그래서 마르크스와 엥겔스는 에드가를 '참새 각하'라고 부르곤 했다. 에드가의 죽음은 가족들을 거의 실신 상태로 몰아넣었다. 마르크스는 "내 일찍이 수많은 불행을 겪어 왔지만, 이제야 비로소 진정한 슬픔이 어떤 것인지를 알 것 같네."라고 그 심정을 표현했다.

마르크스와 그의 가족들에게 들씌워진 궁핍의 굴레는 자본주의가 가져다준 잔인한 선물이었다. 마르크스의 전기 작가인 메링은 "부르주아 사회는 그 고유한 특성 때문에 외면상으로는 덜 야만적인 것으로 보이지만, 결국 고대의 형벌이나 중세의 화형보다 훨씬 잔인한 고통과 고문을 그 내부에 지니고 있다."라고 표현했다.

마르크스는 이러한 시련 속에서도 자신이 해야 할 일을 내버려두지 않았다. 그는 고통과 슬픔 속에서도 자신의 목표를 포기하거나 벗어나지 않았다. 1866년 8월 그는 훗날 자신의 사위가 된 폴 라파르그^{Paul} Lafargue[*]에게 보낸 편지에서 "자네는 내가 가진 모든 것을 혁명적 투쟁에 바쳤다는 사실을 알고 있을 걸세. 하지만 나는 스스로 선택한 이 길을 절대 후회하지 않네. 후회는커녕 다시금 생을 산다고 해도 이와 똑같은 길을 걸을 걸세."라고 했다. 그러나 여기에 이런 단서를 붙였다. "다만 한 가지 다른 점이 있다면, 그것은 내가 절대 결혼하지 않을 것이라는 점일세."라고.

마르크스가 그런 궁핍과 고통 속에서도 자신의 일을 끝까지 포기하지 않을 수 있었던 것은 평생을 함께한 반려자 예니의 힘이 컸다. 그의 아내 예니 폰 베스트팔렌은 당시 프로이센 추밀원 고문관이었던 루드비

---

*　프랑스 노동운동의 지도자. 특히 1880년 쥘르 게드와 공동으로 프랑스 노동자당을 창립하는 데 큰 역할을 했고, 부인 라우라도 적극적으로 참여했다. 장인인 마르크스의 사상을 널리 알리는 데 아주 유능한 선전가 사위였다. 이후 그의 장인이 인간의 노동 가치에서 모든 사회적 생산과 축적의 비밀을 본 데 비해서, 라파르그는 노동을 최소화하고 즐거움을 추구할 권리를 주장했다. 국내에 그의 저서 『게으를 수 있는 권리』가 번역되어 나와 있다. 말년에는 염세관에 빠져 부인과 함께 자살했다.

히 폰 베스트팔렌의 딸로서 귀족 가문 출신이었다. 그녀의 사촌오빠 페르디난트가 훗날 프로이센의 내무장관을 지냈을 정도로 그녀의 가문은 보수적인 명문이었다.

그러나 예니의 아버지와 어머니는 달랐다. 예니의 아버지는 당시 귀족들이 가졌던 오만에서 벗어나 침례교파 유대인인 평민 하인리히 마르크스와 절친한 관계를 맺고 있었다. 그리고 하인리히의 아들 카를 마르크스에 대해서도 호감을 느끼고 있었다. 마르크스에게 생시몽의 사상을 최초로 소개해준 사람도 그였다.

마르크스도 대단한 호감을 느끼고 그를 따랐으며, 자신의 도덕적 스승으로 모셨다. 훗날 자신의 박사학위 논문을 그에게 헌사하기도 했다. 예니의 어머니 카롤리네 폰 베스트팔렌은 고급 관리의 딸이었지만 소박한 성격과 온화한 성품을 가진 부인이었다. 이런 부모의 영향 덕분에 예니와 남동생 에드가는 평민 출신의 마르크스를 편견을 갖지 않고 대할 수 있었다.

마르크스는 베를린 대학에 들어가기 전 1836년 여름을 집에서 보냈다. 그때 그는 어릴 적 친구였던 예니 폰 베스트팔렌과 부모들 몰래 장래를 약속했다. 마르크스보다 네 살 위인 예니는 뛰어난 두뇌와 소양, 아름다운 외모를 두루 갖춘 여성이었다. 그녀를 따르는 남자들도 많았지만, 그녀는 이들을 다 물리치고 풍족하지도, 귀족 출신도 아닌 마르크스를 평생의 반려로 선택했다. 오랫동안 친구로 지내면서 쌓인 감정이 애정으로 발전한 그들은 감정뿐 아니라 성품도 엇비슷해서 유대감을 높일 수 있었다. 예니는 마르크스의 재능과 독특한 개성을 인정했고, 그에게 어울리는 벗이 되고자 애썼다. 마르크스도 예니를 진정으로 사랑하고 존중했다.

1843년 5월 마르크스는 약혼녀 예니와 그의 어머니가 사는 라인 지방의 소읍 크로이츠나흐로 이사했다. 그리고 그해 6월 19일 둘은 이곳에서 결혼식을 올렸다. 아마도 크로이츠나흐^{비트크로이츠나흐. 시인이자 화가인} 프리드리히 뮐러의 고향에서 보낸 이 몇 해 동안이 마르크스에게는 그의 험난한 생애 가운데 가장 행복한 시절이었을 것이다.

예니는 헌신적인 아내였고, 마르크스의 논문이나 글들을 비평해주는 훌륭한 조력자였다. 그 뒤 예니는 마르크스를 따라 파리, 브뤼셀, 다시 독일과 런던을 전전해야 했고, 늘 궁핍 속에 시달려야 했다. 그러나 예니는 그 어려움 속에서도 항상 따뜻한 마음으로 마르크스를 위로하고 격려해주었다. 예니의 사랑과 배려가 없었다면 아마도 마르크스는 견디기 어려웠을 것이다.

자본주의의 비밀을 풀어헤친 『자본론』

마르크스가 영국에 망명해서 가장 심혈을 기울인 것은 정치경제학의 연구였다. 마르크스는 《라인신문》의 편집장으로 있을 때부터 정치경제학에 대한 연구의 필요성을 느껴 그동안 꾸준히 진행해왔으나, 아직 전체적인 체계를 세우지 못하고 있었다. 그는 정치경제학이 '자본주의의 비밀을 푸는 열쇠'라고 생각하고 있었다.

마르크스가 당시 자본주의의 중심지였던 런던에 정착함으로써 그의 연구는 한결 유리한 조건에서 진행될 수 있었다. 런던은 영국과 여러 나라의 농공업 상황, 국내외 시장의 조건, 금융과 주식 거래 등 대단히 다양한 정보들이 한꺼번에 모이는 '부르주아 사회의 관찰을 위해 더없이 유리한 관측지' 구실을 했다. 마르크스는 세계 최고의 도서관 가운데 하나인 대영 박물관에서 체계적인 연구에 들어갔다.

마르크스는 엄청난 정력으로 작업에 몰두했다. 거의 매일같이 오전 9시부터 오후 7시까지 대영 박물관 열람실에 앉아서 책을 읽거나, 서가와 자료 더미를 샅샅이 뒤졌다. 수년 동안 그는 낮에는 도서관에서 작업하고 저녁에는 집으로 돌아와 연구를 계속했다. 작업은 밤늦게까지 이어졌다. 그리하여 그는 1850년 여름부터 1853년 여름 사이에 부르주아 경제학자들의 각종 저서와 공식 문서, 정기 간행물들로부터 무려 스물세 권 분량의 관련 내용을 발췌했다.

마르크스는 경제학뿐만 아니라 일부의 자연과학과 기술 분야까지를 망라할 필요성을 느꼈다. 이를테면 지대地代 연구를 위해 농학과 농화학을, 생산력 발전에 대한 연구를 위해 기술학과 과학기술사를 공부하는 식이었다. 그는 새로운 경제 이론을 확립하는 데 온 힘을 쏟으면서, 사회 · 자연과학의 모든 분야에서 이루어진 인간의 지식 발전 전반을 고찰하는 것으로 나아갔다.

이와 같은 각고의 연구 끝에 탄생한 것이 마르크스의 『자본론』이다. 『자본론』 제1권의 초판은 1867년에 발간되었다. 그리고 약간의 손질이 가해진 독일어 제2판이 1872년에 나왔다. 그리고 제2권은 1885년, 제3권은 1894년에 각각 출간되었는데 이는 마르크스 사후의 일로 엥겔스가 마르크스의 연구를 바탕으로 제2권과 제3권을 완성했던 것이다. 엥겔스는 제4권을 『자본론』의 마지막 권으로 출간하려 했으나 이 계획은 끝내 이루지 못했다. 엥겔스도 제3권이 나온 다음 해에 죽었기 때문이다. 후에 카우츠키가 4권을 출간한다.

『자본론』은 마르크스 필생의 역작이며, 마르크스 사상의 집대성이라고 할 수 있다. 『자본론』은 기본적으로 '잉여 가치론'을 핵심으로 한 자본주의 경제의 운동 법칙을 규명한 것이지만, 거기에는 변증법과 유물론, 유물 사관, 계급 투쟁론, 사회주의 이론 등이 모두 들어 있다.

마르크스는 『자본론』에서 "자본주의는 그 내부의 모순 때문에 반드시 멸망하고, 결국 공산주의 사회로 나갈 수밖에 없는 필연성"을 밝히고자 했다. 그를 위해 『자본론』 제1권에서는 상품에 대한 분석에서 출발하여 "자본주의체제의 지배적인 생산관계, 즉 자본에 의한 임금 노동의 착취"를 밝히는 것으로 나아갔다. 그는 여기서 자본주의적 착취의 비밀인 잉여 가치론을 찾아냈다. 마르크스는 "자본가는 노동자에 대한 잉여 가치를 착취함으로써 계속해서 자본을 축적해간다"고 말한다. 그가 주장한 자본주의의 잉여 법칙에 따르면 자본가와 노동자 사이의 모순은 끊임없이 깊어지고, 결국 자본가는 스스로 무덤을 파게 된다.

그러나 이와 동시에 항상 수적으로 증가하고 있고, 자본주의적 생산 과정 그 자체의 다양한 메커니즘에 의해 조직·통일되어 있으며, 규율에 잘 단련된 계급, 즉 노동계급의 반란도 증가한다. 생산 양식에서 비롯되어 생산 양식과 함께 발전해온 자본의 독점은 오히려 생산 양식을 질곡에 빠뜨리게 된다. 생산 수단의 집중과 노동의 사회화는 결국 자본주의적 외피와 양립할 수 없는 지점에 도달하게 된다. 그리하여 이 외피는 산산이 찢겨나간다. 자본주의적 사적 소유의 종말을 알리는 조종이 울린다. 착취자가 착취당하는 것이다.

『자본론』 제2권에서는 계속하여 산업 자본의 운동을 분석했다. 그러나 그것은 제1권처럼 생산 과정을 추적하는 대신, 유통 부문 내에서 이루어지는 산업 자본의 신진대사와 형태 변환에 집중되어 있다. 그리고 제3권에서는 자본주의적 생산 양식 전반에 관한 이론적 분석으로 마무리 짓고 있다. 여기서 마르크스는 자본주의적 생산 과정을 '생산과 유통의 통일'로서 파악했다.

마르크스는 『자본론』에서 상품의 모순으로부터 출발해서 점차 "사멸할 운명에 처해 있는 자본주의 '사회 구성체'의 적대적 운명"을 살피고, "자본주의에서 공산주의로의 이행만이 부르주아 사회의 사회적 적대성을 해결하는 유일한 길"이라는 점을 밝히고자 했다. 말하자면 『자본론』에서 마르크스가 내린 결론은 "자본주의적 생산 양식은 필연적으로 붕괴해 공산주의로 대치될 수밖에 없다"는 것이었다. 마르크스에게 공산주의는 "자본주의 발전의 경향과 법칙에 대해 과학적인 분석을 가하는 과정에서 유기적으로 발견해낸 더욱 높은 사회 구조"였던 것이다.

『자본론』은 인간의 지성이 낳은 위대한 업적의 하나임이 분명하다. 마르크스는 그 이전에 누구도 시도해보지 못한 내용을 『자본론』에 담고자 했다. 즉 한 사회를 움직이는 운동 법칙을 구명究明한다는 것이 그것이다. 대부분의 역사적으로 뛰어난 저작들도 어떤 한 분야에 대한 부분적 사실을 새롭게 해석하거나, 또는 부분을 통해 전체의 구조를 대략적으로라도 파악해보겠다는 정도의 목표가 있을 뿐이다. 그러나 마르크스는 자본주의 전체를 한눈에 파악하고, 그 비밀을 밝히겠다는

'웅대한 포부'를 가졌던 것이다.

　그러나 마르크스가 『자본론』에서 그처럼 분명하게 확신했던 자본주의의 멸망은 오지 않았다. 한때 『자본론』의 예견이 맞는 듯한 시절도 있었다. 자본주의가 발전하면서 노동자와 자본가 사이에 계급투쟁이 격화되었고, 경제 공황이라는 지옥의 문턱을 넘나들면서 자본주의는 파멸의 일보 직전까지 갔다. 그러나 자본주의는 무너지지 않았다. 자본의 독점화가 진행되면서 제국주의가 출현했고, 세계 전쟁과 사회주의 혁명, 대공황이란 파멸적 위기 상황을 경험하면서 '수정 자본주의'를 만들어냈다. 한편에서는 사회주의를 체제 안으로 끌어들여 함께 공존하는 방법으로 다원화된 사회를 만들어 갔다. 결국 '현실 사회주의'의 몰락으로 마르크스의 예언은 이제 빛을 잃었다.

　마르크스는 사회의 모든 현상을 설명하는 원칙을 세우려 했으나 그렇게 되지 못했다. 마르크스의 포부는 웅대했으나 그것은 이뤄지지 않았다. 아무리 다양한 지식과 뛰어난 예지를 가진 인간이라 할지라도 인간 사회의 움직임을 법칙으로 정식화하는 것은 불가능하다. 따라서 『자본론』이 한때 자본주의 멸망의 예언서처럼 받아들여진 적도 있었지만, 그것보다는 '자본의 운동 법칙'을 밝힘으로써 자본주의 사회의 비밀을 한 꺼풀 벗겨 냈다는 데 그 의의와 가치가 있다고 보아야 할 것이다.

현대 세계의 위대한 사상가이자 혁명가

　마르크스는 연구 작업에만 힘을 쏟은 것은 아니었다. 그는 국제 노동 운동과 공산주의 운동의 발전을 위한 실천 활동에도 깊숙이 관여했다. 그가 특히 심혈을 기울인 것은 '국제 노동자협회', 즉 '인터내셔널'의 조직과 발전이었다.

1864년 9월 28일 런던의 성 마틴 홀에서 제1인터내셔널[*]이 결성되었다. 여기에는 영국, 프랑스 노동자들과 망명한 노동 운동 조직의 회원들이 참석했다. 회의에서 선출된 위원회는 규약 초안을 1865년 브뤼셀에서 열릴 국제 노동자 대회 때까지 제출하도록 위임받았다. 마르크스는 위원회에 선출되었으며, 다시 강령 초안을 작성할 소위원회 위원으로 뽑혔다. 마르크스는 마치니 같은 혁명적 민족주의자의 집요한 요구를 물리치고 노동 운동의 국제주의적 성격을 명확히 한 '규약'과 '창립선언문'을 작성했다. 1864년 11월 총평의회는 그의 초안을 만장일치로 승인했다.

규약은 "모든 노동계급의 해방은 노동계급 스스로가 쟁취하지 않으면 안 된다."로 시작되는데, 계급 노선과 프롤레타리아 국제주의는 노동 운동의 성패를 좌우하는 원칙이라는 점을 분명히 밝혔다. 또한, 창립선언문은 1848년부터 1864년에 걸친 노동계급의 역사를 개관하는 데서 시작하여 이 기간에 노동 운동이 쟁취한 성과를 지적하고, 노동계급의 국제적 연대의 필요성을 강조했다.

마르크스는 제국주의적 침략 전쟁에도 반대해야 한다고 주장했다. 유럽 선진 자본주의 국가들의 식민지 쟁탈을, 범죄적 음모를 추구하고 민족적 편견을 이용하여 벌이는 '약탈적 전쟁'이라고 보았으며, 이 전

---

[*] 정식 명칭은 '국제노동자연합(International Working Men's Association)'이다. 1889년의 제2, 1919년의 제3, 1938년의 제4인터내셔널과 구분해 이렇게 부르기도 한다.

쟁은 인민의 피와 재산을 낭비하는 행위이며 이러한 지배 계급의 대외 정책에 맞서 투쟁하는 것은 노동계급의 당연한 임무라고 했다. 마르크스는 '국제주의의 원칙'과 독자적인 '계급적 입장'에 서서 계급 지배에 대항할 것을 주장한 것이다. 그리고 창립선언문은 "만국의 프롤레타리아여, 단결하라!"는 슬로건으로 끝맺는다.

1871년 '파리코뮌'*으로 상황이 복잡해지기 전까지 인터내셔널은 마르크스의 노선과 입장을 따랐다. 그때까지 회원이 약 80만 명에 달했다. 그는 6년간의 활동을 회고하면서 인터내셔널의 역사는 "노동계급의 현실적인 운동에 역행하여 자기주장만을 고집하려는 온갖 종파와 아마추어적 실험에 맞서 온 총평의회의 지속적인 투쟁 과정이었다."라고 썼다. 이 과정에서 프롤레타리아 국제주의가 공산주의 운동의 일반 원칙으로 자리 잡았고, 마르크스주의는 유럽 노동 운동에서 중심적인 위치를 확보해갈 수 있었다.

그러나 인터내셔널도 1871년 파리코뮌과 그 실패 이후 등장한 온갖 세력들 때문에 1871년 말부터는 심각한 내부의 논쟁에 빠져들었다. 마르크스의 인터내셔널에 강력한 도전장을 낸 사람은 유명한 무정부주의자 바쿠닌이었다. 바쿠닌은 러시아 출신으로 1868년 스위스로 이주해 사회민주동맹을 설립하고 급진적인 무정부주의를 주장했다. 그의 사상은 스페인, 이탈리아, 러시아의 혁명운동에 큰 영향을 미쳤다. 바쿠닌은 처음 강령 문제를 가지고 마르크스에 맞섰으나 도저히

---

* 1871년 3월 18일~5월 28일 사이 70일간의 대혈투로 그 결과는 비참했다. 전세는 이미 기울었고, 파리를 지키고자 한 사람들은 하나둘 쓰러져갔다. 정부군은 아이든 여자든 가리지 않고 사살했다. '피의 일주일' 기간에 학살당하는 파리 민중의 모습을 마네는 한 폭의 그림으로 후세에 전했다.

그의 상대가 되지 않자, 인터내셔널 내부에 바쿠닌파의 비밀 조직을 만드는 방법으로 마르크스와 인터내셔널을 괴롭혔다.*

이와 함께 주로 영국에서 등장한 개량주의 노동 운동의 도전과 이탈도 만만치 않았다. 마르크스는 인터내셔널의 혁명성과 순수성을 지키기 위해 정열적으로 투쟁했지만, 인터내셔널은 1873년부터 사실상 역사의 무대에서 떠났다. 그리고 드디어 1876년 7월 15일 필라델피아 회의에서 최종적으로 해산이 결의되었다.

인터내셔널이 창립된 1864년부터 사실상 기능이 상실된 1873년까지 9년 동안, 마르크스는 노동 운동의 국제적 연대와 통일을 위해 모든 정력을 기울였다. 그러나 모든 것이 그의 의도대로 되지는 않았다. 무정부주의, 생디칼리즘組合主義, 페이비언 사회주의Fabianism** 등의 온갖 조류가 등장하고 각 나라의 노동 운동이 발전하면서 인터내셔널도 더 이상 지탱되지 못했다. 노동 운동이 발전하면서 나라마다 전국적인 노동자 조직과 노동자 정당을 꾸릴 수 있을 만큼 운동의 폭과 깊이가 확산되었기 때문이다.

마르크스는 『자본론』의 완성에 심혈을 기울이는 한편 '독일사회민주당'의 이념적 스승 역할을 했다. 그는 리프크네히트와 베벨의 개량 노선, 사회주의의 이상이 기존 체제와 협력하면서 도달할 수 있다는 노선에 비판을 가하기 위해 1875년에는 「고타 강령 비판」을 썼다. 그러나 이

---

* 바쿠닌은 마르크스의 지성에는 찬사를 보냈지만, 그의 중앙집권적인 권위주의 이론에는 반대했다. 두 사람의 갈등은 간단치 않았다. 마르크스는 한때 바쿠닌을 러시아 스파이로 매도한 적이 있었고, 바쿠닌 역시 마르크스를 인터내셔널을 노동계급만의 지배로 바꾸려는 교만한 유대인으로 헐뜯었다.

** 버나드 쇼 등 페이비언 협회에서 주장한 것으로 의회적인 방법과 점진적인 개량을 통한 사회주의.

비판은 받아들여지지 않았고, 훗날 독일사회민주당이 좌우로 분열되는 불씨를 남겼다. 마르크스는 이밖에 러시아, 프랑스, 영국의 노동 운동 지도자들에게 조언을 아끼지 않는 등 정열적으로 활동했다.

그러나 마르크스는 그동안의 무리한 활동으로 극심한 과로와 질병에 시달려야 했다. 마르크스는 아내의 죽음과 불과 두 달 전 맏딸의 죽음을 목격하면서 본인 스스로 표현한 '만성적인 침체'에 빠져 있던 중 1883년 3월 14일 세상을 떠났다. 후두염과 폐렴이 겹친 가운데 엥겔스가 병문안을 왔을 때, 그는 안락의자에 앉은 채 숨을 거두었다. 그는 아내 예니와 함께 런던의 하이게이트 묘지에 묻혔다. 예니는 마르크스보다 먼저 1881년 12월 2일 이미 세상을 떠났다.

마르크스는 죽었지만, 그의 사상은 1백 년 동안 세계의 진보운동에서 크나큰 영향력을 발휘했다. 20세기의 혁명 운동과 사회 운동은 대부분 마르크스의 사상적 영향 아래서 진행되었다. 또한 그의 사상은 실천 영역에서뿐만 아니라 철학과 경제학, 사회학과 문학, 예술 등 모든 분야의 학문과 정신세계에도 지대한 영향을 미쳤다. 마르크스는 현대 세계 역사에서 가장 커다란 영향을 미친 위대한 사상가이며 혁명가였다.

…… 증오의 대상이 되어 극단적인 비방과 모략에 시달렸던 그는 이제 수백만 노동자들의 사랑과 존경, 애도 속에서 눈을 감는다.

이것은 장례식에서 마르크스의 영원한 벗 엥겔스가 읊은 조사弔辭의 일부였다.

3. 러시아 인민주의 운동

러시아 인텔리겐치아와 혁명 운동의 방향 전환

차르가 죽었다!

1881년 러시아 역사의 전환점을 이루는 중대한 사건이 일어났다. 러시아 황제 알렉산드르 2세가 '인민의 의지'라는 러시아 혁명조직 청년 당원에게 저격당하는 사건이 일어난 것이다. 이 사건은 19세기 후반 러시아 혁명운동의 방향 전환에 중요한 계기가 되었다.

이 사건으로 그동안 온건한 개혁 노선을 추구하던 알렉산드르 2세가 사망하고, 강력한 전제정치가 러시아의 장래라고 믿는 알렉산드르 3세가 즉위했다. 그에 따라 '인민의 의지'로 대표되는 러시아 인민주의 운동은 차르^{황제의} 러시아식 표현체제의 강력한 탄압으로 몰락하고 새로운 혁명세력, 즉 마르크스주의가 러시아 혁명의 주류로 등장하게 되는 것이다.

러시아에서 마르크스주의의 등장은 러시아 혁명운동의 새로운 전환점이 되었다. 인민주의는 러시아 혁명을 위해 '브 나로드'를 외치며 농민들 속으로 들어갔으나 농민들은 냉담하게 반응했다. 이에 실망한 인민주의자 일부는 '폭력과 테러'를 통해 혁명의 활로를 열고자 했지만, 이 또한 인민의 지원을 받지 못했다. 인민주의를 대신하여 등장한 마르크스주의는 이제 막 성장하고 있던 도시 노동자를 바탕으로 러시아 혁명의 미래를 설계했고, 소수의 '테러와 폭력' 대신 대중의 파업과 봉기를 통해 혁명을 이루고자 했다. 러시아 마르크스주의는 레닌이라는 걸출한 혁명가의 등장으로 마르크스 레닌주의라는 새로운 혁명이론과 전략전술을 마련하고 새로운 혁명의 역사를 개척하게 된다.

그런 점에서 볼 때 알렉산드르 2세의 암살 사건은 차르체제의 붕괴와 러시아 혁명의 도래를 알리는 전조였다고 할 수 있을 것이다.

1881년 3월 1일, 알렉산드르 2세는 기병학교 열병식에 참석한 뒤 곧장 궁으로 돌아가지 않고 페테르부르크^{Sankt Peterburg}* 예카테리나 운하를 따라가고 있었다. 대황후 미하일로브나의 궁에서 커피를 한잔 마시고 가기 위해서였다. 그런데 1시 45분, 차르의 행렬이 막 다리에 도착하여 방향을 틀 때쯤 차르가 탄 마차 근처에서 폭탄이 터졌다. 호위병 한 명이 즉사하고 행인 몇 명이 다쳤으나 차르는 무사했다. 병사들은 폭탄을 던진 자를 붙잡았고, 행인들은 아우성을 질렀다.

그러자 차르는 현장을 확인하기 위해 마차에서 내려 그곳으로 걸어갔다. 그때 두 번째 폭탄이 터졌다. 두 번째 폭탄이 터진 곳은 바로 차르의 발밑이었다. 귀를 찢는 폭음과 함께 부근의 유리창들까지 박살이 났다. 차르는 치명적인 상처를 입었다. 동시에 폭탄을 던진 자도 함께

---

* 현재의 상테페테르부르크의 제정 러시아 시대 이름. 1914년에는 페테르그라드, 러시아 혁명 후 소련 시절에는 레닌그라드로 불렸다가 1891년에 지금의 명칭이 붙여졌다.

알렉산드르 2세

쓰러졌다. 차르는 "도와다오, 도와다오." 하면서 신음을 냈고, 동궁冬宮으로 운반되는 동안에도 "추워, 추워……" 하는 소리만 낼 뿐이었다. 오후 3시 35분, 알렉산드르 2세는 숨이 끊어졌다.

전제주의 국가에서 최고통치자가 암살당하는 경우는 내부의 권력투쟁에 의한 경우가 대부분이다. 권력의 정점 내부에서의 투쟁이 아니라 권력 바깥 인민들로부터의 공격으로 황제가 살해당한 경우는 대규모의 인민봉기에 의한 경우가 아니면 좀처럼 일어나기 어려운 일이다. 그러면 어떻게 러시아에서는 이런 일이 일어나게 된 것일까?

그동안 '인민의 의지' 당원들은 여러 번에 걸쳐 황제를 암살하려 시도해 왔지만, 번번이 실패했다. 거사가 실패할 때마다 수많은 사람이 검거되어 처형당하는 아픔을 맛보아야 했다. 그런데도 이들은 황제 암살계획을 멈추지 않았고, 마침내 성공을 거두게 되었다. 그렇다면 이들은 왜 죽음을 무릅쓰고 황제를 암살하려 했던 것일까?

당시 러시아는 유럽에서도 가혹하기로 소문난 차르 체제를 유지하고 있었다. 러시아 차르는 전제주의의 상징이었으며, 러시아는 '유럽의 혁명을 저지하는 헌병'으로 악명을 떨쳤다. 이미 유럽 대부분 나라는 18세기 말에 시작된 프랑스 혁명의 영향을 받으면서 전제주의를 벗어버리고 시민 혁명을 통해 근대국가로 성장하고 있었다. 유럽 대륙

국가 가운데서도 가장 변화가 늦었던 프로이센이나 오스트리아조차
도 1848년 혁명을 경험한 뒤에는 비록 '위로부터'이긴 하지만 개혁의
물결을 받아들이지 않을 수 없었다.

그러나 러시아는 19세기 말까지 가장 초보적인 정치적 자유조차도
허용되지 않는, 그야말로 중세적 억압과 질곡이 그대로 존속하는 나라
였다. 농민들은 1861년의 '농노 해방'으로 형식적·신분적 해방은 이
루었지만, 실제로는 중세의 농노보다 더 비참한 상태로 귀족과 지주들
에게 예속되어 있었다. 그 때문에 자유주의자들에게조차도 1870년대
까지의 러시아는 중세기적 억압, 농노적 예속, 낙후한 산업을 가진 '치
유 불가능한 거대한 괴물'처럼 여겨졌다. 이런 상황이 러시아 혁명가
들에게 차르의 암살이라는 극단적인 방법을 선택하게 했다.

젤랴보프를 비롯한 여섯 명의 인민의 의지 당원들은 이날 차르가
기병학교 열병식에 참석할 것이라는 정보를 미리 입수하고 준비를 하
고 있었다. 그런데 거사 이틀 전에 책임자인 젤랴보프가 검거되고 말
았다. 위기였다. 그러나 나머지 사람들은 그래도 계획을 강행하기로
했다. 암살 음모를 사전에 발각하여 검거했다는 소식에 알렉산드르
2세는 안심했고, 주위의 반대를 무릅쓰고 예정대로 열병식에 참석했
다. 사전 검거가 오히려 전화위복의 계기를 마련해 준 셈이었다.

황제 암살이 성공하자 당원들은 안도의 한숨과 함께 환호성을 질렀
다. 그들은 "차르가 죽었다! 이제 전제정치는 끝났다!"라고 생각했다.
전제정치의 괴물이 쓰러졌으니 곧이어 인민들이 들고일어날 것이다.
인민들은 자유를 얻을 것이고, 사회 혁명과 정치 혁명을 완수할 수 있
을 것이다. 아니면 적어도 혁명으로 가는 기반이 될 자유주의적 개혁

만이라도 있을 것이다……. 그들은 그렇게 생각했다.

그러나 차르의 암살은 '인민의 의지당'의 생각처럼 곧바로 러시아에 혁명적 상황을 가져오거나 자유주의적 개혁을 불러오지 않았다. 오히려 혁명 운동에 대한 가혹한 탄압을 불러왔고, '암흑의 반동' 시대가 찾아왔다. 그렇다고 해서 러시아 차르체제가 안전했던 것은 아니다. '암흑의 반동'으로 인민주의가 활력을 잃게 되자 그 공백을 마르크스주의가 메우고 나섰기 때문이다. 이들은 오히려 인민주의자보다 더 무서운 존재들이었다. 그런 점에서 알렉산드르 2세의 암살 사건은 장차 다가오고야 말 차르체제의 최후를 알리는 예고탄 같은 것이었다.

유럽의 헌병 러시아

1825년 12월 14일, 자유주의적 청년 장교단이 반란을 일으켰다. '데카브리스트Decembrist의 반란' 또는 '12월 당원의 반란'으로 불리는 이 사건은 나폴레옹 전쟁에 참가하여 자유주의의 세례를 받은 청년 장교들이 주모자들이었다. 이들은 나폴레옹 전쟁에 참가하면서, 얼어붙은 러시아에서는 구경하지 못한 자유주의와 입헌주의의 새 물결이 유럽에 흘러넘치는 것을 보았다. 전쟁이 끝나고 러시아로 돌아온 이들은 차르 체제를 무너뜨리고 입헌 정부를 세우기 위하여 반란을 일으켰다. 그러나 이들은 아직 강추위가 풀리지 않은 겨울에 돌아온 '자유의 제비'가 되어 얼어 죽고 말았다. 러시아에 봄이 찾아오기도 전에 너무 일찍 자유의 소식을 전해주려 했던 이들은 실패했고, 반란이 일어났던

날 알렉산드르 1세의 뒤를 이어 러시아의 차르가 된 니콜라이 1세는 지독한 반동 정책을 펼쳤다.

니콜라이 1세는 자유주의적 요소를 아예 말살했고, 인민들을 감시하기 위하여 비밀경찰을 만들었다. 비밀경찰은 인민들의 생활과 사상을 자세히 통제하고 반정부 활동을 사전에 원천적으로 봉쇄하는 것이 주요한 목적이었다. 비밀경찰은 국민 생활 전체를 감독하기 위해서 '개입할 수 있는 모든 문제에 실제로' 개입했다. 가정생활, 상업 활동, 사적인 다툼, 발명 계획, 신자의 수도원 탈출 등 모든 일이 비밀경찰의 관심거리였다. 인민들은 일일이 차르 정부의 감시와 통제를 받았고, 정치적 자유는 조금도 누리지 못했다. 1848년 유럽을 뒤흔든 시민혁명이 곳곳에서 일어나자, 차르는 국내에 대한 통제를 더욱 강화하고 수많은 지식인을 투옥하는 등 철권통치를 끝없이 강화했다. 그리하여 니콜라이 1세는 '몽둥이 차르'라는 별명을 얻었다.

차르체제는 대외적으로도 반동의 보루로서 악명을 떨쳤다. 1830년 프랑스 7월 혁명의 영향을 받아 폴란드에서 반란이 일어나자 15만의 대군을 바르샤바에 보내 무참하게 짓밟았고, 1833년에는 프로이센, 오스트리아와 함께 동맹을 맺고 '유럽의 수호'를 맹약했다. 1848년 2월 혁명이 일어나자 차르는 프랑스와 외교를 단절하고 40만 대군을 동원하여 반혁명 전쟁을 일으키려고 했으나 유럽은 모두 혁명의 불길에 휩쓸리고 있었기 때문에 아무도 그를 편들어 주는 나라가 없었다.

1849년에는 헝가리에서 혁명이 일어나자 군대를 보내 오스트리아 황제를 지원했다. 혁명이 있는 곳에는 늘 반혁명의 차르가 있었다. 하지만 차르가 유럽의 헌병을 자처하고 있는 동안 러시아의 국력은 형편

없이 쇠락하고 있었다. 러시아는 남쪽의 얼지 않는 항구를 찾기 위해 1853~1856년 크림 전쟁을 일으켰으나 아무런 성과도 얻지 못하고 강화조약에 합의하는 충격을 맛보아야 했다. 그동안 시민혁명과 산업혁명으로 착실하게 힘을 키워 온 서유럽의 나라들과 상대가 되지 않았던 것이다. 그러나 러시아도 처음부터 그랬던 것은 아니었다. 또 러시아가 이렇게 되기까지 다른 방도를 찾기 위한 시도가 없었던 것도 아니었다. 알렉산드르 1세의 러시아에서도 일련의 시도가 있었으나 다만 그것이 역사의 흐름에 부응할 정도로 소기의 성과를 거두지 못했을 뿐이다.

1801년에 즉위한 알렉산드르 1세는 어릴 때부터 할머니인 예카테리나 2세의 총애를 한몸에 받고 자랐으며, 어느 정도 자유주의적인 교육도 받았다. 그는 러시아가 안고 있는 모순을 비교적 잘 알고 있었고, 그래서 그것들을 개혁하고자 노력했다. 관료제도가 가진 모순을 해결하고, 농노제를 개선하고자 노력했다. 대학과 각급 학교를 세워 근대적 교육을 장려하는 한편, 젊은 개혁관료 미하일 스페란스키Mikhail Speransky*를 등용하여 자유주의적 개혁 정책을 펴고자 했다. 만일 알렉산드르 1세의 의도대로 이러한 개혁들이 성공을 거두고 점진적인 발전이 계속되었다면, 19세기 후반까지 러시아가 '괴물'로 남지는 않았을 것이다.

그러나 알렉산드르 1세의 자유주의적 개혁은 지극히 제한적이었고, 그마저도 계속하기에는 정치적 상황이 나빴다. 나폴레옹 전쟁으로

---

*   최초로 러시아 법률을 집대성한 『러시아 제국 법률 대전』을 편찬한 인물이다.

신성동맹을 풍자한 만화

유럽 전역과 러시아가 위기의식을 느끼면서 반동으로 돌아서 그러한 개혁정책은 계속될 수가 없었다. 마침내 알렉산드르 1세는 나폴레옹이 몰락한 뒤 1815년 빈 회의에 참가하여 오스트리아, 프로이센과 신성동맹을 결성하고 반동적 복고에 앞장섰다. 이렇게 되면서 러시아는 19세기 초반 '위로부터의 개혁'조차 이루지 못하고 중단되었으며, 나폴레옹 전쟁 뒤 빈체제가 성립하면서부터 기나긴 동면이 시작되었던 것이다.

알렉산드르 1세는 전제주의적 요소와 자유주의적 요소, 속인이면서 신비주의적 속성을 지닌 복잡한 성격의 인물이었다. 그의 이 같은 복잡한 성격이 반영되어 개혁 정책과 반동 정책 사이에서 시소게임을 벌이게 된다.

알렉산드르 1세의 뒤를 이은 니콜라이 1세의 반동 정치는 러시아를 유럽의 다른 나라들에 비해 저만치 뒤처지게 한 지극히 불행한 결과를 가져왔다. 무엇보다 자유로운 사상과 정치적 자유가 완전히 박탈당함으로써 근대 사회를 열어 갈 시민계급이나 부르주아지의 성장이 이루어지지 않았다. 따라서 차르에 대항하는 것은 언제나 과격한 혁명 세력 아니면 인민들이었다. 유럽은 부르주아지가 성장하면서 절대주의와 대결했고, 그 대결은 곧 시민 혁명으로 발전했다. 혁명과 반혁명이 계속되고 공화주의와 왕정복고가 엎치락뒤치락하기는 하지만, 19세기 중반쯤에는 시민 혁명을 완수시켜갔다. 나라마다 '아래로부터의 혁명'인가 아니면 '위로부터의 혁명'인가의 차이는 있었지만, 그 대세를 완전히 거역한 유럽 국가는 하나도 없었다.

그러나 니콜라이 1세의 반동 정치는 그러한 부르주아지가 생겨날 싹을 아예 없애버림으로써 차르와 과격한 혁명 세력 사이에 사활을 건 싸움만이 존재하게 만들어버렸다. 이런 역사를 가진 러시아는 1917년의 혁명이 일어날 때까지도 부르주아지의 힘이 미미했고, 차르는 혁명이 일어나는 마지막 순간까지도 부르주아적 개혁조차 제대로 받아들이지 못할 정도로 허약했다. 따라서 1917년 러시아 혁명의 씨앗들이 자랄 토양은 이때 이미 만들어진 것이었다.

'위로부터의 개혁'도 실패로 끝나고

1855년 니콜라이 1세의 뒤를 이어 알렉산드르 2세가 37세의 젊은 나이로 황제가 되었다. 그는 원래 자유주의자라 할 수는 없었지만, 이전의 다른 황제들과 비교하면 상당히 개혁적이었다. 그는 러시아의 상황을 더 이상 이런 모양으로 내버려둘 수 없다는 것을 잘 알고 있었다. 그는 러시아에 더 근본적인 개혁이 필요하다고 판단했으며, 그 가운데 가장 중요한 문제는 농노 해방이라고 보았다.

1856년 3월, 알렉산드르 2세는 크림 전쟁의 종식을 선언하는 성명서의 마지막 구절에서 국민에게 개혁을 약속했다. 그의 이 약속은 사람들에게 강렬한 인상을 남겼다. 알렉산드르 2세는 크림 전쟁이 끝나기 전에 니콜라이 1세의 마지막 시절에 취했던 가혹한 탄압 정책의 일부를 폐지했고, 이어서 농노 해방을 위한 준비 작업에 들어갔다. 당시 러시아에는 농노제도를 더 이상 유지하기 어려운 이유가 곳곳에 널려 있었다.

알렉산드르 2세도 이 사실을 잘 알고 있었다. 그는 크림 전쟁 패배의 원인이 군사력에 있는 것이 아니라 러시아의 취약한 공업과 철도·도로망을 제대로 갖추지 못한 후진 근대화에 있다고 여겼다. 크림 전쟁에서 오스만튀르크를 지원하며 러시아의 남하를 저지했던 영국과 프랑스는 이미 근대적 산업화를 이루었고, 전쟁에서 그러한 근대화의 위력을 유감없이 보여주었다.

러시아의 경제구조는 농노제를 이미 낡은 것으로 만들고 있었다. 산업이 꾸준히 발전하면서 공장제 기계 공업이 도입되었지만, 농노제 때문에 자유로운 임금 노동자를 받을 수 없어 자본주의적 발전이 저지되고 있었다. 당시 농노들의 처지는 비참하기 이를 데 없었는데, 이것은 심각한 사회 불안요인이었다. 18세기 중반의 러시아 인구는 6천 7백만명 정도였고, 그 가운데 5천만 명이 농민과 그 가족이었지만, 일부 자유농민과 특수 신분을 제외하면 4천만 명이 농노였다. 이들은 개, 돼지 같은 동물보다 나을 것이 없는 인간 이하의 대우를 받고 살았다.

농노들이 사는 곳은 돼지우리나 마구간과 마찬가지였다. 지주는 그들을 사고팔 수도 있었기 때문에 시장에서 개나 돼지와 농노가 교환되기도 했다. 이에 대한 비난을 러시아는 고스란히 감수하지 않을 수 없었는데 그것이 주는 압력도 간단치는 않았다. 그와 같은 열악한 처지 때문에 농민 반란이 빈발했고, 그것은 체제를 뒤흔드는 가장 위험한 요소가 되고 있었다. 19세기에 일어난 농민 폭동 1467회 가운데 농노 해방이 이루어지기 전 알렉산드르 2세가 통치한 6년 2개월 동안 1855~1861년 사이에 474회나 일어났다. 이것은 전체의 32퍼센트에 해당하는 수치로, 1801~1825년의 281회, 1826~1854년의 712회와 비교하더라도 놀랄 정도로 농민 반란이 확산되고 있었음을 알 수 있다.

알렉산드르 2세는 이런 사실들을 분명히 인식했다. 그는 이런 현실을 더 이상 내버려두다가는 혁명이 일어날지도 모른다는 생각을 하게 되었다. 그는 1857년에 들어서면서 농노 해방을 구체적으로 준비하기 시작했다. 알렉산드르 2세는 농노 해방에 반대하는 귀족들에게 "농노제가 밑으로부터 폐지되는 것보다는 위로부터 폐지되는 게 더 낫지 않겠느냐."는 유명한 연설로 설득한 다음, 비밀위원회를 가동했다. 1858년에는 전국을 순회하면서 농노 해방에 소극적인 귀족들을 설득했으며, 1859년에 농노 해방의 법안을 마련하기 위한 '소위원회'를 설립했다. 그리고 20개월의 작업을 거쳐 1861년 3월 5일 '농노 해방령'을 선포했다.

이제 농노제는 폐지되었지만, 여전히 많은 문제를 남기고 있었다. 토지 가운데 농민들에게 나누어 준 토지는 전체의 대략 반 정도밖에

안 되었기 때문에 농민들의 경작지는 사실상 줄어든 꼴이 되었다. 거기다가 지역에 따라서는 시가의 2배 가까운 높은 가격으로 개인이 아니라 공동체에 분배되었고, 지주에게 주는 배상금의 20퍼센트는 농민이, 80퍼센트는 국가가 지급한 뒤 농민들에게 공동체의 연대 책임으로 49년간에 걸쳐 국가에 분할 상환하도록 했다. 따라서 농민들은 과중한 부담에 시달려야 했고, 쉽게 공동체를 떠날 수 없었다.

러시아의 농노 해방은 분명 러시아 역사에서 획기적인 사건이었지만 여러 가지 점에서 문제를 적지 않게 갖고 있었다. 이와 관련하여 러시아계 미국 역사학자 니콜라스 랴자노프스키는『러시아의 역사』에서 농노 해방의 결과에 대해 이렇게 평가했다.

1861년 2월 19일 법령으로 농노제가 폐지되었다. 그때부터 러시아에서 인간의 노예 상태는 모습을 감추게 되었다. …… 개혁은 농민들에게 다른 사회 계급들과 동등한 지위를 부여하는 데 실패했다는 사실을 알아야 한다. 즉 농노들은 인두세를 내야 했고, 그들의 공동체에 계속 묶여 있었으며, 관습법에 따라 재판을 받았다. 새로운 자유는 지주 소유의 농노들 이외에 황제 소유 토지의 농노들과 여러 범주에 속하는 국가 농노들에게까지 인정되었다. …… 농노 해방은 러시아의 급진주의자들을 실망하게 했으며, 이들은 농노 해방이 부적절한 것이며 농민들, 적어도 농민 다수를 만족하게 하는 데 실패한 것으로 보았다. 왜냐하면, 농노제 폐지 이후 곳곳에서 농민 소요가 발생했으며, 농촌의 불행, 절망, 분노는 제국의 통치 말기까지 제정 러시아에 대한 강력한 위협으로 남아 있었기 때문이다.

이와 같은 한계와 문제점에도 농노 해방은 러시아 역사에서 한 획을 긋는 중요한 사건이었다. 농노제가 폐지됨으로써 농노들은 신분의 속박에서 벗어날 수 있었고, 자유로운 임금 노동자로 전환할 수도 있었다. 이것은 러시아에서 자본주의가 발전하는 데 중요한 기반이 되었으며, 19세기 후반부터 일어나기 시작하는 혁명적 노동 운동과 마르크스주의의 발전에 토대가 되었다.

농노 해방으로 개혁의 물꼬를 튼 알렉산드르 2세는 다시 행정, 사법, 교육, 군사 등의 제도에도 개혁의 손길을 뻗쳤다. 1864년 지방자치기관으로 '젬스트보Zemstvo'가 설치되었고, 신분에 따른 재판을 없애고 '만인에게 평등한 법치주의'가 선포되었다. 대학과 도시의 자치도 어느 정도 보장되었다. 그러나 1870년에 처음 실행된 입법의회 두마 선거에서는 소유 재산에 따라 대표권에 차등을 두어 대大부르주아지와 특권 신분의 대표가 의회를 주도하게 되었다. 군사제도도 개혁되어 1874년에는 국민 개병제를 도입했고 군 복무기간도 25년에서 6년으로 단축되었다.

그러나 정치체제에는 전혀 손을 대지 않았다. '정치개혁 없는 개혁'은 '호두 없는 호두과자'와 같은 것이었지만, 그래도 차르는 전제정치야말로 개혁을 담보하는 근본적인 힘이라 믿었다. 사실 그는 외할아버지 가문인 프로이센의 빌헬름 황제의 영향을 많이 받았다.

알렉산드르 2세가 진행한 일련의 개혁들은 이전 통치자들의 행위와 비교한다면 놀라운 것이었다. 그런 점에서 이것을 '대개혁'이라 불러도 손색이 없을지 모른다. 일부에서는 그를 '해방 황제'라 부르기도 했다. 하지만 대부분의 개혁이 그러하듯 알렉산드르 2세의 '대개혁'도 그것을 한결같이 끝까지 밀고 나가지 못함으로써 오히려 문제를 증폭시키는 결과를 낳고 말았다.

개혁이 진행되면서 자본주의가 발전하고 대부르주아지가 영향력을 확대했다. 그와 더불어 전문관료, 기술자, 교수, 교사, 언론인, 문인, 의사, 법률가 등의 지식인, 전문직업 종사자들의 영향력도 커졌다. 이들은 학생들과 함께 정치 개혁을 요구하고 나섰다. 이들 가운데는 체제에 정면으로 도전하는 세력들도 나타나기 시작했다.

그러자 개혁에 불만을 품고 있던 보수 세력들이 들고일어났다. 차르에 도전하는 위험한 자들을 그냥 두어서는 안 된다는 것이었다. 1863년의 폴란드 반란, 1866년의 카라코조프라는 혁명 청년에 의해 저질러진 황제 암살 기도 사건, 그밖에 급진주의자들의 강력한 도전 등과 같은 사건들이 일어나면서 보수 세력들의 반격이 시작되었고, 마침내 알렉산드르 2세의 개혁도 후퇴했다. "개혁으로 혁명을 예방하겠다."던 초기의 의도가 사라지고, 다시 검열이 강화되고 통제와 탄압이 확대되었다. 특히 1866~1867년에 지방자치권 제한, 정부 내 자유주의자 추방, 나로드니크^{인민주의} 운동의 탄압 등 강력한 반동 정책이 전개되었다.

그러나 한번 터진 물꼬는 쉽게 막히지 않는 법. 역사의 물줄기를 거스르기란 얼마나 어렵던가. 개혁에서 반동으로 돌아서는 차르를 향한 러시아 혁명가들의 도전은 거세기만 했다. 그리하여 반동 차르와 혁명 세력 사이에 정면 대결이 펼쳐졌다. 그 결과 한때 '해방자 차르', '자비로운 차르'로 불렸던 알렉산드르 2세는 끝내 '인민의 의지'를 대변한 청년에게 암살당하는 비극적 상황을 연출하고야 말았다. 이렇게 해서 전제군주가 주도권을 가지고 진행하려 했던 러시아의 '위로부터의 개혁'은 물거품이 되었고, '암흑의 반동' 차르와 혁명적 인민의 정면 대결이 러시아의 운명을 판가름하게 되었다.

혁명적 인텔리겐치아의 역할

정치적 억압이 있는 곳에서 지식인의 역할은 무엇인가? 이런 의문은 어느 시대에나 지식인들에게 주어지는 고민이 아닐 수 없다. 지식인이 억압된 사회체제와 모순된 현실에 비판의 칼날을 들이대는 것은 너무도 당연한 일이다. 모순된 현실에 대한 비판은 지식인의 본성 같은 것이라고 할 수 있다. 지식인은 주로 문필 활동으로 자기의 역할을 하지만 때로는 직접 투쟁의 일선에 나서 행동하기도 한다.

19세기 러시아만큼 지식인의 비판적 역할과 사회 참여가 활발했던 경우도 흔치 않을 것이다. 당시 러시아에는 혁명적이고 정열적으로 차르체제의 모순을 비판하고 그에 맞서 싸우며 자신을 불사른 지식인들이 수없이 많이 탄생했다. 혁명적 인텔리겐치아라고 불리는 이들은 가혹한 전제주의 러시아에 깊은 회의를 품었고, 농노들의 비참한 삶에 고통스러운 '양심의 매'를 맞으며 내일을 밝히고자 했다. 이들은 '무수한 러시아의 민중을 대변하여 자기 국민을 계몽하고 국가를 고치려는 민족적 사명감이 투철한' 사람들이었다.

러시아의 혁명적 인텔리겐치아들은 민중의 자유와 해방, 그리고 생존의 권리를 위해 자신을 역사의 제단에 바치기를 주저하지 않았다.

이들은 처음에는 전제주의가 가진 잘못을 지적하고 민중을 계몽하는 것으로 출발했으나, 나중에는 스스로 차르 전제주의를 타도하기 위하여 민중과 함께하는 혁명의 길로 들어섰다. '데카브리스트의 반란'으로 시작된 러시아 혁명 운동의 역사는 이들 혁명적 인텔리겐치아의 자기 발전의 역사라고 할 정도로 지식인의 역할은 지대한 것이었다.

러시아 혁명 운동은 인텔리겐치아의 탄생과 함께 시작되었고, 그들은 혁명가로 발전하면서 차르체제의 타도로 나아갔다. 차다예프, 게르첸, 바쿠닌, 체르니셰프스키 같은 초기 인텔리겐치아의 출현으로 러시아가 걸어야 할 길은 전제주의 안에서의 개혁, 즉 '위로부터의 혁명'이 아니라 전제주의 차르를 타도하고 '아래로부터의 혁명'을 이루는 것이라는 점을 밝힐 수 있었다. 그 뒤를 이어 등장한 베라 쟈수리치, 악셀로트를 비롯한 인민주의자는 인민 속으로 들어가 그들을 계몽하고 조직하려 했으며, 마침내는 차르에 대한 테러로 혁명을 성취하고자 했다. 그리고 인민주의 운동이 실패한 뒤에는 플레하노프, 레닌, 트로츠키라는 뛰어난 혁명가들이 나타나 러시아를 '혁명의 나라'로 만들었다.

귀족 출신이었던 표트르 차다예프Pyotr Chaadayev는 1836년 『철학서한』이라는 편지 형식의 글을 발표하여 '과거도 없고 미래도 없는 협소한 현재 속에서, 죽은 듯이 고요 속에서 사는' 러시아를 통렬히 비판했다. 그의 서한은 '암울한 차르체제를 꿰뚫는 한밤중의 총성'이었고, '러시아의 모든 사색하는 사람들을 동요시킨 충격'이었다. 그로부터 러시아의 장래를 둘러싼 지식인들의 논쟁이 본격화하기 시작했고, 시간이 지나면서 여러 갈래의 흐름이 생겨났다. 점진적인 개혁과 대중의 계몽을 강조하는 온건한 자유주의자들이 주류를 이루었지만, 벨린스키, 게

게르첸

르첸, 오가료프, 바쿠닌 등의 급진주의자들도 생겨났다. 이들은 유럽에서 불어온 청년헤겔파, 공상적 사회주의 등의 영향을 받으면서 차르체제에 정면으로 도전했고, 급기야는 혁명주의자로 발전했다.

이들 혁명적 인텔리겐치아 가운데 게르첸은 특히 러시아 혁명 운동의 발전에 지대한 영향을 미쳤다. 1812년 귀족의 사생아로 태어난 게르첸은 어려서부터 농노제를 지극히 증오했다. 그는 모스크바 대학 시절부터 동료와 정치 철학 서클을 만들어 활동했고, 데카브리스트와 함께 프랑스 혁명 사상을 선전하다가 1834년에는 체포되어 유형에 처해졌다. 1839년 모스크바로 돌아온 그는 철학, 사회평론, 문학에 관한 저작들을 통하여 농노제를 격렬히 공격했고 자본주의의 해악에 대해서도 적극적인 비판을 가하다가 1847년에는 유럽으로 망명했다.

게르첸은 스위스, 프랑스, 영국, 이탈리아 등의 여러 나라를 떠돌아다녔고, 1848년 혁명에는 직접 참가하기도 했다. 그는 1848년의 유럽 혁명이 실패하는 것을 보고 서유럽식의 역사 발전에 회의를 품었으며, 러시아의 독자적인 발전 가능성을 모색하기 시작했다. 그는 러시아에 남아 있던 농촌 공동체인 '미르^{mir}'*에 눈을 돌렸다. 농노제를 폐지하고 미르를 강화함으로써 농민도 해방되고 사회주의도 실현할 수 있다는

---

* 일찍부터 러시아에 존재한 자치적 공동체를 말한다. 18세기 40년대 이후 슬라브주의자들에 의해 러시아의 독자적인 제도로 주목받았다.

'농민 사회주의'를 제창한 것이다. 그의 이론은 체르니셰프스키가 발전시켜 후에 '인민주의 사상'의 모태가 되었고, 라브로프에 의해 계승되었다.

벨린스키Vissarion Grigoryevich Belinsky는 《조국과 기록》, 《현대》 같은 잡지를 통하여 민주주의 사상을 전파하는 한편 진보적 지식인들을 결집했으며, '니힐리즘의 창시자이자 무정부주의의 사도'로 불리는 바쿠닌도 프루동의 영향을 받아 무정부주의 사회주의자가 된 뒤 유럽과 러시아에서 사회주의 선전에 열을 올리고 있었다.

이렇게 해서 러시아에는 1840년대와 1850년대를 거치면서 혁명적 민주주의와 러시아 사회주의의 씨앗들이 뿌려졌다. 이것들은 사람마다 그룹마다 조금씩 달랐지만, 1860년대의 더 깊숙한 논의를 거친 다음 1870년대에는 인민주의라는 거대한 흐름으로 모인다. 그리고 이 흐름은 곧 '엄청난 에너지로 러시아의 대지를 타고' 뻗어 나갔다.

인민주의가 본격적으로 등장하기 전 과도기라 할 '1860년대의 최초의 사람'으로는 단연 니콜라이 체르니셰프스키Nikolay G. Chernyshevsky가 돋보인다. 1828년 볼가강 중부 지역의 사라토프에서 목사의 아들로 태어난 체르니셰프스키는 대학을 졸업한 뒤 1851년 고등학교 문학 교사가 되었다. 그러나 그는 학생들에게 자유와 혁명 의식을 불어넣고 있다는 혐의로 교사직을 그만두어야 했다. 그때부터 그는 잡지 《현대》에 평론 활동을 하면서 본격적으로 반정부 비판에 나섰다.

그는 정열적인 활동으로 가장 영향력 있는 논객이 되었으며, 《현대》를 지식인들에게 가장 영향력이 큰 잡지로 만들었다. 그는 결국 1864년에 체포되었고, 2년간의 감옥 생활을 거쳐 시베리아 유형에 처

해졌다. 그의 유형 기간은 원래 7년이었지만 과격파들에 대한 그의 영
향력을 염려한 정부는 그를 18년간이나 시베리아에 묶어두었고, 그
후에도 그는 다시 유럽 러시아 지역에서 6년의 유형 생활을 해야 했
다. 그는 죽기 몇 달 전에야 겨우 집으로 돌아올 수 있었다.

체르니셰프스키는 농민·농촌 문제에 대한 새로운 이론으로 당시 막
자라기 시작한 인민주의자에게 직접적인 영향을 주었다. 그의 미르 공
동체를 활용한 토지의 '사회소유제' 이론이 인민주의에 이론적 바탕을
제공했던 것이다. 그는 러시아의 사회·경제적 상황을 서구와 비교하면
서 러시아가 오랫동안 농업 국가로 남을 것이라고 보았다. 러시아에도
자본주의제도에 바탕을 둔 경쟁 사회가 나타나기는 하겠지만, 러시아가
이미 "서구가 사유·자본주의제도로 인해 겪고 있는 사회적 병폐를 되
풀이 경험할 필요는 없다."고 강조하면서 그 대안으로 '미르'를 지적했다.

그래서 체르셰프스키는 러시아의 사회문제를 해결하기 위하여 토
지에 대한 '사회소유제'를 주장했다. 그는 토지의 '사회소유제'와 이미
'미르에 잠재해 있는 생산품의 사회적 배분을 확대하는 정도만으로도'
러시아는 서구 자본주의가 낳은 경제적 참상을 피할 수 있다고 보았
다. 이와 같은 체르니셰프스키의 믿음은 막 자라고 있던 러시아 인민
주의의 사상적 바탕이 되었다. 체르니셰프스키는 러시아가 자본주의
단계를 피하고 사회주의로 직접 나아갈 수 있다는 '회피 원칙'과 '역사
적 도약 이론'을 주장했는데, 이는 헤겔의 변증법적 역사 발전 과정을
부인하는 것이었다. 후에 트가초프[1844~1886년]*가 주장한 도약 이론과 회

---

* 　레닌의 혁명 이론에 지대한 영향을 미친 러시아의 혁명가이다. 그의 사상이 레닌에게 영향

피 이론은 모두 체르니셰프스키에서 비롯된 것이었다.

체르니셰프스키는 또 처음 옥중에 있는 2년 동안에 『무엇을 할 것인가』라는 정치 소설을 썼다. 그는 이 소설에서 러시아의 지식인들은 인민들을 교육하고 지배층을 각성시켜 차르체제를 무너뜨리고, 러시아에 사회주의적인 '새로운 질서'를 세워야 한다고 주장했다. 그의 사상은 당대와 후기의 혁명가들에게 깊은 감명을 주었고, 『무엇을 할 것인가』에 등장하는 라흐메토프는 당시 청년들과 혁명가들의 이상적인 인물상이 되었다. 1902년 레닌이 쓴 유명한 저작의 제목도 『무엇을 할 것인가』였다는 점만 보아도 그가 후대의 혁명가들에게 끼친 영향이 어느 정도였던가를 짐작할 수 있다.

체르니셰프스키는 이전의 인텔리겐치아와는 달리 귀족 계급의 피를 받지 않은 최초의 인물 가운데 하나였다. 이밖에 1860년대에 활약했던 비귀족 출신의 도브롤류보프*, 귀족 출신의 피사레프** 등도 모두 나로드니키Narodniki*** 출신의 인텔리겐치아들이었다. 이들의 등장은 러시아를 대표하는 지식인들의 사상이 그 이전 시대보다 훨씬 과격해지고 있음을 보여주는 징표이기도 했다. 또한, 이후로는 소수 인텔리겐치아가 아니라 광범위한 지식인이 러시아의 현실을 타개하기 위한 혁명의 길에 나서게 됨을 알리는 시발이기도 했다. 그것을 우리는 1870

을 끼쳤다 하여 최초의 볼셰비키로 불리기도 한다.

* 인생을 위한 예술주의 신봉자로 《현대》에 문예사회평론을 발표했다. 25세의 나이에 결핵으로 요절했다.

** 개성의 해방을 부르짖고 공리적 예술론을 폈다. 대담하고 예민한 비평을 발표했으며, 28세로 사망했다.

*** 러시아어로 '인민주의자'란 뜻이다.

년대 러시아를 휩쓴 인민주의 운동에서 확인할 수 있다.

인민 속으로 들어가다

1860년대 말부터 1870년대 사이에 게르첸과 바쿠닌, 그리고 체르니셰프스키의 영향을 받은 지식인들과 대학생들이 하나의 거대한 흐름을 만들어냈다. '브 나로드' 운동으로 불리는 러시아 특유의 혁명적 열정이 당시의 모든 지식인과 대학생들의 머리를 지배하기 시작했다. 인민들의 고통에 빚을 지고 있다고 느낀 수천의 학생과 지식인들이 뜨거운 열정으로 인민들 속으로 들어갔다. 이들은 '인민 속으로'를 뜻하는 '브 나로드V Narod'를 외치면서 자신의 신분과 지위를 벗어던지고 농민들 곁으로 달려갔다.

인민주의자들은 대부분 귀족층 또는 상류층 출신의 청년들이었다. 그들은 부모의 맹렬한 반대를 뿌리치고 농촌으로 뛰어들었다. 그들의 모습은 표트르 알렉세이비치 크로포트킨의 회고록 『한 혁명주의자의 회고』에 잘 나타나 있다. 그는 귀족 출신으로 알렉산드르 2세의 부관을 지낸 유명한 지리학자로 탁월한 무정부주의 이론가이다.

"너는 파멸하고 말 거야."라는 부모의 경고도 무시하고 수많은 남녀가 농촌으로 뛰어들었다. 그 가운데 많은 사람은 농촌의 교사나 의사, 또는 수의사나 간호사로 눌러앉아 인민에 대한 봉사에 전념했다. 또 바쿠닌의 추종자들은 인민의 봉기를 돕기 위해 차르에 대한 저항의식을 고취하는 데 힘을 쏟았으며, 라브로프의 추종자들은 농민의 계몽과 교육, 농촌의 부흥에 정성을 기울였다. 이러한 차이점에도 그들은 자신과 농민들 사이의 간극을 메우려고 노력했다는 점에서 일치하고 있었다.

이로부터 이들을 '나로드니키' 또는 '인민주의자'로 부르게 되었다. 이 운동은 1873년과 1874년에 절정을 이루었다. 그러나 이들의 열정과는 달리 농민들의 반응은 냉담했고, 그들은 무지몽매했다. 심지어 농민들은 이들을 경찰에 넘기거나 돌팔매질로 내쫓기도 했다. 경찰은 인민주의자들을 보이는 족족 잡아냈고, 1876년까지 4천 명의 청년들이 체포되었다. 이 가운데 770명이 약식 재판을 받았고, 265명이 구금되었으며, 1~4년간의 미결수 생활에서 다시 70여 명이 병에 걸려 죽거나 자살했다. 1877년에는 마지막 남은 193명이 정식 재판에 넘겨져 유죄 판결을 받았다. 이렇게 하여 '브 나로드 운동'은 실패로 끝나고 말았다. 이를 두고 어떤 사람은 '인민주의 운동의 슬픈 종말'이라고 불렀다.

인민주의자들은 이 실패를 거울삼아 새로운 준비를 시작했다. 1876년에 '토지와 자유젬리야 이 볼리야'라는 혁명 정당이 탄생한 것이다. 이들은 중앙집권적이면서 비밀조직 형태를 취했다. '토지와 자유'당은 1876년 12월에 처음으로 첫 번째의 공개적인 시위를 벌임으로써 자신의 존재를 러시아 전체에 알렸다. '토지와 자유'라고 쓴 붉은 깃발이 나부끼는 가운데 "사회주의 혁명 만세! 토지와 자유 만세!"를 외쳤다. 그들의 시위는 곧바로 진압되었지만, 이는 러시아 혁명 운동에서 '영원히 기억될 사건'이었다.

인민주의자들은 농촌에서의 활동도 계속해 나갔지만, 성과는 없었다. 농민들은 매우 보수적이었고, 차르에 대하여 경외심을 가지고 있었다. 그래서 농노 집안 출신으로 혁명 간부가 된 안드레이 젤리아보프Andrey Ivanovich Zhelyabov*는 "우리는 마치 얼음을 깨뜨려가며 헤엄치는 물고기와 같다."고 탄식했다.

인민주의자들 가운데 일부는 이제 다른 출구를 찾기 시작했다. 그것은 '폭력과 테러'를 사용하여 정부를 응징하자는 것이었다. 그렇게 해서 '토지와 자유'에서 '인민의 의지나로드나야 볼리야'가 갈라져나왔다. 그리고 농촌에서의 선전 활동을 통해 사회 혁명을 일으켜야 한다고 주장한 그룹은 '흑토 재분배체르니 이 페레델'라는 조직을 만들었다. '브 나로드 운동'의 실패로 러시아 혁명 운동이 새로운 전환을 맞이하기 시작한 것이다. 랴자노프스키는 이들에 대해 다음과 같이 평가했다.

러시아 역사상 가장 감동적인 한 장면인 '브 나로드 운동'은 결국 실패로 끝나고 말았으나, 대의에 몸을 던지는 그들의 놀라운 용기와 헌신성, 그리고 그들이 범한 오류까지도 이후의 운동에 귀중한 밑거름이 되었다. '러시아 혁명 운동의 요람'이었던 '브 나로드' 운동을 거치며 러시아의 운동은 새로운 단계로 접어든다.

---

* '인민의 의지' 당 창설에 큰 공헌을 했으며, 1881년 알렉산드르 2세 암살사건에 연루되어 처형당했다.

러시아 혁명 운동의 방향 전환

러시아에서 '브 나로드 운동'이 실패로 돌아가면서 새로운 출구를 찾기 위해 나선 '토지와 자유'나 '인민의 의지'도 근본적으로는 인민주의의 연장 위에 있는 것이었다. 따라서 이들의 운동은 실패로 끝나고 말지만, 이들의 노력은 러시아 혁명 운동이 새로운 단계로 발전하기 위한 진통이라는 점에서 의미가 있었다. 다음에 나타날 혁명가들은 '인민의 의지'의 실패로부터 운동의 새로운 방향을 시사받았기 때문이다.

'인민의 의지' 파가 활동하던 당시 그들에게 큰 영향을 미친 러시아 혁명가가 한 사람 있었다. 42세라는 짧은 생애 대부분을 형무소와 망명지에서 보냈고, 죽은 뒤에는 파리의 공동묘지 한 귀퉁이에 겨우 세를 내어 묻혔던 표토르 트카초프라는 사회주의자였다. 그는 혁명적 소수에 의한 대중 지도의 필요성과 폭력 혁명을 주장했고, 혁명 조직의 절제와 엄격한 규율을 강조했다. 그의 주장은 1876년에 출간된 『혁명과 국가』에서 보다 이론적으로 체계화되었고 레닌에게 커다란 영향을 미쳤다. 1918년 레닌은 『국가와 혁명』이라는 책을 발간했는데, 이 책의 제목은 트카초프의 『혁명과 국가』에서 따온 것이었다.

트카초프의 폭력 혁명론에 영향을 받은 '인민의 의지' 파는 소수 혁명가가 국가 권력의 핵심부에 폭력을 행사함으로써 농민 봉기를 이끌어 낼 수 있다는 확신을 굳히게 되었다. '인민의 의지' 파는 1879년 8월 알렉산드르 2세에게 사형을 선고하고, 그를 직접 처단하는 길에 나섰다. 여러 차례에 걸친 시도가 무산된 가운데 드디어 1881년 3월 1일 '차르 암살'에 성공할 수 있었다.

그러나 '인민의 의지'가 기대했던 예상은 그만 빗나가고 말았다. 인민들은 차르의 죽음을 계기로 들고일어나기는커녕 오히려 그의 죽음을 애도하고 있었다. 오히려 테러리즘에 대한 반감을 나타냈던 것이다. 또한, 그동안 그들의 활동에 찬사를 보내던 자유주의자들마저 침묵했다. '인민의 의지'는 당혹스럽지 않을 수 없었다. 이에 3월 10일 '인민의 의지' 지도자 L. A. 티호미로프Tikhomirov는 매우 사려 깊은 편지를 보냈다. 거기서 그는 정부가 정치범을 사면하고 민주제도와 시민의 권리를 보장하는 광범위한 개혁을 단행한다면 테러 활동을 중지하겠다고 약속했다. 그러고는 테러리즘의 원인에 대해 이렇게 설명했다.

혁명가는 상황의 소산이다. 즉 인민들 전반에 걸친 불만, 러시아에 새로운 사회제도를 도입하고자 하는 러시아인 희망의 반영이다. 전 인민을 몰살하거나 혹은 억압을 강화함으로써 불만을 제거한다는 것은 불가능하다. 이러한 억압은 불만을 더욱 조장할 뿐이다. 그리고 처형된 대원들의 자리를 메울 더 많은 사람이 인민 속에서 일어서게 할 뿐이다. 억압은 더 왕성하고 더욱 강렬한 정열을 우리들의 삶에 제공해줄 것이다.

티호미로프의 서한은 비록 1881년 봄의 불리함을 만회하기 위한 시도였지만, 그 분석은 옳았다. 실제로 그 후에도 억압은 계속되었지만, 인민들의 투쟁은 멈추지 않았다. 결국은 '새로운 사회제도를 도입하고자 하는 러시아인의 희망', 즉 러시아 혁명의 성공 뒤에야 이 투쟁은 끝날 수 있었던 것이다.

그러나 티호미로프의 요구는 무시되었다. 알렉산드르 2세의 뒤를 이어 그의 둘째 아들 알렉산드르
3세가 새로운 차르에 올랐고, 그
는 전제정치를 계속하겠다는 의
지를 단호히 표방했다. 알렉산드
르 3세는 극우주의자들을 등용
했다. 그리고 그나마 인텔리겐치
아와 부르주아 일부를 체제 내로
흡수하기 위해 알렉산드르 2세
가 취했던 지극히 제한적인 개혁
마저 폐기해버렸다.

게오르그 플레하노프

 경찰력이 강화되었고, 탄압이 심해졌다. 자유주의적 신문이 금지되
었고, 도서관의 장서도 정비되었으며, 대학의 자치도 제한되었다. 혁
명 세력에 대한 대대적인 검거 선풍이 일었고, 처형이 계속되었다. 혁
명가뿐만 아니라 일반 인민도 비밀경찰의 감시와 통제에 시달려야 했
다. 이른바 '암흑의 반동'이 다시 몰아치기 시작한 것이다.

 황제의 암살 음모에 가담했던 젤리아보프, 소피아 페로프스카야 등
5명의 혁명가는 신속한 재판을 거쳐 4월 3일 세묘노프스키 연병장에
서 교수형에 처해졌다. 차르 정부는 '인민의 의지'를 비롯한 혁명 세력
의 씨를 말리려 했다. 결국 '인민의 의지'를 비롯한 인민주의자들은 알
렉산드르 3세의 '암흑의 반동'으로 수많은 당원을 잃었다. 이들은 황
제의 암살이 혁명을 가져올 것이라고 믿었지만, 그 결과는 반동과 탄
압만 불러왔다. 테러와 같은 방법으로 혁명 운동이 성공할 수 없다는
것을 이 사건은 분명하게 보여주었다.

알렉산드르 2세의 암살 사건을 계기로 러시아 혁명 운동은 새로운 방향으로 나아가기 시작했다. 1860년대와 1870년대를 통해 차르에 반대하는 세력의 대표 주자였던 인민주의자들이 힘을 잃기 시작했지만, 마르크스주의자들이 새로운 세력으로 등장했다. 인민주의자들은 1880년대는 물론이고 그 이후에도 계속 남아 있었지만, 과거와 같은 큰 영향력을 가질 수는 없었다. 그들이 했던 역할은 러시아 자본주의의 발전과 더불어 떠오르기 시작한 마르크스주의자들이 넘겨받았다. 그런 점에서 알렉산드르 2세의 암살 사건은 인민주의 운동의 몰락을 알리는 총성이면서 동시에 차르체제의 운명을 암시하는 신호탄이기도 했다.

　　인민주의 운동의 퇴락에 이어 러시아에서는 마르크스주의가 광범위하게 보급되기 시작했다. 러시아 마르크스주의의 아버지로 불리는 게오르그 플레하노프*는 러시아에서 마르크스주의가 보급되고 확산되는 데 절대적인 영향을 미쳤다. 그러나 그도 결국은 '마르크스의 진정한 후계자'를 자처하는 레닌에게 혁명 운동의 지도권을 넘겨주어야 했다. 또한 인민주의를 계승한 사회혁명당 역시 러시아 혁명에서 레닌의 볼셰비키 파와 운명의 엇갈림을 맛보아야 했다. 그런 점에서 러시아 혁명은 '1파운드의 진보가 1톤의 반동을 수반하면서 진행된' 차르 전제주의가 이러한 혁명 세력들의 투쟁 과정에 바친 선물이었던 셈이다.

---

*　　러시아 초기 공산주의자. 마르크스의 『공산당 선언』을 러시아어로 번역했다. 그러나 1917년 10월 혁명에 대해서는 부정적인 태도를 취했다.

4. 미국 남북 전쟁

북부 산업자본과 남부 노예노동의 충돌

판이한 두 세계의 충돌

미국의 남북 전쟁은 1861년 4월 남부연합군의 섬터 요새Fort Sumter*

공격으로부터 시작되었다. 그리고 전쟁은 1865년 5월까지 4년 1개월

동안이나 계속되었으며, 그 과정에서 수백만 명의 민간인이 희생되었

다. 전쟁은 가족과 친구들을 비인간적으로 갈라놓았으며 나라의 반쪽

인 남부를 황폐하게 했다. 또한, 남과 북은 말할 수 없는 잔혹 행위와

학살을 자행함으로써 쉽게 치유될 수 없는 상처를 서로에게 안겨주었

다. 어떤 전쟁이든 "전쟁에서 도덕적으로 자유로울 수 있는 사람은 아

무도 없다."는 이야기가 실감 나지 않을 수 없었다. 정말이지 모든 전

쟁은 잔혹하며 미국 남북 전쟁 또한 예외는 아니었다.

이런 참혹한 전쟁이 왜 일어나게 되었는지를 이해하자면 19세기

---

* 　 미국 사우스캐롤라이나 주 중부에 있는 요새다. 섬터라는 명칭은 토머서 섬터 장군의 이름
에서 따온 것이지만, 남북 전쟁을 촉발시켰던 섬터 요새 전투로 널리 알려져 있다.

남부연합군에 의한 섬터 요새의 포격

전반기의 미국이 어떤 나라였던가를 알아야 한다. 당시의 미국은 남과 북이 판이한 사회와 경제 구조를 가진, 그래서 한 나라라기보다는 사실상 '두 쪽으로 분리된 세계'였다. 근대적 산업자본이 지배하는 북부와 아직도 노예노동에 의존하는 농업 사회 남부. 이렇게 완전히 다른 두 개의 세계가 충돌을 일으키고 있었다. 미국은 독립 혁명 이후 남과 북에 서로 다른 두 세계가 공존하면서 한동안 대립과 갈등을 계속했고, 마침내 그 갈등이 폭발을 일으키며 전쟁이라는 극단적인 선택을 하게 되었던 것이다.

미국의 북부는 산업 혁명을 거치면서 근대화를 향해 정신없이 달려가고 있었다. 아직도 농업이 중요한 경제 부문으로 남아 있기는 했지만, 전체적으로 북부는 철도, 운하, 기선회사, 은행, 공장 등의 근대적 상업과 산업이 경제의 중심으로 자리 잡고 있었다. 사람들이 유럽에서 미국의 도시로 떼를 지어 몰려들면서 북부의 인구는 눈덩이처럼 불어났다. 이들은 대부분 기근과 정치적 박해를 피해 온 사람들이었다. 이들에게 미국은 무한정한 부와 기회가 있는 희망의 나라로 인식되었다. 특히 1845년에 시작된 아일랜드의 감자 병충해로 말미암은 기근은 아일랜드인의 집단적 이주를 부추겼는데, 수년에 걸쳐 미국으로 넘어온 아일랜드인의 숫자가 약 1천 5백만 명에 달했다.

1860년에는 3천 2백만 명의 미국 인구 가운데 8분의 1가량이 외국 태생이었는데, 그 대부분이 로드아일랜드, 코네티컷, 뉴저지, 펜실베이니아 등의 공장 지대가 있는 북부에 정착했다. 이들은 산업자본의 요구를 충족시켜 주는 도시의 빈민가를 형성했고, '정글의 법칙'이 작용하는 자본주의 사회의 임금 노동자가 되었다. 이들은 자신들의 이해를 대변하겠다는 정당에 가입했으나, 남북 전쟁으로 인한 징병법에 따라 전장의 총알받이가 되었다.

반면 남부는 독립 전쟁과 건국 시기, 워싱턴과 제퍼슨 시대를 거치면서 자리 잡고 있던, 농업과 노예노동을 기반으로 하는 대농장의 플랜테이션 경제 그대로였다. 남부에서 부의 기반은 면화와 노예였다. 여기서 생산된 면화는 모두 영국과 미국 북부의 공장으로 실려갔고, 노예들은 면화뿐만 아니라 담배·쌀·옥수수 등 남부의 모든 산물을 생산하는 노동력이요, 기계였다.

1807년 영국에서는 노예 수입이 법으로 금지*되었으나 미국에서는

---

* 　노예금지법. 영국 정치가 윌리엄 윌버포스의 헌신적인 노력으로 영국 하원은 1807년 노예금지법을 결의했고, 1833년 7월 27일 노예폐지법을 통과시켰다.

노예 인구가 계속 늘어났다. 외국과의 노예 거래는 금지되었으나 오히려 국내 거래는 성황을 이루어 호경기를 구가했다. 남부인들은 북부가 그와 같이 현실과 모순된 법을 강요하는 것은 공평치 못한 처사라고 생각했다. 아프리카에서 노예가 들어오지 않는데도 노예의 숫자는 놀라울 정도로 증가했다. 1790년에 70만 명이던 노예 인구가 1860년에는 350만 명으로 늘어났다. 그동안 남부의 일반 인구는 거의 증가하지 않았다. 이것은 미국으로 몰려드는 이민자들이 남부로는 거의 오지 않았음을 보여주는 증거다.

남부인들은 미국의 영토를 확장하기 위해서는 외국과 전쟁을 해야한다, 쿠바와 그 남쪽 땅들을 점령해야 한다는 따위의 이야기들을 하곤 했는데, 이는 면화를 재배할 더 많은 땅과 그것을 심고 가꾸고 수확할 더 많은 노예노동력이 필요했기 때문이다. 실제로 1846년에 발발한 대對멕시코 전쟁은 남부의 이런 염원을 부분적으로 실현했다.

이처럼 판이한 경제제도는 서로 다른 문화와 이념을 낳았고, 서로 다른 문화와 이념은 나라를 두 개의 세계로 분리했다. 이렇게 서로 다른 두 개의 세계는 대립과 분열을 격화시키면서 급격한 충돌의 미래를 간직한 채 앞으로 나아가고 있었다. 결국, 남북 전쟁은 "워싱턴 시절부터 링컨에 이르기까지 계속된 70년 동안의 대립이 화약고에 이어진 긴 도화선처럼 속속 타들어 가서 마침내 전쟁이라는 가공할 대폭발로 나타난 것"이라 할 수 있었다.

깊어 가는 대립과 불신의 골

노예 문제는 미국 건국 당시부터 문제가 되었다. 하지만 헌법 제정 의회는 '5분의 3'의 타협으로 노예 문제를 일단락지었다. 노예 문제가 다시 정치권에 등장한 것은 1817년이었다. 의회에서 미주리를 두고 자유 주로 할 것인가, 노예 주로 할 것인가 하는 대립이 일어난 것이다. 이 문제는 결국 '미주리 타협Missouri Compromise'으로 불리는 클레이 법안이 통과됨으로써 일단락되었다. 미주리를 노예 주Slave State*로 받아들이되 그 주 경계선 이북의 다른 지역에서는 노예제를 허용하지 않는다는 것이었다. 이것이 1820년의 일이었다.

그러나 1830년대가 되면서 급진적인 노예해방 운동이 조직적으로 등장하고 도망 노예들도 증가했다. 1831년 8월에는 백인에 대한 무차별적인 테러로 미국 사회를 뒤흔들어놓은 '터너의 반란 사건'이 일어났다.** 어려서부터 영민했던 흑인 노예 냇 터너Nat Tunner는 침례교 신앙에 따라 스스로 노예해방을 주창한 것이다. 이때 북부에서는 윌리엄 로이드 개리슨이 지도하는 노예제 폐지론자들이 《해방자》라는 신문

---

* 자유 주에 대비되는 주로, 남북 전쟁 전에 노예를 합법적으로 인정한 주를 말한다. 사우스캐롤라이나를 비롯하여 남서부의 15개 주에 달했다.
** 1831년 8월 21밤, 미국 버지니아주 사우스캠프턴 카운티에서 냇 터너를 비롯한 7명의 흑인 노예들이 백인 농장주 가족을 모두 살해했다. 그들과 70여 명의 노예들은 카운티의 수도인 예루살렘 무기고를 털어서 무장한 뒤, 이틀 동안 57명의 백인을 살해했다. 결국 터너는 민병대에 붙잡혀 교수형에 처해졌고, 반란의 진압 과정에서 2백여 명의 흑인들이 학살당했다. 냇 터너의 반란사건은 백인 사회에 두려움과 충격을 안겨주었고, 버지니아주의회를 비롯한 남부에서 노예탄압을 강화하는 법을 제정하게 만들었다. 새 법에 따르면 노예는 교육을 받을 수 없었고, 3명 이상 모이는 것도 금지당했으며, 흑인의 설교권한도 박탈되었다.

도 발행했다. 그 신문은 창간 제1호 첫머리에서 노예해방에 대해 조금도 타협하지 않을 것이며, 한 걸음도 물러서지 않을 것이라는 결의를 천명하면서 다음과 같이 주장했다.

나는 이 문제에 관하여 생각하거나 말하거나 글을 쓸 때는 결코 온건한 태도를 보일 수 없다. 결코! 결단코! 자기 집에 불이 난 사람을 보고 온건하게 경보를 울리라고 말하라. 아내가 강간을 당하고 있는데 남편에게 아내를 온건하게 구하라고 말하라. 그러나 나에게만은 우리가 지금 벌이고 있는 이 운동에 온건이란 말을 강요하지 마라. 나는 진지하다. 나는 모호한 말은 할 수 없다. 나는 용서하지 않을 것이다. 나는 단 한 치도 물러날 수 없다. 사람들은 끝내 나의 말을 경청할 것이다.

노예해방 운동이 본격적으로 전개되면서 정치권의 대립도 심화되어 갔다. 대립의 가장 주된 문제는 여전히 새로 연방에 가입하는 주를 노예주로 할 것인가, 아니면 자유 주로 할 것인가 하는 것이었다. 아직도 노예해방 그 자체가 문제는 아니었던 것이다. 이처럼 대립이 이어지는 가운데 1856년에는 캔자스에서 기어코 유혈극이 벌어지고야 말았다.

사건의 발단이 된 것은 1854년 5월 30일에 국회를 통과한 '캔자스-네브래스카 법'이었다. 이 법은 당시 이주민이 급증한 미주리, 오하이오 서부 지역을 네브래스카와 캔자스의 두 지방으로 나누고, 그곳의 노예제 여부는 지역 주민의 의사에 따라 결정한다는 내용이었다. 그런데 이 법은 북위 36도 30분 이북에서는 앞으로 노예제를 허용하지 않는다고 한 '미주리 타협안'을 사실상 폐기하는 것이어서 논란이 되었다. 북부에서는

'미주리 타협안'을 근거로 당연히 반대했다. 하지만 남부 출신 의원들의 강경한 주장으로 이 법은 상원을 통과하고 말았다. 이 법을 발의한 일리노이 주 출신 상원의원 스티븐 더글러스는 링컨의 정적이기도 했다.

노예제 폐지주의자 존 브라운

1855년 3월의 주민투표에서 캔자스가 노예제를 정식으로 채택하자 노예제 폐지론자들은 즉각 부정선거를 규탄하고 토피카에 새로운 주 정부를 세웠다1856년 캔자스 준주. 연방에 가입하기도 전에 캔자스는 사실상 두 개의 주 정부로 분열되었다. 1856년 5월 캔자스의 로렌스*에서 노예제 찬성론자와 반대론자 사이에 무력 충돌이 일어났다. 그 과정에서 존 브라운이라는 과격한 노예해방론자와 그의 동료가 노예제를 옹호하는 백인 이주자 5명을 잔인하게 살해하는 '포타와토미 학살 사건'이 일어났다.

사건을 일으킨 존 브라운John Brown**은 1800년에 코네티컷에서 태어나 열렬한 청교도 반反노예주의자인 아버지의 영향을 받아 급진적 노

---

*   이곳에는 노예를 도피시키는 지하철도(underground railroad)라 불리는 비밀 통로가 있었고, 다른 한편에서는 캔자스 노예찬성론자들의 본거지도 있었다.

**   '복남이네 어린아이 감기 걸렸네'로 시작되는 노래를 한두 번쯤 불러보았을 것이다. 이 노래는 노예제 폐지론자 존 브라운을 기리기 위해 만들어졌고, 북군의 군가로 널리 애창되었다. "나는 이 죄 많은 나라의 범죄는 오직 피로써만 씻길 것이라고 확신합니다." 사형 직전에 그가 남긴 말이다. 그의 예언대로 결국 미국은 남북 전쟁이라는 엄청난 피의 씻김굿을 통과해야만 했다.

예해방론자가 된 사람이었다. 그는 노예제를 철폐하는 데는 온건한 방법으로 안 된다고 생각하고, 백인 노예 주들과 노예제 옹호론자들에게 무장 테러를 가하기 시작했다. 그는 1855년 캔자스로 이주했으며, '캔자스-네브래스카 법'의 여파로 대립이 격화되자 '포타와타미 사건'을 일으킨 것이다. 사건 이후 존 브라운은 남부 산악 지역에 도망 노예들의 공화국을 만들고 이곳에서 노예해방 전쟁의 깃발을 올리려는 계획을 세웠다. 1859년 10월 16일 그는 21명의 동료들과 버지니아 주 하퍼스페리의 한 정부군 무기 창고를 습격했지만 3일 만에 체포되어 형장의 이슬로 사라지고 말았다.

그런데 뒤에 남북 전쟁이 일어나자 그는 북부의 우상이 되었다. 그의 장렬한 투쟁과 죽음을 묘사한 「존 브라운의 주검」*이라는 노래는 북군이 가장 즐겨 부른 군가가 되었다. "나는 이 죄악의 땅에서 일어나는 범죄는 피 흘림 없이 씻어지지 않을 것임을 확신한다."고 한 존 브라운을, 시인 에머슨은 '성인'이라고 칭송하면서 예수 이래로 그렇게 값지게 생을 마감한 사람은 일찍이 없었다고 주장했다. 미국에서는 그를 마틴 루터 킹Martin Luther King**에 버금가는 위대한 흑인 해방론자로 보는 사람이 있지만, 미치광이로 보는 극단의 평가도 있다. 시각에 따라 똑같은 사실이 극단적으로 갈리는 경우는 너무도 많다.

'포타와타미 학살 사건'으로 사태는 걷잡을 수 없게 발전했다. 테러

---

* 윌리엄 스테프가 곡을 붙였고, 우리나라에는 1905년 찬송가로 소개되었다. 일본강점기에는 독립군가로, 60~70년대에는 조국찬가로 널리 불렸다.
** 1960년대 미국 남부에서 시작하여 흑인인권운동을 미국 전역으로 확산시켰으며, 그 공로를 인정받아 노벨 평화상까지 수상했다. 그는 극단적 인종주의자에 의해 암살되었으나 오늘날 미국의 성인으로 추앙받고 있는 인물이다.

와 습격, 그리고 또다시 보복이 반복되었다. 2백여 명의 사상자를 내고 연방군이 투입되어서야 겨우 사태가 수습되었다. 연방의회도 난장판이 되었다. 매사추세츠 출신의 찰스 섬너 상원의원이 캔자스-네브래스카 법을 비판하면서 "남부가 캔자스 사태를 조종하고 있다."고 발언했다가 남부 출신의 프레스턴 브룩스_{노예 주인 사우스캐롤라이나 출신} 의원의 지팡이에 얻어맞아 의식불명이 되었다. 그러자 브룩스는 남부에서 일약 영웅이 되었다.

의원직을 박탈당하고 고향에 돌아온 브룩스를 사람들은 열렬히 환영하면서 너도나도 지팡이를 선물로 주었다. 브룩스는 "사실은 지팡이가 부러지도록 패 줄 생각이었지만 금으로 된 손잡이 때문에 그만두었다."고 호기를 부렸다. 어떤 사람은 "미친개한테 정신을 차리게 하려면 머리통을 지팡이로 갈기는 수밖에 없다."고 맞장구를 쳤다. 이쯤 되면 남북의 대립은 이미 돌이킬 수 없는 상태로 나아가고 있었다고 봐야 할 것이다. 이 사건을 계기로 노예 문제에 모호한 태도를 보였던 휘그당이 분열하게 된다.

1857년 남북의 대립을 격화시키는 사건이 또 하나 터졌다. '드레드 스콧 사건'이라는 것이다. 드레드 스콧은 존 에머슨이란 군의관의 노예였는데, 에머슨이 죽자 소송을 제기했다. 그는 에머슨을 따라다니면서 노예제가 불법화된 지역에서 살았기 때문에 이미 자유인이라고 주장했다. 그가 에머슨을 따라다니면서 살았던 지역 가운데 일리노이는 서북영지법^{Northwest Ordinate}*에 의해, 위스콘신은 미주리 타협안에 의해

---

* 서북 영토법이라 불리기도 한다. 1788년에 마련된 서북 영토의 조직을 규정한 제한된 자치제도다. "상기 서북 영토에는 노예제도와 자의에 의하지 않은 노역은 없다."고 규정하여 미

노예제를 주 헌법으로 금지하고 있었던 것이다.

세인트루이스의 한 재판소에서는 드레드 스콧의 주장을 인정했으나 미주리 주 최고재판소가 그걸 뒤집어버렸다. 사건은 연방 대법원으로 올라갔다. 연방 대법원에서는 흑인들은 시민이 아니므로 스콧의 주장은 받아들일 수 없다고 판결했다. 스콧은 "노새나 말과 다름없는 주인의 재산에 불과하므로 시민의 권리 따위를 말할 수 없다."는 것이었다. 뒤이어 수석판사 R. B. 토니는 '미주리 타협안'이 위헌이라는 판결도 추가했다. 이 판결은 노예제의 생명을 연장하는 데 일조했을지는 몰라도, 남북 사이의 갈등을 더욱 심화시켰다.

계속되는 사건들로 미국의 남과 북은 "하나의 나라에 존재하는 두 개의 다른 세계"가 되어 갔다. 남과 북은 서로의 차이를 극복하지 못하고 계속 갈등을 증폭시키면서 서로에 대한 적대감을 차곡차곡 쌓아 가고 있었다.

1860년 무렵이 되면서 더 이상 화해는 불가능한 상황에 이르게 된다. 서로 합법적으로 갈라서든지, 아니면 전쟁이라는 폭력을 동원해서 하나를 굴복시키든지. 선택은 자유였지만 그것은 매우 어렵고 고통스러운 문제였다. 다만 어떤 계기로 누가 어떻게 그것을 선택하는가 하는 문제만 남아 있었다. 이럴 때 등장한 것이 에이브러햄 링컨Abraham Lincoln이었다. 링컨도 이 사태를 폭력적인 방법으로 해결하길 바란 것은 아니었다. 단지 그에게 그런 선택을 요구하는 사태가 벌어졌고, 그는 그것을 회피하지 않았을 뿐이었다.

국 공유지 정책의 기초를 마련한 법령이다.

에이브러햄 링컨의 등장

에이브러햄 링컨. 그는 굳이 따로 설명이 필요 없을 정도로 유명한 인물이지만, 그래도 간략히 그의 출생과 성장을 살펴보자. 에이브러햄 링컨은 1809년 2월 12일 켄터키의 호젠빌에서 남쪽으로 4.8킬로미터 떨어진 외딴 오두막에서 개척 농민의 아들로 태

에이브러햄 링컨

어났다. 링컨 가족은 1816년 12월 인디애나 주의 남서부로 이사했다.

링컨의 집안은 근면하고 성실하게 일한 덕분에 조금씩 형편이 나아져 주변의 땅도 약간 사들일 수 있었다. 하지만 링컨이 아홉 살 되던 1818년 가을, 어머니가 세상을 떠났다. 아버지는 딸 둘과 아들 하나가 딸린 과부와 재혼을 했는데, 새 부인은 무척이나 마음씨가 착한 사람이었다. 그녀는 의붓자식들도 친자식처럼 아껴주었고, 특히 에이브러햄 링컨을 귀여워했다. 링컨은 그녀를 '천사 엄마'라 부를 정도로 깊은 애정과 고마움을 느꼈다. 새어머니는 링컨에게 많은 이야기를 해주었고 글도 가르쳐주었다. 책은 구하기 어려워 주로 성경을 읽었지만, 그것이 계기가 되어 링컨은 배움에 대한 열망을 가질 수 있었다. 그는 책 한 권을 빌리기 위해 수십 리 길도 마다치 않고 걷곤 했다.

1830년 3월, 링컨 가족은 다시 일리노이 주 남부로 이사를 했다. 일리노이로 간 뒤 링컨은 농부가 되지 않고 다른 일을 찾아 떠돌았다. 한

때 선원이 되어 배를 타고 미시시피강을 따라 뉴올리언스에 가기도 했고, 다시 일리노이의 뉴세일럼으로 돌아와 잡화상을 경영하기도 했다. 또 링컨은 '검은 독수리 전쟁'으로 불리는 인디언 추방 전쟁, 즉 미군들이 인디언보다 파리와 모기떼와 더 싸워야 했던 전쟁에서 일리노이 민병대를 지휘하기도 했다. 그러다가 25세 되던 1834년에 변호사가 되기로 하고 공부를 시작했다. 그는 이미 독학으로 문법과 수학을 마친 상태였다. 링컨은 그해 일리노이 주 의회 의원에 당선되었고, 1836년에는 변호사가 되었다.

링컨이 처음 정치에 발을 들여놓은 1834년은 잭슨이 대통령으로 재직하고 있을 때였다. 링컨은 잭슨주의자들이 '보통사람을 위한 정치'를 내건 것에는 공감했으나, 경제 문제에서 연방 정부가 손을 떼야 한다는 주장에는 반대했다. 그것은 중앙은행과 관련된 문제였다.* 링컨은 "정부의 합법적인 목적은 국민에게 필요하지만, 개개인의 능력으로는 도저히 할 수 없거나 잘할 수 없는 일을 하는 것이다."라고 했는데, 이것은 그가 연방정부의 역할을 매우 중시하고 있음을 보여 준 것이었다. 대통령이 된 뒤 남북 전쟁이라는 결단을 하게 되는 것도 그의 이런 사고가 바탕이 되었다.

링컨은 1834년부터 일리노이 주 의회에서 휘그당 의원으로 네 번이나 당선되었다. 그는 주 의회 의원으로 있는 동안 철도, 고속도로, 운

---

*   고금리를 선호하는 상인, 제조업자, 채권자, 금융업자와 저금리를 찬성하는 근로자와 자영 농 사이에 갈등이 있었다. 대중민주주의자 잭슨은 공공자금을 더 이상 중앙은행에 예치하지 말 것과 예치자금도 정상적으로 인출하라고 명령하여 서민의 손을 들어주었다. 그는 돈을 가진 사람들이 중앙은행 대신 엄격하게 선정된 주립은행을 이용하라고 충고했다. 그 때문에 남북 전쟁 때 비로소 국립중앙은행의 영업이 허용될 수 있었다.

하 등의 대규모 건설 계획을 적극 지지했다. 하지만 1837년의 공황과 경기침체 때문에 계획은 대부분 무산되었다. 그는 의원으로 있는 동안 노예제에 반대했지만, 노예제 폐지론자는 아니었다.

1837년 올턴의 노예제 반대 신문 편집인인 엘리자 러브 조이가 군중에게 살해된 사건이 일어났다. 이때 일리노이 주 의원들은 노예제 폐지론자들을 비난하고 노예제를 지지하는 결의안을 내놓았는데, 링컨은 기권했다. 대신 그는 동료와 함께 노예제가 "부정과 악정에 기초한 것"이지만 "노예제 폐지를 법으로 공포한다면 노예제가 가지고 있는 악폐가 줄어들기보다는 늘어날 것"이라는 성명을 발표했다. 그는 온건한 개혁주의자였고, 현실적인 감각을 가진 자유주의적 정치인이었던 것이다.

1847년 링컨은 연방의회 하원의원으로 선출되었다. 이때 그는 민주당 포크 대통령의 멕시코 전쟁에 반대했다. 그는 대통령 선거전에서 멕시코 전쟁의 영웅인 휘그당의 재커리 테일러*의 대통령 당선을 위해 노력했다. 그러나 테일러가 대통령에 당선된 뒤 그는 멕시코 전쟁을 반대한 탓으로 인기가 떨어져 아무런 직책도 얻지 못했고, 얼마 뒤 하원 의석마저 잃었다. 그는 스프링필드로 돌아와 변호사로 활동하면서 5년 동안 정치에 거의 관여하지 않았다.

그런데 드디어 그가 정치가로 두각을 나타낼 기회가 왔다. 1858년 스티븐 더글러스**와 상원의원 선거에서 맞붙은 논쟁 때문이었다. 더글러스는 1850년의 대타협과 1854년의 '캔자스-네브래스카 법'을 주도

---

*   미국 12대 대통령. 취임 후 160일 만에 사망했다. 셰미놀 전투로 준장에 승진했고 멕시코 전쟁 영웅으로 이름을 떨쳤다.

**   162센티미터의 키로 '작은 거인'이라 불렸다. 변호사로서 명성이 높았고, 대륙횡단철도 건설을 적극 추진했다. 공화당 정책에 찬성하지 않았으나 연방 유지를 위해 링컨 정부를 지

했고, 몇 번이나 민주당 대통령 후보로 거론된 적이 있는 거물 정치인이었다. 그에 비해 링컨은 도저히 비교되지 않는 무명의 인사였다. 링컨이 선제공격을 시작했다. "분열된 집은 바로 설 수 없다."는 제목의 공화당 후보 수락 연설이 그 포문이었다. 1854년에 노예제 폐지를 적극 도입하자는 사람들이 모여 공화당을 결성했으며 링컨도 여기에 가담했던 것이다.

링컨의 연설은 많은 반향을 불러일으키고 논쟁을 불러왔다. 링컨은 더글러스에게 공개 토론회를 제안했다. 지명도가 낮았던 링컨으로서는 정면 승부를 거는 편이 유리할 것으로 생각한 것이다. 더글러스는 그것이 불리한 줄 뻔히 알면서도 피할 수 없었다. 7회에 걸친 공개 토론회가 열렸다. 이 토론회는 일리노이주뿐만 아니라 전국적인 관심을 불러일으켰고, 링컨을 일약 전국적인 정치가로 부상시키는 계기가 되었다.

논쟁의 초점은 간단했다. 연방의회가 노예제도를 금지해야 할 것인가 아닌가, 그리고 과연 연방의회가 그것을 결정할 권한이 있는지였다. 링컨은 당연히 그렇다는 것이었고, 더글러스는 노예제 문제는 어디까지나 각 주의 '주민들이 스스로 결정squatter sovereignty'할 일이지 연방정부가 끼어들 일이 아니라고 했다. 그래서 그를 두고 '인민주권론자' 또는 '인민자결론자'라고 불렀다.

그러나 논쟁의 진행 과정은 간단치가 않았다. 링컨은 더글러스를 노예제 지지자이며 드레드 스콧 사건에 대한 대법원의 판결을 옹호하는 사람이라고 몰아쳤고, 더글러스는 링컨을 노예제 폐지에 미쳐 날뛰

지해줄 것을 호소했다. 그는 링컨 정부의 연방 지지를 위해 지방 연설을 다니던 중 1861년 사망했다.

는 극단주의자라고 몰아세웠다. 사실 링컨과 더글러스의 견해 차이는 큰 것이 아니었다. 오히려 자신들의 야망이라는 정략적 이유 때문에 그 차이를 과장했을 뿐이었다. 그들은 논쟁을 벌이면서 서로 막다른 골목으로 몰아붙였다.

더글러스의 극단적인 공격에 몰린 링컨은 답변이 궁색할 때도 있었다. 링컨은 자신은 노예제도 자체는 반대하지만 이미 노예제가 존재하는 주에 대해서는 그 권리를 인정해주는 것이 필요하다고 했다. 그는 또 노예제는 점차 소멸할 것이지만, 그게 언제쯤 될 것 같으냐는 질문에는 한 1백 년쯤 걸릴 것이라고 대답했다. 어떤 때는 헌법의 '모든 사람은 평등하게 태어났다'는 구절을 인용했다가, 흑인들에게도 시민권을 인정하여 투표권이나 배심원 자격을 줄 것인가, 그리고 흑인과 백인의 결혼을 허용할 것인가, 하는 질문을 받고 당황해하기도 했다. 그는 결국 이렇게 말했다.

나는 과거에도 그랬거니와 지금도 백인종과 흑인종 간의 사회적·정치적 평등을 가져오는 어떠한 방법에도 찬성하지 않는다. …… 마찬가지로 나는 흑인들을 투표권자나 배심원으로 만든다든지 혹은 공직에 앉게 한다든가 또는 백인과 결혼하도록 한다는 생각을 해본 적이 없다. 서로 다른 종족 간에는 신체적인 차이가 있기 때문에 두 종족은 영원히 사회·정치적으로 평등한 조건에서 함께 살 수 없다는 것이 나의 소신이다.

정말이지 링컨이 이렇게 생각한 것인지 아니면 현실적인 정치적 계산 때문에 이렇게 말한 것인지는 모를 일이다. 어쨌든 링컨이 급진적 노예해방론자가 아닌 것은 분명했다. 그는 현실 정치인으로서 실제로 가능하고 필요한 만큼의 진보적 사고를 하고 있었던 것이다.

논쟁은 무승부로 끝났다. 두 사람은 식견, 품위, 재치, 언변 그리고 정치적 감각에서 난형난제라는 평가를 받았다. 그런데 링컨은 마지막으로 더글러스에게 한 가지 질문을 던졌다. '어떤 영토가 정식으로 미국의 주로 편입되기 전이라도 주민이 원하면 노예제를 폐지할 수 있다고 생각하느냐'는 것이었다. 이에 대해 더글러스는 "인민은 노예제를 도입할 권리도, 배제할 권리도 있다."고 대답했다. 이 말은 드레드 스콧 판결에 대한 간접적인 비난이었는데, 이로써 더글러스는 링컨을 물리치고 민주당이 지배하는 일리노이 주 상원의원이 될 수 있었다. 하지만 더글러스의 발언은 장기적으로는 자기 발등을 찍은 꼴이 되고 말았다. 드레드 스콧 사건에 대해 모호한 소리를 하는 더글러스에게 남부의 민주당이 지지를 보내지 않았기 때문이다.

링컨은 이 선거에서 근소한 차이로 패배했지만, 정치적으로는 진정한 승자가 되었다. 비록 선거에서는 졌지만, 이 논쟁을 계기로 전국적인 인물로 부상했다. 그 이후부터 그의 동정과 말은 항상 중요한 뉴스거리로 떠올랐다. 그의 입지전적인 삶에 대한 과장된 선전까지 덧붙여져 대중들에게 깊은 인상을 남겼다. 민주당의 분열은 깊어만 갔지만, 공화당은 몇 년 앞으로 다가온 대통령 선거를 바라볼 수 있게 되었다. 그리고 링컨은 공화당의 차기 대통령 후보로 부상하고 있었다.

전쟁의 포성이 울리다

1860년 5월 18일, 링컨은 시카고에서 열린 공화당 전당대회에서 3차까지 가는 치열한 접전 끝에 대통령 후보로 지명되었다. 공화당은 단결해서 선거에 나섰으나 민주당은 분열되었다. 민주당에서는 노예제 유지를 주장하는 브리켄리지와 '인민의 자결'을 주장하는 더글러스 등두 명이 입후보했다. 1860년 11월 6일, 총 4명의 후보가 나선 가운데치러진 대통령 선거에서 링컨은 승리를 거두었다. 그는 일반 투표에서는 40퍼센트가 못 되는 표를 얻었지만, 민주당 표가 분산되어 선거인단 선거에서는 압승을 거두었다. 1854년 공화당을 창당한 지 6년 만의 쾌거였다. 그러나 다른 한편, 링컨의 당선은 반세기나 계속된 대립과 갈등이 전쟁이라는 대폭발로 이어진다는 것을 의미했다.

링컨이 대통령에 당선된 지 며칠이 지난 뒤 사우스캐롤라이나주의회는 연방 탈퇴를 선언했다. 연방을 탈퇴하고 독립국가로 가겠다는 것이었다. 의회에서는 여러 가지 타협안이 제시되었는데, 그 가운데 가장 중요한 것이 크리튼던 타협안Crittendon Comprimise이다. 켄터키주 크리튼던 상원의원이 남북 전쟁을 막기 위해 1860년 12월에 제안한 의안이다. 이 안은 이미 노예제가 시행되고 있는 주에 대해서는 노예제를 허용하되, 새로 연방에 들어올 준주는 노예제를 허용하는 노예 주와 노예제를 금지하는 자유 주로 나누도록 하자는 안이었다. 링컨은 앞에 있는 것은 찬성했지만 뒤에 있는 것은 반대했다. 노예제의 확대는 연방의 분열을 일으킬 것이라고 보았기 때문이다.

1861년 2월 1일, 링컨이 대통령에 취임하기 한 달 전에 사우스캐롤라이나를 따라 6개 주엘라배마, 플로리다. 조지아, 루이지애나, 미시시피가 연방을 탈퇴했고, 한 달 후 크리튼던 타협안이 상원에서 근소한 차로 부결되었다. 이들 7개 주는 '남부연합Confederate States of America, 아메리카 남부 연합'의 약어을 결성했다. 그리고 민주당 남부파의 핵심 인물로 『남부연합의 흥망』을 쓴 제퍼슨 데이비스를 대통령, 부통령에는 조지아 출신의 A. 스티븐스를 선출하며 헌법도 새로 만들었다. 헌법은 독립 당시의 헌법을 따랐으며 주권州權을 강화한 것이 특징이었다. 그러자 링컨은 1861년 3월 4일 취임사에서 호소와 함께 연방 탈퇴를 용납할 수 없다는 의지를 피력했다.

불만에 찬 국민 여러분, 중대한 내전 문제는 내 손이 아닌 여러분의 손안에 있습니다. 정부는 여러분을 공격하지 않을 것입니다. 여러분이 침략자가 되지 않을 때 우린 싸움을 면할 수 있습니다. 여러분은 하늘에 대하여 정부를 파괴하겠다는 서약을 한 적이 없지만, 나는 그것을 '보존하고 보호하며 방어하겠다'는 가장 경건한 서약을 해야 할 처지에 있습니다.

나는 모든 것을 끝내기를 원치 않습니다. 우리는 적이 아니고 친구입니다. 우리는 적이 되어서는 안 됩니다. 우리의 감정은 비록 긴장하고 있지만, 그것으로 사랑의 유대가 끊겨서는 안 됩니다. 뭇 싸움터와 애국 투사들의 묘지에서부터 지금 이 넓은 대륙에 흩어져 삶을 누리는 우리들의 가슴과 가정에 이어 내려온 그 신비스런 화음의 기억은, 우리들의 천사 같은 성품의 숨결을 타고 다시 한 번 합중국의 대합창으로 우렁차게 울려 퍼질 것이 틀림없습니다.

그러나 링컨의 호소도 소용이 없었다. 남부연합은 타협의 여지를 보이지 않았고, 전쟁 준비를 하나씩 하나씩 해나가기 시작했다. 이제 남은 것은 전쟁뿐이었다.

전쟁의 포성이 처음 울린 곳은 섬터 요새였다. 남부연합이 결성되면서 남부 지방에 있던 연방의 재산이나 요새는 모두 남부연합에 의해 몰수되었다. 사우스캐롤라이나의 찰스턴 항구에 있는 섬터 요새와 플로리다에 있는 약간의 요새만이 연방의 손에 있었다. 아직 건설 중이던 이 요새에 대해 남부연합은 소유권을 주장하면서 그곳을 위협했다.

링컨은 대통령에 취임하자마자 섬터 요새의 식량이 곧 바닥날 것이므로 지원을 하지 않으면 군대를 철수해야 할 것이라는 보고를 받았다. 그는 이 문제에 대해 참모들로부터 다른 조언을 들었다. 스콧 장군과 윌리엄 수어드 국무장관 등은 요새를 포기할 것을 주장했지만, 많은 공화당 의원들은 처음부터 나약하게 보이는 것은 당과 연방에 좋지 않은 결과를 낳을 것이라고 주장했다.

링컨은 '한 지점에서의 후퇴는 다른 지점에서의 후퇴를 가져올 것'이라는 생각으로 섬터 요새와 플로리다의 피컨스 요새Pickens Fort에 원조 부대를 파견하라고 지시했다. 그리고 4월 6일, 사우스캐롤라이나의 주지사에게 "섬터에는 식량만을 공급할 것이다. 남부연합의 공격이 없는 한 사전 통고 없이 병력과 탄약을 준비하는 일은 없을 것이다."라고 통고했다.

링컨으로서는 전쟁의 도발을 북에서 먼저 시작하지 않았다는 구실을 만들기 위한 정치적 수사가 필요했던 것이다. 그러나 남부연합으로서 이것은 받아들일 수 없는 일이었다. 북부의 원조 부대가 도착하기 전에 섬터에서 싸움이 시작되었다. 보우리가드 장군이 이끄는 남부연합의 군대가 앤더슨 소령에게 요새를 즉시 떠나라고 요구했다. 앤더슨 소령이 이를 거부하자 남부군은 4월 12일 마침내 공격을 시작했다. 이로써 4년에 걸친 전쟁의 막이 올랐다.

3개월 뒤인 7월 4일, 링컨은 의회에서 한 연설에서 "남부연합의 공격으로 교전이 시작되었다."라고 하여 전쟁을 공식적으로 선언했다. 남부연합도 "자신들에게 전쟁을 일으킨 책임을 덧씌우기 위한 링컨의 교묘한 공작으로 발포를 먼저 하지 않을 수 없었다."라고 하여 전쟁의 책임을 둘러싼 공방에 들어갔다.

링컨이 원했던 것은 전쟁은 아니었다. 그렇다고 무원칙한 평화를 원한 것도 아니었다. 다만 연방을 지켜야겠다는 태도가 확고했고, 이를 위해 남부연합에 강경한 태도를 고수하는 것이 낫겠다는 결론을 내렸다. 섬터 요새에 대한 대응도 이런 생각의 연장 위에서 나온 것이었다. 링컨은 전쟁이 일어난다면 단기간에 끝날 것이라고 보았지만, 그의 예상과는 달리 전쟁은 4년이나 계속되었다.

노예해방은 신의 엄숙한 명령

전쟁이 시작되자 남부연합에는 4개의 주가 더 가입^{버지니아, 노스캐롤라이나, 테네시, 아칸소}하여 11개 주로 늘어났다. 그들은 워싱턴에서 불과 1백 마일 떨어진 버지니아의 리치먼드를 수도로 정했다. 백악관과 바로 맞은편에 있는 버지니아주 알링턴 하늘에 남부연합기가 펄럭이기 시작했다. 남부연합은 정부와 의회, 군대를 새로이 구성했다. 남부연합은 각 주의 독립성 강조, 노예제 옹호, 높은 관세, 국내 개발을 위한 정부자금 지원 금지, 대통령 임기 6년에 연임 등을 특징으로 했다.

드디어 링컨은 4월 15일, 남부군의 섬터 요새 공격을 '반란' 사태로 규정하고 3개월간의 복무를 조건으로 7만 5천 명의 지원병을 모집했다. 그리고 4월 19일에는 남부의 항구들에 대한 봉쇄를 명했다. 해군은 연방군北軍이 우세했지만, 초기에는 효과가 미미했다. 링컨으로서는 전쟁의 승리를 위한 전략과 그것을 움직이는 지휘체계가 필요했다. 그는 미 육군의 야전 총사령관에 로버트 리 장군을 임명하려고 했다. 그러나 리 장군은 이를 거절하고, 4월 20일 남부연합군에 합류했다. 그는 자기 출신 주에 총을 겨눌 수 없었던 것이다. 같은 이유로 미 육군에서 전투 경험이 많은 남부 출신들이 모두 남부연합군에 가담했다. 이 때문에 북부군은 전투 경험이 짧은 정치군인들의 지휘를 받을 수밖에 없었고, 이것이 전쟁을 오래 끌게 만든 요인이 되었다.

1861년 7월 21일, 남부연합의 수도인 리치먼드로 행군하던 북부군은 불런 강변에서 남부군과 맞붙었다. 제1차 불런 전투로, 남군은 두 번에 걸친 이 전투를 '머내서스 전투'라고 부른다. 북부군은 이 전투에서 패배하여 워싱턴 D.C.로 후퇴했다. 유능한 지휘관의 부재가 북부군의 치명적인 약점이었다. 남부연합군에는 리 장군 외에도 불런 전투에서 용맹을 떨쳐 소장으로 승진한 토머스 잭슨 같은 뛰어난 지휘관이 있었다. 이 전투의 패배로 링컨은 전쟁이 3개월 만에 끝날 수 없음을 알게 되었고, 8월 5일에는 복무기간을 2년으로 연장해서 새로이 50만 명의 신병을 모집했다. 그러나 그 후로도 2년 동안 링컨은 유능한 지휘관을 얻지 못하고 단일한 지휘체계를 갖추지 못함으로써 전쟁의 승기를 확고하게 잡지 못했다.

1861년 11월, 그는 75세의 스콧 장군을 퇴임시키고 34세의 조지 매클렐런을 총사령관에 임명했다. 그러나 매클렐런은 링컨의 명령에 따르지 않고 제멋대로 전투를 벌였다. 그는 남부 주의 연방 탈퇴에는 반대했지만, 주권州權을 지지하는 민주당원이었다. 다시 매클렐런을 포토맥 사령관으로 보내고 헨리 W. 핼럭을 총사령관으로 임명했지만, 그는 무능했고 자신의 책임을 회피했다. 그는 야전보다는 행정, 강연, 저술에 능한 인물이었다. 링컨으로서는 유능한 장군을 구할 수 없는 상황에서 인물들을 적절하게 활용하여 전쟁을 승리로 이끌어야 했고, 그러다 보니 전쟁은 길어질 수밖에 없었다.

전쟁은 1862년 9월 안티에담 전투가 있었던 후부터 양상을 조금씩 달리하기 시작했다. 그러나 몇 달 전인 6월의 '7일 전투'로 반도 회전 Peninsular War, 1862. 4. 4~7. 1.**이 실패로 끝났다. 그리고 8월 30일 제2차 불런 전투가 벌어졌다. 이 전투에서 남부연합군의 리 장군과 잭슨 장군, 그리고 롱스트리트 장군 등은 북부의 존 포프 장군을 격파하면서 북부군을 워싱턴 D.C.까지 몰아붙였다. 이때 남부군의 중요한 문서가 매클렐런 장군의 손에 들어왔고 포토맥강을 가로질러 매릴랜드로 진격한다는 리 장군의 전략이 노출되었다.

---

*   '7일 전투'란 제1차 콜드하버 전투를 말한다. 이레 동안 벌어진 이 전투는 북군이 남부연합의 수도 리치먼드를 점령하기 위해 대규모로 감행한 '반도 회전'의 마지막 전투였다. '게일스밀 전투'라고도 한다.

**   매클렐런이 수립한 전쟁계획이었다. 북군이 버지니아의 요크강과 제이스강 사이의 반도를 거쳐 남군의 수도 리치먼드를 점령한다는 계획이다. 링컨은 이 계획에 의심을 품고 포기할 것을 명령한다.

9월 9일 매클렐런 장군의 군대는 진격하는 리 장군의 군대를 맞아 남북 전쟁 기간 가운데 가장 치열한 전투가 하루 동안 벌어졌다. 이 전투에서 양쪽을 합쳐 1만 명이 넘는 사상자가 생겼다. 결국 리 장군은 퇴각했고, 워싱턴 침공 계획은 허사로 돌아갔다. 물론 매클렐런 장군도 남부군을 추격하는 데는 실패하지만, 이로써 전쟁은 전환점에 선다. 안티에담 전투에서 리 장군의 군대가 공격에 실패하고 기세가 크게 꺾이면서 유럽 국가들의 남부연합 승인 가능성이 줄어들었다. 북부군이 안티에담 전투에서 승리하자 링컨은 노예해방 선언을 할 때가 되었다고 생각했다.

1862년 9월 22일 마침내 링컨은 '노예해방은 신의 엄숙한 명령'이라는 말과 함께 선언서를 발표했다.

미국의 대통령인 나 에이브러햄 링컨은 …… 반란 주로 지정된 주에서 노예로 있는 모든 사람은 1863년 1월 1일을 기해 영원히 자유의 몸이 될 것임을 선포한다. …… 이 선언은 진실로 정의를 위한 행위이며, 군사상의 필요에 의한 합헌적인 행위이다. 이 선언에 대하여 전능하신 하느님의 은총과 인류의 신중한 판단이 있기를 기원하노라.

이 선언서로 실제 해방된 노예는 한 사람도 없었다. 이날의 선언은 예비 선언이고 다음 해 1월 1일 최종적인 노예해방령을 발표한다. 링컨이 대통령 권한행사로 정당화시킨 유명한 선언이었다. 하지만 예비 선언이라고 해도 전쟁에 미친 영향은 엄청났다. 링컨은 선언서에서 반란을 일으킨 남부연합의 노예에 대해서만 해방을 선언했을 뿐, 북부의 노예에 대해서는 한마디도 언급하지 않았다. 이것은 북부 연방에 참여하고 있는 변방 주*들의 반발을 무마하고 남부의 노예들을 부추겨 북부에 가담시키려는 고도의 정치적 계산에서 나온 행위였다.

선언에서 각 주는 노예 소유주에게 보상하고 노예를 해방할 수 있으며, 연방정부는 노예해방에 드는 비용을 주와 나누어 가진다고 했다. 또 노예해방은 점진적으로 행할 것과 해방 노예를 국외로 집단 이주시키는 것도 포함했다. 당시 한 신문에서는 이 선언에 대해 "한 인간이 다른 인간을 소유할 수 없다는 것이 원칙적으로 된 것이 아니고, 미국에 충성하지 않는 사람은 다른 사람을 소유할 수 없다는 원칙으로 되었다."고 논평했는데, 이것이야말로 핵심을 꿰뚫고 있는 말이었다.

처음에 링컨은 노예제 폐지에 대해 주저했다. 링컨의 입장은 기존의 노예 소유제도는 인정하되 새로이 연방에 가입하는 주에서는 노예제가 불허되어야 한다는 것이었다. 4백만에 이르는 흑인들이 해방되면 일어날 국가의 정치·사회적 문제점을 생각하지 않을 수 없었다. 또한, 그러면 '연방의 변방 주들연방 탈퇴보다 타협으로 기운 주들'이 남부연합으로 가버리지 않을까 하는 우려도 있었다. 그러나 링컨은 전쟁이 한고비를 넘기고 나자 이제는 노예해방 선언을 함으로써 얻을 수 있는 정치적 이득이 손실보다 더 크다는 계산을 하게 되었다. 실제로 연방에 충성한 노예 주와 연방정부가 점령한 영토에는 이 선언의 효력이 해당하지 않았다. 이 선언으로 노예해방의 대상은 직간접적으로 20만 명이 채 안 되었지만 하나의 상징으로 큰 의미가 있었다.

---

*   '경계 주'라고도 하며 남부 노예 주 가운데 연방탈퇴보다는 타협으로 기운 주

이 노예해방 선언으로 링컨 정부는 연방의 회복과 더불어 인간의 자유를 전쟁의 명분으로 내세울 수 있게 되었다. 이것으로 북부와 남부 사이에서 줄타기 외교를 벌이던 영국과 프랑스도 선택을 분명히 하게 되었다. 자유주의적인 유럽의 언론으로부터도 확고한 지지를 받았다. 또한, 남부 노예들의 태업과 도망으로 북부군의 전력에도 보탬이 되었다. 나중에 북부군의 흑인 병사들은 절정기에 18만 5천 명이나 되어 166개의 흑인 연대가 편성되었다. 하지만 북부에도 전혀 타격이 없었던 것은 아니었다.

북부의 백인 노동자들은 애초 연방의 보전이라는 명분 때문에 자원해서 전쟁에 참가했다. 그런데 노예해방으로 장차 자기들의 일자리를 빼앗기고 사회적 혼란이 올 것을 염려하여 전쟁에 소극적으로 되었다. 모병에 참가하는 숫자가 줄어들자 1863년 3월 징병법을 제정했다. 징병의 대상은 20세에서 45세까지의 장정들이었는데, 돈이 있는 자들은 사람을 사서 대리로 입대시킬 수 있었다. 우리가 아는 유명한 인사들 가운데 이때 돈을 주고 대신 병역을 치르고 그 사이 자신은 전쟁 장사로 떼돈을 번 자들이 여럿 있었다. 결국은 가세가 넉넉하지 못한 사람들만 징병당할 수밖에 없었으니 공평성이 문제가 되었다.

1863년 7월 뉴욕에서는 징병법에 대한 반대 운동이 폭동으로 변하여 흑인 납치사건 등이 빈번하게 일어났다. 민주당 본거지인 뉴욕에서는 당시 파업 중이던 아일랜드계 항만노동자들의 인력을 대체하기 위해 경찰의 호위 속에 흑인들을 데리고 오자 나흘 동안 폭동이 일어나 105명이 살해되는 사건이 발생했다. 우리나라에도 소개된 영화 〈갱스 오브 뉴욕Gangs of New York〉에도 이 내용이 소개되고 있다. 연방 군대를 동원하여 폭동은 진압되었지만, 북부의 여러 소도시에서도 소규모 폭동이 일어났다.

해방 선언은 전쟁을 유리하게 이끌기 위한 일시적인 방편에 불과했으므로 법적 효력을 가지기 위해서는 추가 조치가 필요했다. 그것은 노예제를 전면적으로 금지하는 수정헌법 제13조가 통과됨으로써 가능했다. 링컨은 야당인 민주당 내의 '평화파'와 집권당인 공화당 내의 '주전파'를 설득하는 데 무척 고생했다. 전쟁이 거의 종결되어 가던 1865년 1월의 일이었다. 이로써 법적으로는 노예해방이 완결되었다. 하지만 진정한 해방은 이제부터 시작이었다. 흑인들은 법적으로 노예의 신분을 벗어날 수 있었지만, 경제적으로는 자립할 수 없었고 정치적 지위도 여전히 낮았다. 인종 차별은 여전했고, 그것은 또 다른 방식으로 흑인들의 삶을 옥죄고 있었다. 그래서 흑인 해방 운동은 20세기에도 줄기차게 계속되었다.

인민의, 인민에 의한, 인민을 위한 정부

전쟁은 1863년에 들어서면서 전환점을 맞이한다. 전쟁은 북군의 수도 워싱턴과 남군의 수도 리치먼드 사이에 형성된 동부 전선과 미시시피강을 중심으로 펼쳐진 서부 전선으로 나뉘어 전개되었다. 남부군은 리 장군이 이끄는 동부 전선에서는 선전하고 있었지만, 서부 전선에서는 상황이 악화되고 있었다. 특히 그해 5월 서부의 전략적 요충지 빅스버그^{미시시피주에 있는 도시}가 6주간의 치열한 싸움 끝에 함락되면서 전

〈The Harvest of Death〉, 게티즈버그에 버려진 북군 시체들.
티모시 설리번(Timothy O'Sullivan)이 1863년 7월 5일에 찍은 사진

세는 남부군에게 매우 불리해졌다. 북군은 빅스버그의 승리로 미시시
피강을 제압하고 남부군을 강 양쪽으로 분리할 수 있었다.

이제 북군은 남쪽에서부터 리치먼드를 향해 진격해올 것이 뻔했다.
리 장군은 중대한 결심을 하기에 이르렀다. 가만히 앉아서 북군의 포
위망에 걸려들 것이 아니라 적극적인 공세로 워싱턴을 우회해서 공략
하기로 마음먹었다. 정면에서 워싱턴을 공격하면 저항이 거셀 것이므
로 뒤로 돌아 펜실베이니아의 게티즈버그Gettysburg로 가면 쉽게 워싱
턴으로 갈 수 있을 것으로 생각한 것이다

1863년 7월 1일, 남부군은 북부군 기마대와 맞부딪쳤다. 남군은 이
전투에 워싱턴으로 가는 운명을 걸었고, 북군은 게티즈버그의 사수에

연방의 운명을 걸었다. 사흘 동안 처절한 전투가 이어졌다. 북군은 구릉을 따라 참호를 파고 들어앉아 방어했고, 남군은 군대를 쏟아부었다. 북군은 되풀이되는 남군의 공격에 완강하게 버티며 진지를 사수했다. 사흘째 드디어 묘지 능선 전투에서 남군은 결정적으로 패배했다. 리 장군은 더 이상 공격을 계속할 수 없었다. 남군은 포토맥강을 건너 버지니아로 퇴각했다. 이 전투에서 남군은 전 병력의 3분의 1에 해당하는 2만 8천 명을 잃었다. 북군도 2만 3천 명의 병력 손실이 있었다.

링컨은 이제 리 장군의 군대를 전멸시킬 수 있게 되었다고 생각하고, 전력을 다해 추격해서 전쟁을 끝내기를 바랐다. 그러나 북군이 입은 상처도 컸다. 이 전투를 지휘한 미드 장군은 남군을 더 이상 추격하지 못하고, 버지니아로 도망치는 것을 바라만 보았다. 이것이 유명한 게티즈버그의 전투다. 미드 장군이 이끈 게티즈버그와 그랜트 장군이 분전한 빅스버그의 승리로 북군은 결정적인 우위에 설 수 있게 되었다.

이 전투가 없었더라면 게티즈버그라는 이름을 기억하는 사람은 드물었을 것이다. 게티즈버그는 워싱턴에서 북쪽으로 약 1백 킬로미터 정도 떨어진 조그만 마을이다. 펜실베이니아와 메릴랜드의 접경에 있는 이 마을은 넓은 초원과 울창한 숲, 나지막한 언덕과 한가로운 농가가 있는 평범한 미국의 시골에 지나지 않는다. 그러나 남북 전쟁은 이 마을을 일약 세계적인 유명지로 만들었다. 사실 이 마을을 유명하게 만든 더 큰 이유는 그 처절했던 전쟁의 비극이나 추억이 아니라 링컨의 연설이었다.

1863년 11월 19일, 링컨 대통령은 격전지에 세워진 묘지와 충혼탑에 참석하여 역사에 길이 남을 불후의 연설을 했다. 이 추도사에서 링컨은 적과 동지를 떠나 전몰자 모두의 고귀한 넋과 용기를 찬양하고 민주주의의 승리를 다짐했다. 그 가운데에는 민주주의 교과서에 영원히 남을 유명한 한 구절이 포함되어 있다.

세계는 여기서 쓰러진 용사들이 이곳에서 한 일을 절대 잊지 않을 것입니다. 그러나 여기서 싸운 사람들이 지금까지 그렇게도 훌륭하게 추진해 온 미완성의 사업에 몸을 바쳐야 할 사람들은 오히려 우리, 살아 있는 사람들입니다. …… 그 대사업이란 이들 명예로운 전사자들이 최후까지 온 힘을 다해 싸운 대의에 대하여 우리가 더욱더 헌신해야 한다는 것, 이들 전사자의 죽음을 헛되게 하지 않으리라고 굳게 맹세하는 것, 이 나라를 하느님의 뜻으로, 새로운 자유의 나라로 탄생시키는 것, 그리고 인민의, 인민에 의한, 인민을 위한 정부가 지상에서 사라지지 않도록 하는 것입니다.

이 연설로 링컨은 '민주주의의 화신'처럼, 그리고 남북 전쟁은 '인민의, 인민에 의한, 인민을 위한 정부를 지키기 위한 전쟁'처럼 사람들의 기억에 남게 되었다. 그러나 여기에는 상당한 과장과 오해가 있다는 것을 우리는 이미 알고 있다. 남북 전쟁이 미국 민주주의 발전과 노예해방에 이바지했지만, 전쟁이 벌어진 것은 단지 그것만이 이유였던 것은 아니다. 남북 전쟁은 북부 산업자본과 남부의 노예노동이라는 두 개의 서로 다른 경제제도가 충돌한 결과였다. 두 세계의 갈등으로 미합중국이라는 연방이 붕괴할 위기에 처하자 전쟁이라는 마지막 수단이 동원되었던 것이다.

북부 산업 자본의 승리

게티즈버그 전투를 성공적으로 이끈 북군은 1864년에 들어서면서 남군에 대한 대대적인 공세를 펼쳤다. 3월 10일에는 승승장구하던 그랜트 장군이 북군 총사령관으로 임명되고, 이로써 링컨이 구상한 대규모의 연합작전 전략이 체계적으로 가동될 수 있게 되었다. 링컨이 생각한 것은 대규모 합동공격이었다. 링컨은 이 전면전을 실행하기 위해 모든 물자와 병력의 동원을 담당하는 최고사령부의 창설을 주도했다. 전쟁 경험이 전혀 없는 링컨이 당시의 군사이론에 구애받지 않고 남북전쟁을 승리로 이끌 수 있었던 것은 보편적인 상식에 바탕을 둔 그의 군사적 재능과 현실을 내다보는 통찰력이 있었기에 가능했다.

그러나 1864년 6월 3일, 버지니아의 콜드하버 전투에서 북군은 남군에게 참패를 당해 6만 명이나 사상자를 냈다. 이는 2차 콜드하버 전투를 말하며 1차 전투는 1862년 6월에 벌어져 북군의 패배로 끝났었다. 어느 장군이 "이것은 전쟁이 아니라 살인이다."라고 했을 정도로 북군은 엄청난 손실을 보았지만, 리 장군을 말려 죽인다는 전략적 목표에 접근해가고 있었다. 이때부터 그랜트 장군은 피터즈버그 요새에 대한 포위 작전을 시작했다. 이 포위 작전은 6개월간에 걸쳐 이루어졌다. 9월 29일, 북군은 피터즈버그와 웰든을 연결하는 철로를 장악하고 해리슨 요새를 점령함으로써 남부지방의 철도 시스템이 파괴되고 관리가 엉망이 되어 남부연합은 물자 보급에 심각한 타격을 입게 된다. 결국 리 장군은 1865년 4월 2일 피터즈버그를 포기하고 퇴각했다.

그리고 1865년 4월 8일, 마침내 리 장군은 버지니아 애퍼매턱스 재판소가 있는 조그마한 마을에서 그랜트 장군에게 항복했다. 또한 4월 18일에는 남부군의 존스턴 장군이 노스캐롤라이나에서 인디언 학살자이기도 한 셔먼 장군에게 항복했다. 그 뒤에도 남부 전역에서 산발적인 저항이 계속되지만, 5월에는 저항이 종식되어 전쟁이 끝났다.

4년 1개월에 걸친 전쟁은 초기 남부가 여러 전투에서 승리했음에도 결국 북부의 승리로 돌아갔다. 북부는 초기의 패배에도 어떻게 남부를 이길 수 있었을까? 그것은 "남부가 북부뿐만 아니라 역사와 싸웠기 때문"이었다. 남부는 노예제도라는 역사의 퇴물을 지키려고 했고, 북부는 노예해방이라는 역사의 진보를 내걸었다. 더욱이 남부는 인간 노동에 의존하는 산업구조로 되어 있었고, 북부는 한창 발전하는 산업 혁명의 힘을 갖고 있었다. 여러 면에서 남부는 '18세기 군대로 20세기의 힘'과 싸워야 했다. 객관적인 조건이 도저히 남부가 이길 수 없는 상황이었다.

무엇보다 인적 자원에서 남과 북의 차이가 확연했다. 북부는 23개 주_{캘리포니아, 오리건, 미주리, 켄터키, 메릴랜드 등의 변경 주와 7개 영토 포함}에 2천 2백만의 인구를 가졌으나, 남부는 11개 주, 9백만 명에 불과했다. 병력 적령 인구에서도 북부는 4백만 명이나 되었지만 남부는 120만 명밖에 안 되었다. 남부는 350만의 노예가 있었지만, 이들은 병력으로 동원하기가 불가능했다.

다음으로 경제력에서도 차이가 컸다. 공장을 보면 북부가 10만여 개의 공장에 고용 인구는 110만 명이었는데, 남부는 고작 2만 개의 공장에 고용 인력도 10만 명에 지나지 않았다. 철도는 북부가 2만 마일로 미국 철도 총연장의 80퍼센트, 철도 차량 등 장비의 96퍼센트를 갖고 있었던 반면에 남부는 9천 마일에 그쳤다. 은행 예금도 북부가 1억 8천 9백만 달러로서 미국 총 예금액의 81퍼센트를 소유했지만, 남부는 4천 7백만 달러에 불과했다. 또한 금 보유량도 북부가 5천 6백만 달러였던 데 비해 남부는 그 절반인 2천 7백만 달러에 불과했다.

북부는 그밖에도 농업 생산과 가축 보유에서도 남부를 훨씬 능가했다. 남부가 북부를 능가하는 것은 오직 면화 생산뿐이었는데, 그것은 전적으로 노예노동력에 의존하는 것이었다. 북부는 전시 보급을 위한 생산체제가 이미 갖추어져 있었으며, 보급품 수송을 효율적으로 할 수 있는 철도가 있었다. 남부는 무기, 선박, 기타 군수품을 외국에서 수입해야 했기 때문에 연방군의 해상 봉쇄에 노출되기 쉬운 처지였다.

마지막으로 군사력의 차이다. 남부군은 북부군보다 병력 면에서도 2대 1로 열세였다. 이런 차이 때문에 남부군은 북군의 지독한 '소모 전략'에 견디지 못하고 허물어져 내렸다. 남부의 항구들에 대한 봉쇄로 탄약과 식량, 기타 필수품을 제대로 공급받지 못한 남부군은 기아 상태에 빠졌다. 또 남부연합은 외국의 승인을 받지 못함으로써 외국으로부터 물자를 들여오는 것도 힘들었고, 국제적으로도 고립되었다. 거기다가 군사적인 실책도 있었다. 남부군은 북부군에 결정타를 먹일 수 있는 몇 번의 계기가 있었지만, 번번이 기회를 놓쳤다.

남부 쪽에도 장점이 없었던 것은 아니었다. 미국 육군의 대부분은 남부 사람들이었고, 지휘관도 대부분 남부 출신이었다. 남부 사람들은 독립 전쟁의 후예들로 야전경험이 풍부하여 말 달리기에 능했고, 총포 다루는 솜씨가 뛰어났으며, 총을 소유한 사람들이 많았다. 또한 그들은 군인 정신이 투철했다. 이에 비해 도시에서 징집된 북부군 병사들은 대부분 갓 이민 온 사람들로서 영어도 잘 못하고 전투 경험도 없는데다가 '연방의 유지'니 '노예해방' 따위에 큰 관심이 없었다. 그래서 처음에는 남부군이 계속해서 승리할 수 있었다. 더구나 남부군은 자기들 땅에서 싸웠기 때문에 지형 지리에도 익숙했다. 또한 '내 고향을 지킨다'는 자부심도 있었다. 이런 점들은 일찍이 독립 전쟁에서 영국을 이기게 한 중요한 요인이었는데, 그것들이 모두 남부연합 쪽에 있었던 것이다.

그러나 인적 · 물적 자원에서 북부에 현저하게 열세였던 남부로서는 전쟁 기간이 길어지면서 결국 패배하고 말았다. 전쟁을 아무리 인간이 한다지만 물질적 열세를 만회하는 일은 결코 쉬운 일이 아니다. 게다가 전쟁의 정당성이란 측면에서도 남부는 북부에 뒤지고 있었다. 초기에는 남부에서 자신의 고장을 지킨다는 생각에 정신적 무장이 앞섰지만, 그것도 시간이 지나면서 흔들리지 않을 수 없었다. 남부의 중요한 인적 자원인 노예를 동원할 수 없었던 것도 남부를 무너뜨린 중요한 원인이 되었다. 결국, 이것은 봉건적인 남부의 노예노동에 대한 근대적인 북부 산업자본의 승리라고 할 수 있었다.

링컨, 영원한 전설로 남다

전쟁은 끝났으나 전쟁이 남긴 상처는 너무나 컸다. 전쟁으로 북군 36만 명과 남군 26만 명이 죽었다. 민간인 사상자는 그 숫자를 정확히 알 수 없었지만 대략 수백만 명으로 추정되었다. 당시 미국 인구가 3천만 정도였으니 적어도 열 명 가운데 한 명은 죽거나 다친 셈이었다. 전쟁 비용 또한 막대했다. 북부가 6백만 달러, 남부는 그 절반 정도가 들었다. 재산 피해는 대략 30억 달러가량으로 추산되었는데, 이는 제1차 세계대전 때 미국의 총 재산 피해보다 많은 액수였다. 남부의 농토와 가옥도 모조리 파괴되었다.

전쟁은 재산상의 피해보다 더욱 심각한 남북 간의 증오와 분열의 골을 남겼다. 남부 사람들은 사랑하는 가족과 재산, 농토를 앗아 간 북부 '양키놈'들과 보기 싫은 해방 노예들에 대해 지울 수 없는 증오심을 간직하게 되었다. 그리고 북부에서는 전쟁을 일으키면서까지 인간을 노예의 사슬에 묶어두려 했던 남부의 범죄자, 반역자들에게 철퇴를 내려야 한다고 생각했다. 분열과 대립, 불신과 증오가 이 시대를 지배하고 있었다.

이런 상황에서 링컨에게 주어진 임무는 남북의 적대감과 증오를 화해와 평화의 정신으로 바꾸는 것이었다. 1865년 3월 4일 링컨은 다시 대통령에 취임했다. 그는 취임 연설에서 전쟁의 뒷마무리를 완결하고 전쟁의 상처를 잘 치유하며 평화를 영구히 보전하자고 호소했다.

악의를 버리고 모든 사람에게 관용을 베풀며, 하느님이 우리에게 주신 권리를 굳게 지키면서, 우리가 지금 하고 있는 과업을 마무리 짓는 일과 나라의 상처를 싸매는 일, 전장에서 희생된 사람들과 그들의 미망인·유자녀들을 보살피는 일, 그리고 우리 안에서뿐 아니라 다른 모든 나라와 더불어 정의로운 평화를 성취하고 그것을 영구히 보전하는 일, 이런 모든 일을 위하여 우리 모두 분발합시다.

그리고 리치먼드 함락 직후인 1865년 4월 11일 링컨은 그의 마지막 연설에서, 앞으로 국가 재건을 추진하는 과정에서 너그러운 화해의 정신을 발휘해 줄 것을 다시 한 번 강조했다. 그는 남부연합에 가담했던 주들도 연방에 복귀한다면 그 어떤 보복이나 불이익도 없을 것이라고 천명했다. 그러나 누가 알았으랴, 그 자신이 증오의 희생양이 될 줄을.

4월 14일 링컨은 포드 극장에서 희극을 관람하던 중, 남부의 분리주의자이자 유명한 연극 가문 출신 배우였던 존 윌크스 부스*의 총탄에 맞아 치명상을 입고, 4월 15일 파란만장했던 56년의 생애를 마쳤다. 그는 숱한 신화를 남기고 역사 속으로 사라졌으나 또한 역사에 영원히 남는 인물이 되었다.

링컨이 마지막 숨을 거둘 때 스탠턴은 "이제 그의 이름은 영원히 남게 되었다."고 말했다. 많은 사람이 링컨을 '순교자'라고 생각했다. 그가 총에 맞은 날은 예수가 십자가에 못 박혀 죽은 날이었고, 그 주 일요일은 '암흑의 부활절'이 되었다. 수백 명의 연사가 링컨의 죽음에 대해 연설했다. 어떤 사람은 암살이 성 금요일에 일어난 것은 우연이 아니라고 했고, 또 어떤 사람은 "예수 그리스도가 세상을 위해 죽었듯이 에이브러햄 링컨은 조국을 위해 죽었다."고도 했다. 이러한 일들이 그의 명성을 더욱 높이는 역할을 했다.

링컨은 이제 전설적 인물이 되었다. 그의 연설은 상상력이 풍부한 문학작품이나 민간 설화, 시, 소설, 연극, 일화 등에서부터 전기나 역사

---

* 　존 윌크스 부스는 링컨을 저격할 당시 26세 청년이었다. 연극 집안 출신으로 유명했던 아버지의 명성에 억눌려 지냈다. 한 친구가 그에게 배우로서 자질이 아버지만 못하다고 하자 "내가 무대에서 떠날 때 나는 미국에서 가장 유명한 사람이 될 것이다."라고 대답했다고 한다. 그는 링컨을 저격하고 얼마 뒤인 4월 26일 시체로 발견되었다.

책 같은 사실적인 글들에 이르기까지 인용되지 않는 곳이 없다. 그는 신처럼 변화무쌍한 존재로 등장하기도 하고, 뛰어난 솜씨와 재치로 약한 자를 도와주는 신사로 묘사되기도 한다. 그는 꾸밈이 없고 소박하며, 유머와 위트가 있는 신사다. 또한 우리 가까이에 있는 따뜻한 이웃이다.

그러나 인간 링컨과 역사적 인물 링컨, 정치가 링컨은 또 다르다. 그는 개척민의 아들로 태어나 성실과 정직을 자산으로 오로지 자신의 힘으로 대통령이 된 입지전적인 인물이다. 그리고 대통령이 되어서는 그 어떤 대통령보다도 무겁고 중대한 문제들과 맞닥뜨려야 했고, 그 문제들을 해결하는 데 회피하거나 주저하지 않고 정면으로 싸워 헤쳐나갔다. 그리고 정치가로서, 한 나라의 대통령으로서 탁월한 능력을 발휘하며 역사의 새 장을 창조했다.

그는 연방 탈퇴를 막기 위해 전쟁마저도 피하지 않았으며, 전쟁에 임해서는 최고 지도자로서의 확고한 신념과 의지로 인민과 군대, 정부와 의회를 이끌었다. 전쟁 중에는 공화당과 민주당, 급진파와 온건파 양쪽으로부터 공격을 받기도 했으나 때로는 단호한 결단과 용기로, 때로는 노련한 협상과 타협으로 험난한 파고를 헤치며 연방의 결속이라는 과업을 결국 이루어냈다.

하지만 링컨은 시대적 한계를 벗어나지 못했고, 약점도 많았다. 노예해방에 대한 그의 의견과 사고방식, 권력을 향한 의지, 그리고 전쟁을 수행하면서 취한 일련의 독선적 조치들 속에서 그런 점이 나타난다. 그러나 이런 한계와 약점도 그가 이룩한 업적 앞에서는 묻혀버리고 만다.

5. 독일-프랑스 전쟁

유럽 판도를 바꾸고 세계 전쟁의 복선을 깔다

유럽의 세력 판도가 바뀌다

프랑스는 일찍부터 유럽 대륙의 강국으로 군림해왔다. 프랑스는 인구로 보더라도 유럽에서 러시아 다음으로 많았고, 경제력과 군사력도 막강했다. 나폴레옹이 유럽을 호령하던 시기에는 프랑스에 단독으로 대항할 만한 나라가 없었다. 유럽의 여러 나라는 프랑스에 대항하기 위하여 영국을 중심으로 러시아, 오스트리아, 프로이센이 대對프랑스 동맹을 결성했지만, 그마저도 나폴레옹의 프랑스에 번번이 패하곤 했다.

나폴레옹이 몰락한 뒤 한때 메테르니히의 오스트리아가 신성동맹으로 유럽 정치를 좌우했지만, 프랑스는 그때도 여전히 강국이었다. 1848년 유럽 혁명 이후 신성동맹*이 무너지고 나폴레옹 3세가 등장하면서, 사실상 프랑스는 다시 유럽의 맹주 자리를 회복했다.

하지만 그것도 1860년대 이전의 이야기였다. 1860년대에 들어서면

---

* 안정과 질서를 모토로 프랑스의 탈레랑, 오스트리아의 메테르니히, 러시아의 알렉산드르 1세가 맺은 유럽의 국제 질서다.

서 이런 프랑스의 위치를 위협하는 일들이 벌어지고 있었으니, 그것은 다름 아닌 이탈리아와 독일의 통일이었다. 프랑스는 전통적으로 독일과 이탈리아를 분열시킴으로써 상대적 우위를 유지할 수 있었다. 그런데 만일 이탈리아와 독일에 강력한 통일 국가가 세워진다면 프랑스의 위치는 상대적으로 약화될 게 뻔했다. 1860년대가 되면서 이러한 우려가 현실로 나타났다.

우선 1861년 이탈리아가 사실상 통일을 이루었다. 이탈리아의 통일은 "주세페 마치니의 사상, 카밀로 카보우르의 냉철하고 현실적인 외교 정책, 가리발디의 용기있는 군사 활동의 합작품"이었다. 이때 프랑스는 오스트리아를 견제하기 위해, 그리고 니스와 사보이 지역을 할양받는 조건의 조그마한 이익 때문에 사실상 이탈리아의 통일을 도와주는 외교적 실책을 범했다. 이로써 이탈리아 반도를 오스트리아 식민지로 만들려는 합스부르크가의 음모는 실패로 끝나고 말았다.

한편 독일에서도 프로이센을 중심으로 통일을 위한 발걸음이 착착 진행되고 있었다. 프로이센은 1848년 혁명이 실패로 돌아간 다음 귀족과 부르주아지가 타협하여 '아래로부터의 혁명'을 억압하고 '위로부터의 개혁'을 통해 강국으로 발돋움했다. 독일 연방 내에서 맹주 자리를 놓고 오스트리아와 경쟁했으나, 1866년 6월 오스트리아와의 쾨니히그레츠 전투에서 7주 만에 완벽한 승리를 거둠으로써 통일의 주도권을 확실하게 쥐게 되었다. 그 뒤 북부 독일 연방을 창설하여 통일의 길로 바짝 다가섰다. 이제 남부 독일만 합병하면 통일을 완성하게 되는 것이다. 여기서 유일한 장애는 프랑스였다. 프로이센이 남부 독일까지 편입시켜 통일을 완성하자면 남부 독일에 대한 프랑스의 강한 영향력을 없애야 했다. 이것은 곧 프랑스와 전쟁을 하지 않을 수 없다는 걸 의미했다. 비스마르크의 프로이센은 이런 점을 잘 알고 있었고, 그 준비를 착착 진행하고 있었다.

이탈리아가 통일되고 프로이센이 통일을 위해 발걸음을 다그치면서 유럽의 세력 판도가 바뀌고 있었지만, 프랑스는 이런 상황을 제대로 읽지 못하고 있었다. 과거 생각만 하고 여전히 자신들의 힘을 과신했다. 그래서 상황에 능동적으로 대처할 준비를 하지 않았다. 더구나 나폴레옹 3세는 건강이 나빠 지도력을 제대로 발휘하지 못하고 있었다. 이런 기회를 틈타 부정부패가 만연했고, 노동자들의 파업도 빈번하게 일어났다. 사회주의, 급진적 공화파 등의 반체제 세력도 이미 1848년 6월 봉기 때 파괴되었던 역량을 회복하고 활발하게 움직이기 시작했다. 이처럼 1870년 경 프로이센과 프랑스는 여러 면에서 대조를 보이고 있었다. 프로이센이 독일 통일을 위한 프랑스와의 결전을 앞두고 각오를 단단히 다지고 있었다면, 프랑스는 사회 기강이 무너지고 있었다.

이런 조건에서 프로이센과 프랑스 사이에 전쟁이 일어났고, 프랑스는 참패했다. 프랑스는 치욕적인 조건으로 평화협정을 맺었고, 왕정이 무너지고 공화정이 수립되었다제3공화국. 그리고 지금까지 인류가 경험한 그 어떤 혁명과도 성격이 다른 사건, 즉 파리코뮌을 경험했다. 파리코뮌은 프로이센과 끝까지 싸우지 않고 굴욕적인 평화협정을 받아들인 임시정부에 대해 시민과 노동자의 분노가 폭발하면서 탄생한 세계 최초의 노동자 권력이었다. 파리코뮌의 성립과 그에 대한 부르주아지의 잔인한 진압은 1789년의 프랑스 혁명으로 시작된 혁명의 시대가 끝났음을 알리는 사건이었다.

1870년에 시작되어 1871년에 끝난 프로이센-프랑스 전쟁은 유럽의 세력 판도를 바꾸는 매우 중대한 사건이었다. 프랑스는 더 이상 과거와 같은 유럽 대륙의 절대 강자가 아니었다. 남부의 통일 이탈리아도 부담스러운 판국에 북부에 강력한 독일 제국이 등장함으로써 프랑스의 상대적 힘이 더욱 위축되었던 것이다. 독일 제국은 프랑스에 필적하는 강국이었다. 프로이센의 확대판인 독일 제국의 군사력은 유럽 최강이었고, 급속한 경제 성장으로 경제력도 프랑스에 뒤지지 않게 되었다. 독일 통일 이후 유럽 정치는 영국, 프랑스, 독일, 오스트리아, 러시아, 이탈리아가 상호 견제와 각축, 합종연횡을 벌이는 복잡한 양상으로 바뀌게 되었다.

전통적 강국이었던 영국과 프랑스의 지위가 상대적으로 약화되었지만, 다른 제국들의 지위가 상승하여 서로 견제하고 각축하게 된 것이다. 개별 국가로서는 영국이 가장 강국이라 할 수 있었지만, 그것도 절대 강자가 아닌 상대적이었다. 당장에는 누구도 절대 강자로 서기 어려운 상황이었다.

그런데 상대적으로 독일의 부상이 놀라웠다. 영국이나 프랑스에 비해 뒤늦게 시작했지만, 산업화가 빠르게 진행되면서 경제력이 급성장했고 내적 통합력도 높아 정치적 · 군사적 힘도 빠르게 커졌다. 여기서부터 세계 전쟁으로 가는 길이 열리고 있었다. 절대 강자가 없는 조건에서 먼저 식민지를 확보한 영국과 프랑스에 비해 식민지를 거의 확보하지 못한 독일의 도전은 결국 전쟁으로 가는 길밖에 없었던 것이다. 독일과 프랑스의 전쟁은 그 전초전이라 할 수 있었다.

독일 통일의 제물이 된 프랑스

1870년 7월 12일, 엠스에 있는 별장에서 여름휴가를 보내고 있던 프로이센 왕 빌헬름 1세Wilhelm I, 1797~1888년에게 프랑스 대사 베네데티Vincent Comte Benedetti가 찾아왔다. 빌헬름 1세를 찾은 베네데티는 당시 프랑스 국왕 나폴레옹 3세의 요구를 프로이센 국왕에게 전달했다. 앞으로 스페인 왕위 계승에 대하여 프로이센의 호엔촐레른Hohenzollern 가문이 절대 개입하지 않겠다고 확실하게 약속하라는 것이었다. 하지만 이 문제는 전에도 거론된 바 있었다. 호엔촐레른가는 스페인 왕 계승 문제에 별 관심이 없다고 밝혔기 때문에 빌헬름 1세는 그 문제는 거론하지 말자며 이를 거절했다. 그리고 다음날 베를린에 있는 비스마르크 수상에게 그 사실을 전보로 알렸다. 전보를 받은 비스마르크는 프랑스가 실수했다고 판단하고, 이번 기회를 적절히 이용하기로 마음먹었다.

다음 날, 프랑스와 프로이센의 신문에는 엠스 사건이 각기 다른 내용으로 대서특필되었다. 프로이센의 신문에는 빌헬름 1세가 프랑스 대사로부터 심각한 모욕을 당했다고 실린 반면, 프랑스 신문에는 프랑스 대사가 빌헬름 1세에게 하인 취급을 당했으며 빌헬름 1세가 프랑스 국왕을 모욕했다는 내용으로 보도되었다. 프로이센과 프랑스 국민은 모두 흥분하기 시작했다. 두 나라 국민은 전쟁을 해서라도 잃어버린 명예를 되찾아야 한다고 생각했으며, 언론은 이를 더욱 부채질했다. 다혈질인 프랑스가 먼저 전쟁을 선포했다. 1870년 7월 14일 프랑스 내각은 프로이센과의 전쟁을 결정했고, 15일에는 국민 총동원령을 내렸으며, 19일에는 급기야 선전 포고를 하고야 말았다.

하지만 프로이센도 전쟁을 두려워하지 않았다. 곧 그들도 총동원령을 내렸고, 만반의 준비를 했다. 사실 프로이센은 이때를 대비해 이미 오래 전부터 전쟁을 준비해왔다. 기회만 노리고 있던 프로이센에게 엠스 사건은 좋은 빌미가 되었다. 비스마르크는 빌헬름 1세의 전보 내용을 오해하기 좋게 짜깁기한 다음 프랑스와 프로이센의 신문들에 그 내용을 흘렸던 것이다. 이렇게 해서 프로이센-프랑스 전쟁의 막이 올랐다.

1870년 8월 초 프로이센과 프랑스 사이에 전투가 시작되었다. 프랑스 군부는 신속하게 군대를 동원, 초전에 승리를 거두어 독일을 남북으로 갈라놓고 오스트리아를 전쟁에 끌어들이려 했다. 하지만 프랑스의 이런 계산은 오산임이 곧 판명되었다. 프랑스는 전쟁이 일어나면 40만 명 이상을 동원할 수 있을 것으로 생각했지만, 막상 프랑스가 동원한 군대는 25만 명에 불과했다. 이에 비해 프로이센이 동원한 병력은 프랑스의 두 배나 되는 50만 명이었다. 프로이센은 이미 오래전부터 용의주도하게 전쟁 준비를 해왔지만, 프랑스는 전혀 그렇지 못했다.

프랑스 군대는 크림 전쟁으로 쓸데없이 국력을 소진했고, 정신무장도 제대로 되지 않았으며 규율과 기강조차 서지 않았다. 조직은 흔들리고 보급마저 차질을 빚었다. 거기다가 이탈리아에 원정군을 보내고 교황령을 보호한답시고 많은 군대가 국외에 주둔하고 있었다. 이에 반해 프로이센 군대의 기병은 강했고 포병도 준비가 잘 되어 있었다. 군 지휘부는 1866년 프로이센-오스트리아 전쟁의 경험을 바탕으로 군인들의 사기를 높였고, 병사들은 독일 통일이라는 사명감에 불타고 있었다. 이러니 애초부터 싸움은 해 보나마나였다.

9월 2일 스당세당 전투에서 프랑스군은 대패했다. 이 전투에서 프랑

1870년 8월 16일, 프로이센 중장기병 7기가 마르-라-투르 전투에서 프랑스 대포를 부수고 있다.
《Canadian Illustrated News》 1870년 11월 19일자의 그림

스군은 1만 6천 명이 전사했고, 10만 4천 명이 포로로 잡혔다. 포로 가운데에는 나폴레옹 3세도 포함되어 있었다. 스당 전투의 패배로 프랑스 제2제정이 무너졌다. 1870년 9월 4일 파리 민중은 봉기를 일으켜 나폴레옹 3세 정권을 무너뜨리고 공화국을 세웠다.

스당 전투의 승리 후 프로이센군은 물밀 듯이 프랑스로 진격해 들어갔다. 드디어 9월 19일에는 파리를 완전히 포위하기에 이르렀다. 전쟁은 곧 끝날 것 같았다. 그러나 프랑스는 국민의 애국심을 불러일으킴으로써 결사항전의 자세로 프로이센군에 대항했다. 프로이센의 몰트케 장군은 프랑스인의 이런 모습에 감탄을 금치 못했다. 80년 전 괴테도 프랑스 민병대의 모습에 "새 세계가 열리고 있다."면서 감동의 전율을 느낀 바 있었지만, 다시 그런 모습이 나타난 것이다.

전쟁은 이제 전혀 다른 모습으로 발전하고 있었다. 처음 프로이센은 통일을 방해하는 프랑스를 물리치기 위하여 전쟁을 시작했다. 그런데 이제는 전쟁의 양상이 바뀌어 프로이센은 침략자가 되었고, 프랑스에는 조국을 방어하기 위한 애국 전쟁이 되었다. 프랑스는 완강히 저항했다. 파리는 포위된 상태에서 4개월이나 버텼지만, 물자가 들어오지 못하자 사재기와 물가 폭등으로 시민과 노동자들의 생활이 극도로 어려워졌다. 생필품을 구하기 어려워졌고, 심지어 쥐조차도 구경하기 어려울 지경이었다. 겨울이 닥쳐왔다. 상황은 극도로 악화되었고, 반란의 기미마저 나타났다. 그러자 임시정부는 항전을 포기하고 휴전을 모색하고 나섰다. 시민은 끝까지 싸울 결의를 나타냈지만, 부르주아지와 그를 대변하는 정치·군사 지도자들은 타협을 선택했다. 1871년 1월 28일 프랑스 정부는 마침내 프로이센에 항복했다.

한편 아직 전쟁이 채 끝나지도 않은 1871년 1월 18일, 프로이센은 정식으로 독일 제국의 탄생을 선포했다. 이날 프랑스의 베르사유 궁전에서 프로이센 국왕 빌헬름 1세의 독일 제국 황제 즉위식이 거행되었다. 이날의 행사가 독일인들에게는 감개무량하기 그지없는 일이었겠지만, 프랑스인들에게는 잊을 수 없는 치욕이었다. 베르사유 궁전은 프랑스의 역대 군주들이 살던 곳이었으니, 독일의 이런 행위는 독일 통일의 제단에 프랑스를 통째로 올려놓은 것이나 마찬가지였다.

프랑스는 이날의 치욕을 두고두고 잊지 않았다. 그 후 프랑스 사람들은 말끝마다 "르방슈!"를 외쳤다. 르방슈란 '복수하자'란 뜻이었다. 후에 프랑스는 제1차 세계대전에서 패한 독일에 가혹한 전쟁 배상금을 물림으로써 그 앙갚음을 했다. 프랑스의 행위는 또한 독일 국민에게는 앙금

베르사유 궁전 거울의 방에서 거행된 빌헬름 1세의 즉위식을 그린 유화

이 되었고, 히틀러가 등장할 수 있는 배경이 되었다. 이것은 제2차 세계
대전의 또 다른 불씨였다. 중세 이래 오랫동안 분열되어 있던 독일은 프
랑스를 제물로 삼아 통일을 성취함으로써 새로운 강국으로 등장했다.

독일 통일의 명장 비스마르크의 철혈 정책

역사에서 영웅의 역할에 대해서는 논란이 많지만, 뛰어난 개인의
역할을 과소평가할 수는 없다. 대체로 영웅이란, 시대 상황을 정확하
게 읽고 그 흐름에 맞게 사람들을 조직하고 동원하여 역사의 변화를

이끌어 간 인물을 말한다. 비스마르크
가 그런 영웅의 범주에 들어갈 수 있는
지 어떤지는 모르겠지만, 그가 독일을
강국으로 만드는 데 크게 공헌한 인물
이라는 것은 의심의 여지가 없다. 그러
니까 민족주의 혹은 국가주의의 관점에
서 본다면 그는 독일의 영웅이라 할 수
있을 것이다. 특히 그는 독일이 프랑스
와의 전쟁을 통해 프랑스를 제물로 삼
아 통일을 성취하는 과정에서 결정적인
역할을 담당했다.

1871년 7월 31일의 비스마르크

　오토 폰 비스마르크Otto von Bismarck, 1815~1898년는 독일 제국의 총설
계사였고 통일을 지휘한 현장 감독이었다. 그는 1862년 프로이센의
수상으로 취임하여 1890년 3월 20일 독일 제국의 수상에서 물러나기
까지 28년 동안 수상으로 재임하면서 소국으로 분열되어 있던 독일을
통일했다. 또한 그는 과감한 산업 정책*으로 독일 제국을 유럽의 강대
국으로 끌어올렸다. 비스마르크는 수상으로 있으면서 독일 정치뿐만
아니라 유럽 외교에서도 중심 역할을 했다. 그는 프랑스를 유럽의 다
른 나라들로부터 격리시키는 데 온 정력을 쏟았으며, 그의 노력은 어

---

*　　오랜 숙원인 독일의 정치적 통일을 완성한 비스마르크는 금본위제에 기초한 통화제도와
　　신용제도를 마련했다. 중공업을 중심으로 은행의 지원 아래 대규모 설비 투자가 이루어졌
　　고, 보호 관세제도를 강화하고 노동자와 가톨릭에 대한 탄압을 병행했다. 프랑스에서 받은
　　전쟁 배상금 50억 프랑은 독일 경제가 선진적으로 발전해 나가는 데 밑거름이 되었고, 산
　　업 자본과 은행 자본이 빠른 속도로 독점체제를 구축하는 데 일조했다.

느 정도 먹혀들었다. 그러나 그는 독일의 융커 귀족과 부르주아지로부터는 찬사와 존경을 받았지만, 노동자로부터는 원성의 대상이 되었다.

비스마르크가 이러한 평가를 받는 것은 그의 출신 성분과 절대 무관하지 않다. 그는 1815년 프로이센의 알트마르크 쇤하우젠에서 독일의 지주 귀족인 융커의 아들로 태어나 고등학교를 마친 뒤 괴팅겐 대학과 베를린 대학에서 법률을 공부했다. 그는 공격적이고 저돌적이며 정열적인 인물이었지만, 정치적 성향은 지독히 보수적이었다. 그가 얼마나 저돌적이며 정열적이었던가는 대학 생활과 연애 사건에서도 잘 드러난다. 그는 대학에 다니면서 27번이나 결투를 벌였으며, 25세 때는 연애 사건으로 공직 생활을 사직하기도 했다. "나는 내가 원하는 대로 곡을 연주하고 싶다. 그러지 못한다면 연주하지 않을 뿐."이라는 그의 말은 그의 성격의 한 단면을 그대로 보여 준다.

그의 보수성은 1847년에 소집된 프로이센 연합의회 의원이 되면서부터 유감없이 드러났다. 그는 그때 이미 불기 시작한 혁명의 바람을 거부하고 절대주의와 반동을 선동하는 대변자로 나섰다. 그는 1848년 3월, 베를린 등지에서 혁명이 일어나자 노골적인 거부감을 나타냈고, 그 때문에 자유주의의 물결이 거센 동안에는 아무런 공직도 얻지 못했다. 그러나 1848~1851년 사이에 전 유럽을 휩쓴 혁명의 물결은 1849년 8월 13일 헝가리 혁명의 좌절, 1851년 12월 2일 루이 나폴레옹Louis Napoléon*의 쿠데타와 함께 그 운명이 다했다. 이후 반동과 복고의 물결이 다시 유럽을 휩쓸었고, 프로이센도 예외는 아니었다. 반동의 바람을 타고 비

---

* 나폴레옹 1세의 동생 루이 보나파르트의 아들, 즉 나폴레옹 3세다.

스마르크도 다시 공직으로 복귀할 수 있었다.

비스마르크는 이후 프로이센 중심의 현실 정책을 주장했다. 다른 유럽의 대국에 대항하려면 소국들의 느슨한 연방체제로는 불가능하며, 자본주의가 발전하고 부르주아지가 성장하고 있는 상황에서 강력한 통일 국가를 이루기 위해서는 프로이센을 중심으로 독일 제후국들을 흡수·통일하는 것이 가장 현실적인 방법이라고 보았다. 그렇게 되기 위해서는 우선 프로이센을 강력한 산업 국가로 발전시켜야 했다.

그러나 그는 프로이센의 발전이 프랑스나 영국처럼 부르주아지가 주도권을 쥔 상태에서 이루어지는 것이 아니라, 대토지 소유자인 융커 귀족과 군주가 주도권을 쥐고 부르주아 일부의 협조를 받아서 이루어지는 '위로부터의 혁명' 방식이 아니면 안 된다고 보았다. 그가 생각한 '위로부터의 혁명'은 결국 노동자·농민 등 민중의 이해를 억압하는 것이었고, 자유주의적 부르주아나 지식인들의 요구도 무시하는 것을 의미했다. 드디어 비스마르크는 자신의 생각을 실천에 옮길 기회를 찾았다. 1861년 프리드리히 4세가 죽은 후 프로이센 왕위를 계승한 빌헬름 1세는 군사제도 개편을 놓고 자유주의자들이 지배하는 의회와 대립하고 있었는데 이를 돌파하기 위해 비스마르크를 수상에 기용한 것이다.

새로이 왕위에 오른 빌헬름 1세는 직업군인 출신이었다. 그는 상비군 병력을 증원하고 보수주의자들이 위험하다고 여기는 민병대를 폐지하려 했다. 그러나 의회는 군비확장 예산은 승인하되 민병대제도를 유지하고 병역 기간을 3년에서 2년으로 단축하려고 했다. 빌헬름 1세는 10여 년 전, 프랑크푸르트 의회에서 보았던 자유주의자들의 비현실적인 행동과 말장난에 깊은 경멸감을 품고 있었다. 이런 점이 비스마르크와 통했다.

비스마르크는 수상에 임명되자 특유의 저돌성을 발휘했다. 그는 취임 연설에서 다음과 같은 유명한 말을 남겼다.

> 오늘날의 중대한 문제는 연설이나 다수결로는 해결할 수 없다. 오로지 철과 피로써만 해결할 수 있다. 프로이센이 추구해야 할 것은 자유나 인권이 아니라 군사력이다.

이른바 '철혈 정책'의 공표였다. 수많은 소국으로 쪼개져 있는 독일의 통일은 프로이센의 강력한 군사력에 의지할 수밖에 없다, 그리고 이것을 위해서는 노동자나 농민의 자유나 평등은 물론이고 부르주아지와 시민의 자유까지도 유보할 수밖에 없다, 오직 프로이센의 군주를 중심으로 융커의 강력한 지배 아래 통일에 필요한 군사력을 기르고 산업을 발전시키는 것만이 독일 통일에서 필요한 일이다, 또한 통일을 반대하는 세력과는 국내외를 막론하고 전쟁을 치러서라도 반드시 물리치겠다, 따라서 당면한 문제를 해결하는 방법은 철鐵기과 혈피밖에는 없다. 이것이 비스마르크의 '철혈鐵血 정책'의 요지였다.

전쟁과 피로 세워진 독일 제국

비스마르크는 수상이 된 뒤 자신의 철과 혈에 의한 정책을 한 치의 동요도 없이 밀고 나갔다. 의회의 예산 동의권을 무시하고 예산을 집행함으로써 헌법 논쟁을 불러일으켰고, 그의 정책에 저항하는 자유주의자들에 대하여 탄압을 강화했다. 1863년에는 슐레스비히-홀슈타인 Schleswig-Holstein 문제가 발생하자 오스트리아와 연합하여 덴마크와 전쟁을 벌였다. 슐레스비히와 홀슈타인 지역은 둘 다 공작령으로 예로부터 독일인과 덴마크인이 같이 살았다. 명목상 덴마크 왕에게 복속했지만 실제로 통치는 이루어지지 않았고, 독일인과 덴마크인 사이에 크고 작은 갈등이 많았다. 전쟁은 연합군의 일방적인 승리로 끝났고, 슐레스비히는 프로이센이, 홀슈타인은 오스트리아가 관리하게 되었다.

그러나 이 문제는 이 지역의 전리품을 놓고 1866년 프로이센과 오스트리아가 사이가 틀어지면서 전쟁의 직접적인 동기가 되었다. 사실 슐레스비히와 홀슈타인을 덴마크 왕이 통치하든 아니든 비스마르크는 관심이 없었다. 프로이센 국경 앞에 독일의 소국이 하나 둘 생겨봐야 그다지 도움이 되지 않을 것이기 때문이었다. 그러나 오스트리아가 민족 감정에 호소하여 프로이센을 앞지르는 것은 그냥 보고 있을 수 없었다. 그래서 자유주의자를 끔찍이도 싫어하는 오스트리아의 외무장관이 손을 내밀어 동맹을 청하자 이에 응했던 것인데 덴마크에서 그걸 빼앗은 다음에는 생각이 달라졌다. 오스트리아의 영향력이 확대되는 것을 보고만 있을 수 없었던 것이다.

비스마르크는 강력한 통일 국가를 가능하게 만들 수 있는 가문은 낡아빠진 합스부르크 Habsburg 가문이 아니라 새로 떠오르는 호엔촐레른 가문이라고 믿었다. 그것은 독일 통일의 주역이 오스트리아가 아니라 프로이센이어야 한다는 것을 의미했다. 1866년의 프로이센 · 오스트리아 전쟁은 프로이센이 홀슈타인을 침공하면서 시작되었다. 전쟁은 예상과는 달리 프로이센의 승리로 싱겁게 끝났다. 이로써 독일 통일에서 오스트리아를 배제하고 프로이센을 중심으로 한 '소독일주의 방식'이 가능하게 되었다.

19세기 독일 통일의 주도권과 통일 방식을 둘러싸고 프로이센과 오스트리아는 오랫동안 갈등을 빚었다. 그것은 흔히 '소小독일주의'와 '대大독일주의'로 불렸다. 소독일주의는 프로이센의 주도 아래 프로이센 국왕을 세습 군주로 하고, 오스트리아를 제외한 독일의 통일을 주장했다. 반면 대독일주의는 오스트리아의 독일계 주민과 함께 합스부르크 왕국 전체를 포함하는 연방을 주장했다.

소독일주의가 연방으로 분산된 권력보다는 강력한 중앙 집권적 국가를 주장했다면, 대독일주의는 각 국가의 독립성이 보장되는 느슨한 연방 국가를 주장했다. 그동안의 프로이센과 오스트리아의 주도권 싸움은 이러한 소독일주의와 대독일주의라는 통일 방식의 차이를 바탕에 깔고 진행된 것이었다. 1866년의 전쟁은 이 주도권 투쟁에서 프로이센이 승리했으며, 따라서 앞으로 독일의 통일은 소독일주의 방식의 강력한 중앙 집권제 국가로의 통일이 될 것임을 보여준 사건이었다. 오스트리아가 배제됨으로써 통일의 한 가지 걸림돌은 확실히 제거되었다. 그러나 아직도 걸림돌은 남아 있었다. 프랑스를 비롯한 유럽의 다른 나라들도 강력한 통일 독일이 출현하기를 바라지 않기는 마찬가지였다. 비스마르크는 매우 조심스럽게 통일을 위해 한 걸음씩 내디뎠다.

1867년 해체된 독일 연맹 대신에 북부 독일 연방이 창설되었다. 북부 독일 연방은 독일 연맹과는 달리 프로이센이 지배하는 강력한 중앙 권력을 가진 연방 국가였다. 연방 의장은 프로이센 왕이, 연방의 수상도 프로이센의 수상이 차지했다. 연방의 의회는 상원인 '연방의회'와 하원인 '제국 의회'로 구성되었는데, 연방의회는 연방 의장이 임명하고, 제국 의회는 연방 내에 거주하는 25세 이상의 성인 남자들이 선출했다. 그러나 하원은 연방 예산에 대한 동의권만 가졌을 뿐이었다. 반면 연방 의장은 군 통수권, 조약과 전쟁 포고권, 연방 수상의 임명권을 비롯해 연방의회와 제국 의회의 해산권까지 가진 막강한 군주였다. 비스마르크는 빌헬름 1세만 통제하면 모든 것을 자기가 원하는 대로 할 수 있었다. 한마디로 북부 독일 연방은 프로이센의 확대판이었다.

북부 독일 연방으로 통일의 확실한 바탕을 마련한 비스마르크는 통일 준비에 박차를 가했다. 이제 마지막 남은 걸림돌은 프랑스였다. 당시 나폴레옹 3세가 지배하던 프랑스는 유럽 대륙에서 가장 강력한 국가였다. 프랑스를 넘기 위해서는 치밀한 준비가 필요했다. 먼저 비스마르크는 프랑스를 외교적으로 고립시키는 일에 착수했다. 오스트리아와 관계를 개선하기 위해 1866년 전쟁 후 비스마르크는 빈으로 쳐들어가지 않았다. 오스트리아를 의장직에서 사퇴시켰을 뿐이었다.

그리고 이탈리아가 프랑스 편에 서지 않도록 배려했다. 오스트리아에는 전쟁 배상금에 관한 부담을 줄여주었고, 이탈리아에는 가리발디의 통일 운동에 지지를 보냈다. 러시아와도 우호적인 관계를 유지했다. 다음으로 전쟁에 대비하여 군사력을 증강하고, 국내 정치도 정비했다. 오스트리아와의 전쟁 후 처음으로 의회를 소집하여 지난 4년간의 헌법 유린을 사죄하고, 헌법의 부활을 선언하여 자유주의자들의 지지를 이끌어냈다. 그리고 때를 기다렸다.

드디어 때가 왔다. 1868년 스페인에서 혁명이 일어나고 이사벨 2세

여왕이 국외로 망명하자 스페인 정부는 구교도이며 빌헬름 1세 가문인 호엔촐레른가의 레오폴트 공이 왕위를 계승하기를 바랐다. 그러나 프랑스가 펄쩍 뛰었다. 잘못하면 프로이센과 스페인 양쪽으로부터 포위될 형국이었기 때문이다. 결국, 프랑스의 항의를 받아들여 레오폴트 공은 왕위 계승을 포기한다고 선언했다. 그런데 이때 엠스 사건이 발생했다. 언제 다시 상황이 바뀔지 모를 것을 염려한 프랑스가 엠스까지 대사를 보내서 빌헬름 1세한테 다시 한 번 확약을 받으려 한 것이다. 비스마르크의 의도대로 프랑스가 말려들었다. 전쟁은 프로이센의 승리로 끝났고, 독일 제국이 탄생했다. 독일 제국은 비스마르크의 지휘를 받은 프로이센의 귀족들 즉 융커의 승리를 의미했다.

노동자 권력인 '파리코뮌'이 등장하다

프로이센 · 프랑스 전쟁이 일어날 당시 프랑스의 정치가 프레보스트는 이렇게 말한 바 있었다. "전에는 대륙 국가들의 군사력을 논하게 되면 프랑스가 유럽 동맹국들에 대항할 수 있을까가 유일한 문제였는데, 이제는 프랑스가 프로이센에 이길 수 있을까가 문제다." 그의 우려대로 프랑스는 전쟁에서 프로이센을 이기지 못했다. 전쟁에 진 프랑스는 가혹한 조건으로 평화 조약을 체결했다. 철과 석탄이 풍부한 알자스-로렌 지방을 독일에 넘겨주고, 전쟁 배상금 50억 프랑을 3년 안에 지급하기로 했다. 또한 이 배상금이 완불될 때까지 프랑스의 일부 지역에 독일군이 주둔하고, 독일군이 승리의 상징으로 이틀 동안 파리에

진주하기로 했다.

1871년 3월 1일 독일군이 파리에 입성하자 파리 시민의 분노는 극에 이르렀다. 그들의 분노는 독일군을 향한 것이기도 했지만, 굴욕적인 평화 조약을 맺은 티에르 정부에 대한 것이기도 했다. 그 분노가 분출되어 결국 파리코뮌Paris Commune*으로 발전했다. 사건의 발단은 대포였다. 파리의 국민방위대는 독일군이 파리에 들어오기 전에 파리 시내에 있던 대포 170문을 몽마르트르 언덕으로 옮겨 놓았다. 이 대포는 독일군의 파리 포위 기간 중 시민의 성금으로 마련한 것이었으므로 당연히 파리 시민의 것이었다. 하지만 티에르 정부는 이걸 내놓으라고 했다. 그러자 방위대는 대포를 내놓지 않았을 뿐만 아니라 그걸 빼앗

---

* 프랑스 정부에 대항하여 파리에서 일어난 봉기(1871. 3. 18~5. 28). 프랑스-프로이센 전쟁에서 프랑스의 패배와 나폴레옹 3세의 제2제정(1852~1870년)이 몰락하는 과정에서 일어났다. 1871년 2월 프로이센과의 평화조약을 결정하기 위해 소집된 국민의회는 지방의 보수적 성향 때문에 왕당파가 다수를 차지했다. 공화주의적인 파리 사람들은 베르사유에서 열리는 국민의회가 왕정을 부활시키지 않을까 염려했다. 임시 국민정부의 행정 수반을 맡고 있던 아돌프 티에르는 파리의 질서유지를 위해 국민방위군(주로 파리 포위전 때 싸운 노동자들로 이루어짐)을 무장해제시키기로 결정했다. 3월 18일 시(市) 수비대의 대포들을 치우려 하자 파리에서 저항이 일어났다. 그 뒤 3월 26일 수비대 중앙위원회가 조직한 자치선거에서 혁명파가 승리했고 이들은 코뮌 정부를 세웠다. 새 정부에는 자코뱅파와 사회주의자들인 프루동파, 블랑키파 등이 있었다. 자코뱅파는 1793년 혁명의 전통에 따라 파리 코뮌이 혁명을 주도해나가야 한다고 주장했다. 프루동파는 전국에 걸친 코뮌의 연합을 주장했으며 블랑키파는 폭력 혁명을 요구했다. 내부적 분열에도 불구하고 코뮌이 채택한 강령은 1793년을 연상시키는 조치들(종교에 대한 지원 폐지, 혁명력 사용)과 제한된 사회개혁조치(10시간 노동, 제빵공의 야근 철폐)를 추구했다. 리옹·생테티엔·마르세유·툴루즈 등지에서 일어난 코뮌은 곧바로 진압되었으므로 파리 코뮌은 홀로 베르사유 정부와 맞서야 했다. 그러나 코뮌 병사(Fédéré)들은 군사조직을 갖추지 못해 공세를 취할 수가 없었고, 5월 21일 정부군이 방비가 없는 곳을 통해 파리로 들어왔다. 그 뒤 '피의 일주일(la semaine sanglante)' 동안 정규군은 코뮌을 강력하게 진압했다. 반란자들은 방어를 위해 길에 방책을 치고 공공건물(그 중에는 튈르리 궁전과 시청 건물이 있었음)에 불을 질렀다. 코뮌 가담자들 약 2만 명과 정부군 750명가량이 죽었다. 코뮌이 와해된 뒤 정부는 무자비한 탄압을 가하여 약 3만 8천 명을 체포하고 7천 명 이상을 추방했다. (브리태니커 백과사전 참고)

3월 18일 파리 코뮌에서 설치한 바리케이트

으러 간 정부군을 힘으로 몰아냈다. 그러자 정부는 무력으로 방위대를 진압하려고 했다.

3월 18일 새벽에 정부군은 몽마르트르 언덕과 시내의 대포 진지를 기습했다. 그러나 몽마르트르 언덕을 점령한 정부군이 대포를 끌고 갈 말을 준비하지 못해 지체하는 사이, 이 소식을 접한 파리 시민이 몽마르트르 언덕으로 몰려들었다. 삽시간에 불어난 군중은 몽마르트르 언덕에서 정부군을 몰아내고 시내 곳곳에서 폭동을 일으켰다. 그날 밤까지 파리는 방위대와 군중에게 완전히 장악되었다. 마침내 티에르 정부는 파리를 포기하고 베르사유로 철수하지 않을 수 없었다.

3월 28일 정식으로 파리코뮌이 선포되었다. "인민의 이름으로 코뮌을 선언한다."고 하자 시청 앞 광장에 모인 수만 명의 인파는 "공화국 만세! 코뮌 만세!"를 외쳤다. 파리는 시민과 노동자가 완전히 장악했다. 파리코뮌은 그 이전의 어떤 혁명과도 달랐다. 코뮌 혁명을 성립시킨 주된 동력이 노동자였다. 코뮌 정권이 내세운 정책 또한 노동자와 빈민을 위한 것으로 사회주의적이었다. 그리고 코뮌 의회는 단순한 입법 기구가 아니라 행정부의 역할도 동시에 겸한 최고 권력 기구였다. 파리 코뮌은 직접 민주제에 기초한 세계 최초의 노동자 권력이었다. 마르크스도 『프랑스 혁명사 3부작』에서 "코뮌은 본질적으로 노동계급의 정부였으며, 생산 계급의 착취 계급에 대한 투쟁의 성과였으며, 노동에 대한 경제적 해방이 이루어질, 최종적으로 발전된 정부 형태다." 라고 말했다.

코뮌이 선언되는 날 방위대 행렬은 '라 마르세예즈'의 주악에 맞추어 의원들이 서 있는 사열대 앞을 당당히 행진했으며, 이곳에 운집한 파리 시민들은 우레와 같은 박수를 퍼부었다. 그리고 『인민의 외침』은 '축제'라는 표제의 논설에서 이렇게 썼다.

코뮌이 선언되는 날, 그것은 혁명적이고 애국적인 축제의 날, 평화롭고 상쾌한 축제의 날, 도취와 장엄함 그리고 위대함과 환희에 넘치는 축제의 날이다. 그것은 1792년의 사람들을 우러러본 나날에 필적하는 축제의 하루이며, 제정 20년과 패전과 배반의 여섯 달을 위로해준다. … 코뮌이 선언된다.
오늘이야말로 사상과 혁명이 결혼하는 축전이다.
내일은, 시민병 제군, 어젯 밤에 환호로 맞아들여 결혼한 코뮌이 아기를 낳도록, 항상 자랑스럽게 자유를 지키면서 공장과 가게의 일터로 돌아가야 한다.

승리의 시詩가 끝나고 노동의 산문이 시작된다.

파리코뮌은 파리 시민과 노동자의 애국적 열정과 혁명적 에너지가 분출된, 역사에서 유래를 찾아보기 어려운 혁명이었지만 그 운명은 순탄치 못했다. 3월 18일 봉기를 일으켜 권력을 장악한 지 72일 만에 숨통이 끊어지고 말았기 때문이다. 파리를 탈출하여 베르사유로 도망친 티에르 정부가 코뮌을 진압하기 위해 준비를 진행하는 동안 선거와 권력기관을 조직하느라고 시간을 빼앗긴 코뮌이 정부군의 공세를 견뎌내지 못한 것이다.

4월 2일부터 정부군의 공격이 시작되었다. 첫 전투에서 코뮌 군은 패배했다. 정부군은 남쪽에서 공격을 계속했고, 동쪽에는 독일군이 버티고 있었다. 파리는 완전히 포위된 채 리옹이나 마르세유와의 연결도 끊어져 버렸다. 더구나 코뮌 군은 훈련도 부족했고 명령 계통도 복잡하여 충분한 전투력을 발휘하지 못했다. 정부군은 파리를 조여 오기 시작하더니, 5월 21일 드디어 파리 시내로 진입했다.

이때부터 5월 28일까지 '피의 주간'이 시작되었다. 파리 시내로 들어온 정부군은 사람들을 무차별적으로 학살하기 시작했다. 여자건 아이건 모조리 죽였다. 이에 코뮌 군도 잔학하게 보복하며 맞대응했다. 감옥에 수용했던 인질들을 모조리 학살한 것이다. 피는 피를 부르고 보복은 보복을 불렀다. 이렇게 피의 보복이 반복되면서 파리는 피의 도시로 변해 갔고, 아름답고 웅장한 역사적 건물들도 파괴되었다. 노명식 교수는 그 상황을 『프랑스 혁명에서 파리코뮌까지』에서 다음과 같이 설명하고 있다.

그러나 파리코뮌이 끝난 뒤에 판단하건대, 죄에 대한 보상은 철저했고 질서는 있었을지 몰라도 정의와 휴머니티와 문명은 거의 없었다. 코뮌의 죄에 대한 보상은 프랑스 혁명의 공포 정치보다도 더 철저했고, 심지어 1917년의 상트페테르부르크 혁명보다도 더 철저했다. 23일, 몽마르트르의 바리케이드를 사수한 코뮌 파 중에는 여자가 1백 명쯤 포함되어 있었다. 그들은 거의 전멸했으나 포로로 잡힌 49명 가운데 여자가 셋, 어린이가 넷이었는데, 정부군들은 이 부녀자들도 함께 현장에서 모조리 총살했다.

5월 28일 파리코뮌은 완전히 진압되었다. 코뮌에서 희생된 사람이 얼마나 되는지는 정확히 알 수 없다. 정부의 공식 발표에는 정부군 전사자 877명에 행방불명 183명이 있을 뿐, 그밖에는 일절 발표된 게 없기 때문이다. 다만 역사가들은 적어도 2만~2만 5천 명 정도가 즉결 처형되었을 것이고, 전투 중에 사망한 사람과 '피의 주간' 이후에도 학살이 계속되었기 때문에 그 수는 엄청날 것이라고 한다.

파리코뮌은 실패로 끝났다. 그와 함께 프랑스 혁명의 한 시대도 끝났다. 프로이센·프랑스 전쟁으로 시작된 파리코뮌은 부르주아지의 반동적 정책에 대한 반란이었지만 실제로 얻은 것은 아무것도 없었다. 다만 이제 부르주아지는 더 이상 혁명적인 계급이 될 수 없다는 사실만 확인했을 뿐이었다. 파리코뮌 이후 프랑스에서는 혁명적 사회주의 운동이 위축되었고, 온건한 부르주아지가 권력을 장악했다. 파리코뮌의 격렬한 경험은 프랑스가 아니라 대륙을 가로질러 러시아에서 이어받았다.

세계 전쟁의 전주곡이 울리다

프로이센 · 프랑스 전쟁과 파리코뮌이 끝난 뒤 유럽 국가들은 대부분 제국주의 단계로 들어섰다. 제국주의란, 레닌에 따르면 "자본주의 발전의 최고 단계인 독점 자본주의"를 말한다. 산업 혁명으로 시작된 자본주의는 눈부신 성장을 거듭했지만 갈수록 모순도 심화되었다. 자본주의는 성장과 발전을 거듭했지만, 주기적으로 찾아오는 공황은 피할 수 없었다. 공황은 자본가와 노동자 모두에게 심각한 위기의식을 불러왔다. 공황이 도래할 때마다 많은 자본가가 파산했고, 노동자들은 고용 감소, 임금 삭감에 시달려야 했으며 그럴수록 자본과 노동의 대립도 격화되었다.

그러나 그런 공황을 겪으면서도 자본주의는 완전히 파산하지는 않았다. 오히려 그 과정에서 살아남은 기업은 더욱 덩치가 커졌고, 급기야는 산업을 독점하는 거대 기업으로 발전했다. 이와 함께 제조업만이 아니라 은행 · 금융업도 발전했다. 이들 은행 · 금융 자본은 산업 자본과 결합하여 사실상 경제를 지배하는 위치가 되었다.

경제가 독점 단계로 들어서면서 사회적 모순도 심화되었다. 자본 간의 대립이 계속되었고, 자본과 노동의 대립도 격화되었다. 사회적으로 빈부의 격차는 점점 심해지기만 했지 줄어들지는 않았다. 독점 부르주아지가 지배하는 유럽 국가들은 이런 사회적 위기를 해결하기 위해 국외 식민지 확보에 더욱 열을 올렸다. 그러다 보니 국외 식민지를 둘러싸고 제국주의 사이의 경쟁이 치열해졌고, 마찰도 심심치 않게 일어났다. 이런 마찰은 결국 전쟁으로 이어질 수밖에 없었다.

제국주의 시대가 본격적으로 시작될 무렵에 일어난 프로이센-프랑스 전쟁은 독일의 통일과 파리 코뮌이라는 역사적인 사건을 불러왔다. 이 두 가지는 전혀 성격이 다른 사건이었지만, 깊은 연관 관계가 있었다. 그것은 두 사건이 유럽 부르주아지의 승리와 몰락이라는 양면을 보여주고 있기 때문이다. 이와 관련하여 발터 슈미터는 『독일 근대사』에서 이렇게 말하고 있다.

　'위로부터의 혁명'을 통하여 반민주적인 방식으로 독일을 통일하고 프랑스의 영토를 약탈했던 비스마르크 치하에서 독일의 자본주의적 발전은 절정에 달했다. 독일은 당시 서구 열강들과 함께 국외 식민지를 개척하는 제국주의 국가가 되었다. 사회적인 측면에서, 독일 제국이 성립된 다음 시기에 유럽의 부르주아지는 승리와 몰락을 동시에 체험했다. 1871년 3월 18일에 파리 코뮌이 발생하여 최초의 프롤레타리아 독재가 나타났다. 그것은 부르주아지의 주도권이 귀족 계급에 의해서가 아니라 노동자 계급에 의해서 무너진 중요한 사건이었다. 파리 코뮌은 실패했지만 많은 역사적인 교훈을 남겼다.

　통일 국가가 된 독일에서는 융커 귀족과 타협한 부르주아지의 주도로 자본주의가 급속하게 발전했고, 파리 코뮌이 진압된 뒤 프랑스에서는 사회주의 세력이 힘을 쓰지 못하고 온건 부르주아지가 권력을 장악했다. 부르주아지는 이제 확실히 역사의 주도자가 되었지만, 언제든지 그 위치는 무너질 수 있다는 사실을 동시에 보여주었다. 프로이센-프랑스 전쟁이 가져온 독일 통일과 파리 코뮌이 그런 사실을 보여주었다.

독일의 통일과 파리 코뮌의 실패가 부르주아지의 승리를 의미하면서 동시에 몰락을 내포하고 있다는 사실은 그다음에 일어난 역사적 사건에서 분명하게 드러났다. 1910년대에 일어난 세계적인 대사건 제1차 세계대전과 러시아 혁명이 그것이다. 제1차 세계대전은 부르주아지의 주도가 지나치다 못해 그들 사이의 주도권 다툼이 결국 세계전쟁이라는 파국으로 발전한 사건이었다. 반면 러시아 혁명은 파리 코뮌에서 보여주었던 노동계급의 혁명적 에너지가 폭발해 러시아뿐만 아니라 전 세계 부르주아지의 주도권을 위협하기 시작한 사건이었다. 왜 그렇게 되었을까?

　　먼저 제1차 세계대전이다. 통일 국가로 탄생한 독일 제국은 뒤늦게나마 식민지를 개척하는 제국주의 국가 대열에 합류할 수 있었다. 또한 파리 코뮌을 진압한 프랑스는 이미 많은 식민지를 확보하고 있었다. 이들 두 나라는 성격이 다른 사건을 통해 제국주의적 이해를 실현할 수 있는 안정된 기반을 마련한 것이다. 독일 통일과 파리 코뮌으로 유럽의 질서는 크게 변화했지만, 그것은 또한 더욱 근본적인 질서의 변화를 향한 거대한 충돌의 시발점이 되었다.

　　전쟁에 패하여 독일에 영토를 빼앗기고 과중한 보상금까지 지급한 프랑스는 복수할 날만을 기다리고 있었고, 동시에 독일도 프랑스를 제압하고 유럽, 나아가 세계를 지배하겠다는 야망에 젖어 있었다. 마침내 1914년 6월 28일 사라예보의 총성을 계기로 독일-오스트리아 동맹국과 프랑스-러시아 연합국 사이에 제1차 세계대전이 일어나게 되는데, 그 전주곡은 이미 프로이센-프랑스 전쟁에서 울리고 있었다.

　　또한, 1917년 10월에는 후발자본주의 국가 러시아에서 세계 최초로 노동계급이 주도하는 소비에트 혁명의 성공이 있었다. 프랑스 민중은 오랫동안 자만에 빠져 변화하는 세계를 읽지 못한 채 독일과의 전쟁에서 패배하고 굴욕적으로 항복한 프랑스의 무능한 지배자들에게 코뮌이라는 새로운 혁명의 무기를 들이밀었다. 파리 코뮌은 부르주아지의 잔혹한 피의 학살로 성공하지 못했으나 노동자 혁명이라는 새로운 전망을 보여주었고, 그것이 러시아 혁명으로 나타났던 것이다. 그렇게 본다면 역사는 동일하지도 않지만, 유사한 역사적 경험을 반복하는 경향이 있다.

6. 아편 전쟁

중국을 향한 서구 제국주의의 포문이 열리다

역사는 현재의 거울이다

1997년 7월 1일, '동양의 진주'라는 홍콩에서는 역사적인 사건이 진행되고 있었다. 이날 0시 홍콩이 영국의 식민지에서 중국으로 되돌려지는 반환식이 거행되고 있었던 것이다. 이 역사적인 광경을 시사주간지 《한겨레21》은 이렇게 묘사하고 있다.

1997년 7월 1일 0시. 홍콩 반환식이 열리는 홍콩 컨벤션 센터에서는 영국 국기 유니언 잭과 홍콩 정청기가 중국의 오성홍기와 새로 제작된 홍콩 특별행정구기에 자리를 내주고 있었다. 지난 1842년 아편 전쟁에서 승리한 영국이 난징南京 조약으로 홍콩섬을 영구 할양받은 지 155년 만에 남부 중국의 '가난한 섬' 홍콩이 '아시아의 진주'가 되어 중국에 돌아가는 역사적 순간이었다.

이날의 반환 행사는 찰스 영국 왕세자와 장쩌민 중국 주석을 비롯한 4천여 명의 귀빈이 행사장을 가득 메운 채 진행됐으며, 역사적 현장을 취재하려는 8천여 명의 취재진에 의해 전 세계에 중계됐다. 반환식에 대한 이런 높은 관심은 물론 홍콩 반환이 '평화로운 땅에 불·칼을 들이댄' 제국주의 시대가 마침내 끝났음을 상징하는 것이기 때문이다.

이날부터 홍콩은 정식으로 중화인민공화국의 특별행정구가 되었고 그에 따라 많은 변화가 생겼다. 독자적인 국방·외교권이 상실되었고, 총독 대신에 중국에서 임명한 5년 임기의 홍콩 특별구 행정장관이 새로 취임했으며, 내각도 바뀌었다. 사법부와 입법부를 이끌어 갈 인물들도 모두 홍콩 출신의 중국인들로 바뀌었다. 4천 명의 인민해방군도 이날 오전 6시에 홍콩과 선전의 경계 지역 3개의 검문소와 해상 그리고 공중으로 진주하기 시작했다.

이날 밤 베이징에서는 8만여 명의 시민이 참여한 가운데 주권 반환을 경축하는 행사가 있었고, 중국의 주요 도시들에서도 동시에 축하 행사가 벌어졌다. 세계 주요 언론의 스포트라이트를 받는 가운데 중국인들은 축제 분위기로 들떠 있었다. 반면 떠나는 자는 말이 없다고 영국은 조용히 홍콩에서 퇴장했다. 주권자가 영국에서 중국으로 바뀌는 것이 실감 나는 하루였다. 이날의 모든 움직임은 새로운 강자로 떠오르는 중국과 지는 해 영국의 위상을 상징적으로 보여주는 것이기도 했다.

중국은 1978년 이후 개혁개방 정책으로 매년 8~10퍼센트의 성장을 거듭해 1996년 국민총생산GNP은 1980년의 네 배인 7천 617억 달러677조 9천억 원를 기록했다. 중국은 10년 이내에 GNP를 다시 네 배로 늘리겠다는 야심을 가졌고, 홍콩을 돌려받음으로써 중국의 경제 규모는 엄청나게 확대되었다. 1997년 중국의 GNP는 1조 1천 643억 달러로 늘어났으며, 무역액은 5천 541억 달러로 세계 4위, 외환보유고는 1천 830억 달러로 일본에 이어 세계 2위로 뛰어올랐다. 중국은 2010년 일본을 추월해 경제규모로서는 세계 2위의 경제 대국이 되었다. 또한 향후 2025년경에는 경제 외형이 미국을 넘어설 것으로 전망되고 있다. 중국은 경제뿐만 아니라 정치와 군사에서도 미국과 더불어 초강대국의 면모를 드러내 보이기 시작했다.

중국이 세계 최대의 경제 강국으로 커가는 데서 홍콩은 중요한 역할을 했다. 홍콩의 금융, 유통, 물류 등의 노하우가 중국에 전수되고 중국과 홍콩 사이의 연결이 순조롭게 진행되면서 서비스 산업도 발전하고, 홍콩의 자본력과 중국의 노동력이 서로 보완하면서 국제 경쟁력도 크게 높이는 데 기여한 것이다. 또한 중국은 이를 바탕으로 중국의 광둥-푸젠과 타이완-홍콩을 잇는 경제권을 만들고 더 나아가 동남아시아 지역의 화교 자본까지 연결하는 대*중화 경제권을 만든다는 구상을 현실화시켜가고 있다. 경제 대국을 향한 중국의 발걸음은 이미 오래전에 시작되었지만, 홍콩 반환으로 더욱 현실적인 무게감을 가질 수 있었다. 홍콩 반환은 거대 중국의 부활을 알리는 하나의 상징적인 사건이었다.

그러나 이처럼 21세기 초강대국 미국에 대항할 수 있는 유일한 국가로 떠오르는 중국도 160여 년 전에는 영국을 비롯한 서구의 열강들에 너무나 비참하게 당했다. 홍콩을 영국에 넘겨주어야 했던 아편 전쟁이 그 시작이었다. 1840년에 일어난 아편 전쟁을 기점으로 서구 제국주의는 중국을 향해 떼거리로 몰려들었다. 아직 잠에서 깨어나지 못하고 있던 거인 중국은 갑작스러운 제국주의의 공격에 정신을 차리지 못한 채 몰리다가 급기야 빈사 상태에 빠졌다. 1, 2차에 걸친 아편 전쟁의 패배로 각종 이권이 열강에 넘어가기 시작했으며, 뒤늦게 제국주의 침략 대열에 가담한 일본의 공세로 중국은 본토를 점령당하며 반^半식민지 상태라는 더욱 고통스러운 길로 접어들었다.

이런 치욕과 고통의 과정을 거치면서 잠자던 거인은 서서히 잠에서 깨어나기 시작했다. 그것은 지배자가 아닌 민중의 자각으로부터 시작되었다. 몰락하는 청나라 봉건제와 제국주의 침략에 대항하는 민중의 자각은 '태평천국 운동'으로부터 시작되었고, '변법자강 운동'과 '의화단 운동'을 거쳐 신해 혁명으로 발전했다. 그러나 신해 혁명 뒤 군벌들이 활개를 치면서 중국은 외세와 봉건이라는 이중의 질곡에서 벗어나지 못했다. 이를 타개하기 위하여 북벌 전쟁이 시작되었고, 뒤이어 5·4 운동과 국공 합작, 항일 전쟁을 통해 민중 역량이 급성장했으며, 1949년 사회주의 혁명의 성공으로 중국은 새로운 시대를 맞았다.

아편 전쟁에서 시작하여 중화인민공화국이 세워지기까지의 1백 년은 거인 중국이 잠에서 깨어나는 기간이었고, 민중이 역사의 무대에 주인으로 서가는 과정이었다. 중국은 아편 전쟁이라는 치욕스런 사건으로 근대를 시작했으며 한동안 미망 속에서 헤맸으나 마침내 갈 길을 찾았고, 그 길을 묵묵히 걸어서 지금의 경제 대국으로 발전했다.

'역사는 현재의 거울'이라는 말이 있다. 현재는 그냥 현재가 아니다. 과거의 역사가 현재 속에 남아 있고, 현재의 모습이 과거에 투영되어 나타난다. 이제 170년 전의 중국으로 돌아가 보자. 세계의 중심을 자처하던 중국은 어쩌다가 잠자던 거인으로 전락해 제국주의 열강들의 먹잇감이 되어야 했을까? 그리고 제국주의 열강에 농락당하던 중국이

다시 회생할 수 있었던 저력은 과연 어디에 있었던 것일까? 아편 전쟁을 통해 그 단편들을 찾아보자.

자기도취에서 깨어나지 못하는 중국

19세기 중엽, 중국은 아직 잠에서 깨어나지 못하고 있었다. 영국을 필두로 한 유럽의 강대국들은 이미 시민 혁명과 산업 혁명을 통해 그 이전과는 비교할 수 없는 엄청난 생산력의 발전을 가져왔고, 자본주의라는 새로운 제도를 탄생시켰다. 자본주의가 발전하면서 봉건 시대의 국경은 이제 그 성격이 달라졌다. 국가와 민족이 국경을 통해 유지되고 국경 안에서 한 나라의 주권이 보장되는 것은 분명하지만, 자본주의의 상품은 이 국경을 무시로 넘나들면서 새로운 세계를 만들어가고 있었다. 그리고 그 국경이 이런 정치적 성격을 넘어 상품의 이동과 거래를 차단하는 장벽으로 남으려고 고집할 때는 군함과 대포를 동원해서라도 그 장벽을 제거하고자 했다. 그리고 이들 유럽의 강대국들에는 그럴 만한 힘이 있었다.

그러나 중국은 오만과 자기도취에 빠져 이런 세계의 흐름을 읽지 못하고 있었다. 여전히 '자신이 천하이며, 변방은 존재할지언정 대등한 거래를 할 국가는 존재하지 않는다.'는 것이 중국인들의 사고였다. 아니, 중국을 지배하고 있던 지배자들의 생각이었다. 자신이 세계의 한 부분이라는 점을 깨닫고, 변화하는 세계에서 어떻게 주도적인 역할을 할 수 있을 것인가를 고민하는 것이 필요했지만, 당시 청나라로서는 그런 사고를 한다는 것이 도저히 불가능했다.

영국이 매카트니^{George Macartney}를 단장으로 하는 사절단을 중국에 보내 교역을 하자는 제안을 했을 때 청의 황제 건륭제^{乾隆帝}는 "아아, 그대 국왕⋯⋯."으로 시작되는 친서로 답했는데, 그것은 조공을 바치던 나라의 왕에게 주던 문서와 같은 모양새였다. 중국 황제는 "먼 곳의 사람들에게 혜택을 베풀고, 사방의 오랑캐를 어루만져 기르도다."라고 하여 그나마 유지되고 있던 거래도 조공의 하나로 생각했다. 이렇듯 황제와 중국의 위정자들은 무역 거래를 자신들이 일방적으로 은혜를 베푸는 것쯤으로 생각하고 있었다. 1793년 중국 황제는 유럽에서 교역하자고 요구하자 "중국은 물산이 풍부하여 없는 것이 없고, 본래 외부 오랑캐와의 물자 교역이 필요 없다."고 말했었다. 그런데 그로부터 반세기가 지난 1840년까지도 그와 같은 사고는 변함없는 청나라의 대외 인식이었다.

그러나 이런 중국의 사고방식을 인정할 서구 열강이 아니었다. 그들은 전쟁을 일으켜서라도 천하 국가를 자처하는 중국에 본때를 보여주고자 했다. 그 결과 중국은 서양의 조그마한 섬나라 영국에 무참하게 짓밟혔으며, 그 뒤를 프랑스, 독일, 러시아, 미국, 그리고 유럽 강국의 흉내를 낸 아시아의 작은 섬나라 일본이 따라 들어왔다. 그리고 그 나라들도 영국처럼 중국을 무참하게 짓밟았다.

중국에 대한 서구 열강의 첫 포문은 바로 아편 전쟁이었다. 1839년 아편 밀수를 근절하기 위해 광저우에 청나라 당시 황제로부터 임시로 권한을 부여받아 특별한 사건이나 일을 처리하던 고위 관직인 흠

임칙서의 초상화

차대신欽差大臣 총독 임칙서林則徐, 1785~1850년 가 파견되면서 사건은 시작된다. 임칙서는 청조의 부패한 관리와는 달리 매사를 원칙에 따라 처리하는 매우 강직한 인물이었다. 아편 밀수의 총본산 격인 광둥성의 광저우廣州에 도착한 임칙서는 영국인들이 가지고 있던 아편 2만여 상자를 압수했다. 압수한 아편은 후먼虎門 해변에 2개의 연못을 파고 끌어들인 바닷물에다 소석회를 넣어 녹여서 완전히 없애 버렸다. 그걸 처리하는 데만 3주일이나 걸렸다. 또한 임칙서는 영국 배들을 광저우에서 몰아내고 "앞으로 아편을 들여오지 않겠다."는 서약을 하는 배에 한해서만 입항을 허락하겠다고 했다.

그러자 영국 정부는 영국 국민의 생명과 재산의 안전이 위협받고 있다면서 중국에 대한 전쟁을 결정했다. 1840년 2월의 일이었다. 그해 4월 의회는 찬성 271표, 반대 262표의 근소한 차이로 군비 지출안을 승인했다. 이때 의회에서는 훗날 이 부당한 전쟁의 면죄부처럼 취급되는 윌리엄 글래드스턴William Ewart Gladstone, 1809~1898년 이란 젊은 토리 당

---

* 임칙서(린저쉬)는 개명된 민족주의자로 당시 청나라 관료 중 드물게 세계 정세에 관심을 기울인 인물이다. 그는 1839년 5월 아편 몰수를 시행하지만 불과 반년 만에 파면되었다.

** 영국의 전 총리이다. 종교는 성공 회이며, 신학적으로는 고교회파(High Church) 즉, 전례,

원의 유명한 반대가 있었다. 그는 다음과 같이 말했다.

중국은 영국인의 밀무역을 금지했다. 영국이 이처럼 불법적인 무역을 멈추지 않을 때는 중국은 이것을 연안으로부터 구축驅逐할 권리가 있다. 그러나 외무장관은 이 무역을 원조하고 장려했다. 중국의 영토에 거주하면서 중국의 법률을 어긴 자에게 중국이 식량을 공급하지 않는 것은 당연하다. 이 같은 불의한 전쟁은 이 나라의 치욕이 될 것이다. 영국의 국기는 외무장관 팔머스턴에 의해서 더럽혀진 것이다. …… 그 원인이 된 이다지도 부정한 전쟁, 이다지도 영속적으로 불명예가 될 전쟁을 나는 아직껏 알지 못하고, 또 읽은 적도 없다. 지금 나와 의견을 달리하는 신사 외무장관 바스카운트 팔머스턴는 광저우에서 영광에 빛나며 휘날렸던 영국기에 대해서 언급했다. 그러나 그 깃발이 악명 높은 금수품禁輸品, 수출과 수입을 금지한 물건, 즉 아편의 밀수를 보호하기 위해 휘날린다면, 우리는 그것을 보기만 해도 공포감을 느끼고 전율하지 않을 수 없을 것이다.

전쟁 가운데 '정의로운 전쟁'이 있을까마는, '아편 전쟁'은 단순한 침략

성사 등의 교회전통을 중요하게 생각하는 전통주의 노선을 걸었다. 그는 리버풀에서 출생하여 이튼을 거쳐 옥스퍼드 대학교의 크라이스트 처치를 졸업했는데, 재학 시절에 이미 두각을 나타냈다. 1833년 보수당 하원의원이 되었고 필 내각 때에 관세 개혁을 하여 자유무역의 길을 열었다. 또한 1852년 애버딘 연립 내각의 재무상이 된 후, 1853년에 획기적인 예산안을 성립하여 재정가로서의 명성을 확립했다. 1867년 자유당의 당수가 되고 보수당의 디즈레일리와 상대하여 전형적인 정당 정치를 전개했다. 여러 번 재무장관이 되어 활약했는데, 1868~1894년까지 4번이나 자유당 내각을 만들어 교육제도를 고쳐 국민 누구나 교육을 받을 수 있게 했다. 1894년 정계에서 은퇴하여 하워든에서 연구와 연설로 여생을 보내고, 백작 작위를 수여하려고 할 때 이를 사양하여 '대평민(The Great commoner)'으로서 일생을 마쳤다. 그는 내정면에서는 자유주의 입장에서 하층 계급의 불만을 해소시키기 위해 많은 개혁을 단행했다.

전쟁을 넘어 중국 인민의 생명을 담보로 아편이라는 마약을 강요했다는 점에서 인류 역사에 길이길이 남을 또 하나의 치욕적인 전쟁이 아닐 수 없었다. 국제 관계에 양심이나 정의란 말은 아예 존재하지도 않는다는 것을 극명하게 보여 준 것이 이 전쟁이었다. 당시 영국 외무장관 팔머스턴은 "국제사회에서는 영원한 적도 우방도 없다. 오직 국가 이익만 있을 뿐."이라고 말하면서 중국과의 전쟁을 강력하게 주장했다.

아편 무역은 황금알을 낳는 거위

영국은 왜 전쟁을 벌였을까? 영국이 부정한 짓인 줄 뻔히 알면서도 중국에 아편을 강요하고, 중국이 그에 반발하자 전쟁까지 벌인 데는 다 그만한 이유가 있었다. 영국은 아편 무역을 본격적으로 하기 전에는 중국과의 무역에서 계속 적자를 기록했다. 하지만 인도산 아편을 중국에 수출하면서 흑자로 돌아섰다. 중국은 아편의 사용과 수입을 금지했지만, 영국의 상인들은 아편 무역으로 얻는 막대한 이득을 포기할 수 없었다. 더구나 인도산 아편은 동인도회사가 전매하고 있었기 때문에 중국에 대한 밀수출도 이 회사가 독점한 것은 당연한 일이었다. 이들은 인도산 아편을 중국에 팔아 막대한 이익을 남기고 중국산 차를 영국으로 수입하여 또 이득을 보았다. 한마디로 아편은 이들에게 황금알을 낳는 거위 그 자체였다.

그러나 중국에서 볼 때 아편은 두 가지 손실을 주고 있었다. 하나는 아편 때문에 막대한 양의 은이 유출된다는 것이었고, 또 다른 한 가지는 아편의 해독이 인간을 타락시킨다는 점이었다. 당시 중국의 지식인 들은 이런 상황에 대해 이렇게 개탄했다.

바깥 오랑캐의 진흙과 중국의 은화를 바꾼다는 것은 참으로 아까운 일 이다. 아울러 국내 인민은 아편으로 이리저리 뒤척이고 여기저기서 기 식寄食하며 시간을 허비하고 직업을 잃을 것이다.

중국의 처지에서 볼 때 이러한 심각한 경제 문제와 사회 문제를 일 으키는 아편의 밀무역을 금지하는 것은 지극히 당연했다. 아편 문제로 영국의 무역관과 마찰을 빚게 되자 임칙서는 '유첩 4조'를 내걸고 아 편 무역의 부당성과 중국의 조처가 정당함을 설파했다.

일의 추세로 따져 보자. 너희는 멀리 대양을 건너 이곳에 와서 무역을 경영하므로 주인과의 화목을 도모하고, 분수에 맞게 처신하며, 해를 피 하고 이를 취해야만 한다. 그런데도 너희가 아편을 팔기 때문에 백성의 많은 원망을 사고 있다. 백성의 분노는 어찌할 수 없으며, 깊이 우려할 일이다. 외국에 나와 있는 사람이 의지할 바는 신의만이 아닌가. …… 오늘날 우리의 여러 관리는 너희에게 신의를 지키고 있지만, 너희에게 는 조금도 신의가 없다. 지금은 단지 팔지 말아야 하는 것을 팔지 못하 게 하는 것이므로 조금도 어려운 문제가 아니다. 아편은 너희 나라에서 도 흡음吸飮, 입으로 빨아 마심하지 않으므로 싣고 돌아갈 수도 없을 것이다. 만일 공출供出하지 않는다면, 이를 두었다가 어디에 쓰겠는가? 공출하 면 그 뒤에 무역은 더욱 활발해질 것이다. 이제 너희에게 권하노니, 화

몰수한 아편을 폐기하는 장면을 표현한 그림

와 복, 영과 욕 중 어느 것을 선택하는가는 너희에게 달려 있다.

그러나 이런 이야기는 탐욕에 눈이 먼 '죽음의 상인들'에게는 한
낱 잠꼬대로밖에 들리지 않았다. 중국이 아편을 몰수하고 태워버리
자* 드디어 영국은 중국을 침략하기 위한 원정군을 편성했다. 원정대
대장에는 당시의 무역 감독관 찰스 엘리엇의 사촌 형인 조지 엘리엇
소장이 임명되었다. 인도에서 4천 명의 병사가 차출되었고, 군함 16
척, 무장선 5척, 육군 군용선 1척, 수송선 27척의 함대가 동원되었다.

엘리엇의 함대는 문제가 일어난 광저우는 제쳐두고 곧바로 중국 중
앙부의 연해에 있는 저우산 열도^{동중국해의 군도}의 딩하이^{定海}로 향했다. 임
칙서가 방어하고 있는 광저우는 아무래도 저항이 만만치 않을 것 같

---

* 아편 무역상들은 폐기 도중 폭도들에게 강탈당할 것을 기대했다. 그러나 아편은 질서정연하
게 폐기되었고, 이는 임칙서의 정책에 대해 민중의 지지가 확고했음을 보여주는 증거였다.

왔기 때문이다. 영국군은 딩하이를 손쉽게 점령했다. 딩하이를 지키던 중국의 부대장 장조발은 전사하고, 딩하이 현장 요회상은 연못에 투신하여 자살했다.

1840년 8월, 영국 함대는 바이허白河의 하구 톈진天津까지 진출했다. 영국 함대가 톈진 앞바다에 나타나자 청나라 조정은 혼란에 빠졌다. 부랴부랴 직례총독直隷總督* 기선을 내세워 영국 측과 교섭을 시작했다. 청나라 조정이 다급하기는 했던 모양이다. 한마디로 겁을 집어먹은 것이다. 기선을 대표로 내세운 청나라는 교섭 장소를 광둥廣東으로 옮겨 달라고 끈질기게 요구했다. 수도 베이징의 코앞에서 비수를 들이댄 채 벌이는 교섭에 공포가 일었던 것이다. 결국 교섭은 다시 광둥에서 시작되었고 영국의 환심을 사기 위해 임칙서를 파면시켜 버렸다. 임칙서는 아무 잘못도 없었지만 무능한 청나라 위정자들은 그런 방법이라도 쓸 수밖에 없다고 생각했던 모양이다.

하이에나처럼 달려드는 서구 열강들

영국의 찰스 엘리엇Charles Eliot은 아편의 배상과 홍콩의 분할 양도를 비롯해 15개 항의 요구 조건을 내밀었다. 청나라로서는 분할 양도는

---

* 산시 성, 허난 성, 산둥 성, 그리고 수도 베이징이 있는 직례성을 담당하는 최고의 지방 장관. 이 시기부터는 사실상 수상 역할을 맡은 청나라 최고의 관리. 이후 국정의 책임자가 되는 증국번, 이홍장, 위안스카이 등이 모두 직례총독이었다. 당시 수상으로 간주되었던 군기대신은 황제의 비서 역할을 했지만, 실제 힘은 훨씬 떨어졌다. 그것은 직례총독이 군대의 지휘권을 가졌지만, 군기대신은 그것이 없었기 때문이다. 세상이 혼란스러울 때는 무력을 배경으로 한 실력자가 최고가 된다.

1841년 1월 7일, 영국군의 공격으로 파괴되고 있는 중국의 전함들

도저히 받아들일 수 없는 조건이었다. 기선은 교섭을 중단했다. 그러자 영국은 다시 함대를 동원해 공격해왔다. 1841년 1월 7일, 영국군은 광저우의 관문인 후먼의 포대를 향하여 공격을 감행했다. 임칙서가 있을 때 2천 명이던 수비대마저 영국의 환심을 사기 위해 철수시켜 버리고 6백 명밖에 남아 있지 않은 상태에서는 싸움이 될 수가 없었다. 영국군은 쉽게 후먼을 점령했다.

그러자 교섭 대표 기선은 홍콩의 '암할暗割'을 제안했다. '암할'이란 '비밀리에 분할 양도한다'는 뜻이었다. 베이징 조정에는 비밀로 하되 실질적으로는 영국에 할양한다는 것이다. 이것은 마카오에 대한 포르투갈의 관계와 같은 것이었다. 포르투갈은 마카오를 식민지로 여기고 총독을 파견하고 있었지만, 청나라는 명시적으로 마카오를 할양한 적이 없기에 마카오에 장관을 주재시키고 있었다. 청나라의 장관과 포르투갈의 총독이 함께 있었지만, 서로 적당히 알아서 별문제를 일으키지 않고 있었다. 기선의 생각으로는 홍콩도 이렇게 처리하면 될 것으로 생각했다. 기선은 묘책이라 여겼을지 모르지만 한 나라의 외교를 책임지는 교섭 대표로서 할 수 있는 생각이 아니었다. 더구나 영국은 암할에 동의하지도 않았다. 영국은 '암할'이 아니라 근대적으로 명문화된 할양을 요구했다.

이때 베이징에서는 강경 노선이 머리를 쳐들고 있었다. 막상 함대가 눈앞에서 사라지니까 '이불 속 활갯짓'이라고 주전론이 나오기 시작했다. 무능한 위정자들은 자신의 실력은 생각지도 못했고 한 치 앞도 내다보지 못하고 있었다. 이런 사정을 알지 못한 기선은 '암할'이면 좋다고 하면서 홍콩의 할양에 동의한 것이다. 그러나 이 사실을 안 베이징의 도광道光 황제는 기선을 파면하고 군대의 동원을 명령했다. 드디어 영국을 힘으로 몰아내겠다고 나선 것이다.

그러나 이미 말기 증세가 나타나기 시작한 청나라는 영국의 상대가 되지 않았다. 지휘관이나 관리들은 부패하고 무능했으며, 싸움을 해본 지 오래되고 낙후한 무기를 가진 청나라 군대는 근대식 무기와 훈련으로 준비된 영국군에 비하면 오합지졸에 불과했다. 더구나 한족의 반란을 겁낸 청나라는 민중의 힘을 모을 그 어떤 행위도 하지 못했다. 청나라는 황족인 혁산을 정역장군에 임명하고 광둥에 파견했으나 영국군에게 참패하고 말았다.

1841년 2월, 엘리엇은 후먼에 대한 공격을 다시 시작했고, 청군의 증원 부대를 차례로 격파했으며, 5월에는 광둥 주변의 요새를 점령하여 완전히 제압했다. 이때 영국군의 약탈과 폭행에 견디다 못한 주민이 손에 괭이와 삽, 낫과 몽둥이를 들고 일어섰다. 해변의 90여 마을 주민 2만여 명이 모여 '평영단平英團, 영국을 평정한다' 이라고 쓴 깃발을 높이 들고 영국군 1천 명을 포위했다. 5월 30일의 일이었다. 평영단의 격문 가운데는 다음과 같은 구절이 있었다.

그들은 작은 고장에서 큰 고장으로 나와, 병사들을 시켜서 마을을 해치고, 우리의 소를 빼앗고, 우리의 곡식을 짓밟고, 부녀자들을 능욕하고, 조상의 무덤을 파헤쳤다. 귀신이 공노할 일이며, 천지간에 용서치 못할 일이다. 우리는 이제 분기하여 일신을 돌보지 않고, 의율엘리엇을 북문에 몰아붙이고, 백맥브레머을 남해안에서 참수하려고 한다.

평영단에 포위된 영국군은 풍전등화의 위기에 처했다. 이날은 마침 비가 와서 영국군이 사용하고 있던 소총은 완전히 무용지물이 되었던 것이다. 이때 영국군을 구해준 것은 여보순이라는 청나라 관리였다. 여보순은 "만일 평영단이 포위를 풀지 않으면 6백만 달러의 배상금을 주민에게 물리겠다"는 협박으로 민중을 해산시켰다. 이미 3일 전에 혁산은 청군의 철수와 배상금 6백만 달러의 지급을 약속하고 강화를 맺었던 것이다. 그러나 영국 정부는 엘리엇의 방침이 유약하다고 나중에 홍콩 총독으로 부임하게 되는 인물인 헨리 포팅거Henry Pottinger로 교체시켰다.

엘리엇의 뒤를 이은 포팅거는 그해 8월 마카오에 도착하자 광둥의 휴전 상태는 그대로 둔 채 홍콩을 점령하고 함대를 계속 북상시켰다. 그리고는 연이어 샤먼廈門, 딩하이定海, 전하이鎭海, 닝보寧波를 점령했다.

드디어 1842년 6월에는 상하이上海를 점령하고 양쯔揚子강을 거슬러 올라가서 7월에는 화북 지방으로 가는 식량 운송을 차단하기 위해 전장鎭江, 강소성 남쪽의 교통 요지을 함락했다.

공격하는 영국군은 7천 명인 데 반해 수비하는 청군은 모두 합쳐 1천 4백 명에 불과했다. 청군은 격렬히 저항했으나 전멸하고 말았다. 저항이 격렬했던 만큼 영국군의 행위도 광적이었다. 영국군이 점령한 전장은 아비규환의 지옥이 되었다. 영국군은 전장에서 여자만 보면 강간하고 죽였다. 영국군은 여기서 위력을 확실하게 보여줌으로써 청나라의 항복을 받고자 했다. 8월 영국군은 계속해서 난징 공략에 들어갔다. 이제 청나라는 두 손을 들지 않을 수 없었다. 난징이 함락되고 나면 베이징도 멀지 않았기 때문이다. 더 이상 전쟁을 계속할 전비도 없었다.

1842년 8월 29일, 마침내 난징南京에 정박한 영국 군함 콘월리스 호에서 난징 조약이 조인되었다. 난징 조약은 14개 조로 이루어졌는데, 처음 엘리엇이 기선에게 들이댔던 요구가 대부분 그 바탕이 되었다. 전비 배상금 1천 2백만 달러, 몰수 아편 대금 6백만 달러, 이 밖에 청나라 공행公行*이 진 채무 3백만 달러 등 모두 2천 1백만 달러의 배상금이 요구되었다.

배상금 외에도 홍콩의 분할 양도, 5개 항구광저우, 샤먼, 푸저우, 닝보, 상하이의 개방, 영사관의 설치, 공행의 폐지, 관세 협정 체결 등이 들어 있었다. 이 조약으로 이미 영국군 점령 아래 있던 홍콩 섬은 영국의 식민지

---

* 　청나라 때 광저우에서 서양인과 무역할 수 있도록 허가를 받은 상인조합이다.

가 되었으며, 1860년 주룽九龍까지 분할 양도받았다. 그 뒤 1898년에는 주룽 반도를 99년간 조차하기로 했다. 1997년의 홍콩 반환은 바로 이 시점과 일치한다. '천조天朝'라고 거만을 떨던 중국으로서는 참을 수 없는 굴욕이었지만 어쩔 수 없었다. 나라의 힘이 그 정도밖에 안 된다는 것을 확인한 셈이며, 새삼 함선과 대포의 위력을 실감했던 것이다.

난징 조약에 뒤이어 1843년 7월 2일 영사 재판권이 인정되었고, 10월 8일에는 최혜국 대우 조항이 추가되었다. 임칙서의 말처럼 첫 양보에 뒤이어 계속 양보를 강요당했으며, 영사 재판권이나 최혜국 조항 같은 불평등 조약의 첫걸음이 시작되었다. 이후 굴욕의 역사는 1백 년간이나 계속되었다. 하이에나 같이 덤벼드는 제국주의 세력에게 중국은 상처 입고 죽어 가는 늙은 사자처럼 당할 수밖에 없었다.

영국에 이어 미국이 중국에 조약을 강요하고 나섰다. 당시 미국은 영국 다음으로 중국과의 무역 거래가 많았는데, 영국이 이뤄 놓은 성과를 고스란히 물려받으려 했다. 1843년 7월 3일 미국의 전권 사절 캘럽 쿠싱은 청의 흠차대신 기영과 왕샤望廈, 망하 조약을 맺었다. 미국의 뒤를 이어 프랑스도 라그르네를 전권대사로 파견했다. 10월 24일 프랑스는 황푸黃浦에 정박하고 있던 프랑스 군함 위에서 흠차대신 기영과 황푸 조약을 체결했다. 프랑스와의 조약에서는 치외법권을 더욱 발전시켜 중국에 주재하는 외국인의 납세 의무를 면제하며 가톨릭 포교의 자유를 허용한다는 내용이 포함되었다.

그리고 뒤이어 벨기에, 스웨덴, 노르웨이가 달려들었고, 포르투갈은 마카오의 영유를 정식으로 승인하라고 요구했다. 잠에서 깨어나지 못한 거인 중국을 향해 열강들이 벌떼처럼 덤벼들기 시작한 것이다. 제1차 아편 전쟁 이후의 일련의 조약들은 중국을 향한 열강들의 침탈을 알리는 전주곡일 뿐이었다.

함포로 더 큰 문을 강요하다

난징 조약으로 중국에 진출하기 위한 열강들의 교두보는 마련되었다. 중국도 스스로의 의지에 따른 것은 아니었지만, 마침내 국제무대에 나서게 되었다. 그러나 중국의 지배자들은 여전히 '중국이 천하'라는 사고를 버리지 못하고 있었다. 다만 이러한 일련의 사태를 통해서 민중은 새로운 자각을 하기에 이르렀고, 직접적인 피해 당사자가 된 지역에서는 격렬한 저항도 있었다. 하지만 이런 일들도 중국이라는 거대한 나라 전체로 볼 때는 지엽적인 문제에 불과했다. 청나라를 이끌던 지배자들은 열강의 침략에 대처하기 위해 변화나 개혁을 이룬다는 생각은 하지 못했다. 그들에게는 오로지 수도가 있는 베이징 근처에서만 문제가 생기지 않는다면 천하는 무사한 것이었다.

그런데 서구 열강의 처음 기대와는 달리 통상의 문을 연 중국의 상품 시장은 그다지 신통치 않았다. 영국이나 프랑스가 볼 때 3억이 넘는 인구를 가진 중국은 무한한 매력을 가진 상품 시장이었다. 그들은 "중국 한 개의 성에서 소비되는 양말만 해도 영국 전체의 생산량을 능가한다."는 기대에 부풀어 있었다. 그러나 영국이나 프랑스는 얼마 지나지 않아서 자신들의 생각이 오산이라는 것을 알게 되었다. 당시 중국인들의 상품 수요와 공급은 수공업을 기반으로 하여 제한된 지역의 도시와 농촌 사이에서 유통되고 있었다. 따라서 해안 주변의 몇 개 항구에서 공급되는 상품이 중국 인민들에게 흘러들어 가자면 얼마나 오랜 시일이 걸려야 할지 알 수가 없었다. 중국은 유럽의 국가들과는 상품의 유통 과정이 질적으로 달랐던 것이다. 거기다가 중국인들은 생산에서 소비까지의 과정이 습관적으로 고정되어 있어서 편리하고 좋은 것을 찾는 데 별로 익숙해 있지 않았다.

영국을 비롯한 열강들은 이런 문제들을 해결하는 방법을 찾아야 했다. 그것은 중국에 더 많은 개항장을 열게 하고, 내륙 지방까지 연결되는 강 주변의 통행권을 내놓도록 하는 것이었다. 하지만 전쟁이란 방법을 동원해서도 이 정도밖에 움직이지 않는 중국이 말만으로 그것을 들어줄 리 없었다. 다시 함포를 동원하는 수밖에 달리 도리가 없었다. 기회가 오기만 기다리던 차에 드디어 열강들이 끼어들 수 있는 사건이 일어났다.

1856년 10월 8일 영국 선적에 올라 있던 애로Arrow호의 선원들을 체포하는 일이 일어났다. 제2차 아편 전쟁의 원인이 된 '애로호 사건'이다. 이 배는 사실상 중국인이 소유한 아편 밀수선이었다. 선적은 홍콩에서 영국의 것으로 올라 있었지만, 선주는 방아명이라는 중국인이었다. 승무원 15명은 모두 중국인이었고, 선장만이 아일랜드계 영국인 토머스 케네디였다. 선원들이 체포될 때 선장은 배에 없었다. 거기다가 엄밀하게 따지면 당시의 애로호는 영국 배가 아니었다. 왜냐하면 1855년 9월 27일에 등록되었지만 유효 기간이 1년이었기 때문에 기한은 10일 전에 이미 끝나 있었던 것이다. 그러나 생트집을 잡을 기회를 노리고 있던 영국에 이것은 문제가 되지 않았다.

광저우廣州 주재 영국 영사 파크스는 양광총독 섭명침에게 "영국 국기를 내건 영국 국적의 배를 청국 관헌이 임의로 임검하고 선원을 체포한 것은 명백히 조약 위반이다. 더구나 청국의 병사가 영국 국기를 끌어내렸는데, 이것은 중대한 모욕이다. 즉시 체포된 인원을 석방하고 보상함과 동시에 마땅히 사죄해야 한다."고 주장했다. 그리고 이때 마침 프랑스는 가톨릭 신부 샤프드레느가 중국인 신도들을 선동하여 모반을 일으키려다 사형을 당한 것을 구실로 청나라에 책임을 묻고 배상을 요구하고 있었다.

마침내 영국과 프랑스는 애로호 사건과 샤프드레느 사건을 빌미로 연합해서 청나라를 공격하기 시작했다. 1857년 12월 29일, 영불 연합군 5천 6백 명은 광저우를 공격하여 함락시켰다. 이미 1840년의 전쟁으로 청국의 속성을 파악한 영-불 연합 함대는 1858년 4월 톈진의 바이허白河 어귀까지 진출하여 교섭에 임할 대표를 파견하라고 요구했다. 그러나 청국의 현실 인식은 천박하기만 했다. "광둥과 푸젠福建에서 두 개의 항구를 추가로 개항하고, 세액의 절감도 인정하겠다."는 말로 적당히 무마시켜 광둥으로 돌려보내려 했다. 하지만 어림없는 일이었다. 마음 먹고 덤벼드는 제국주의자들이 그런 정도로 끝낼 리 만무했다.

영국과 프랑스는 5월 30일 톈진에 도착하여 다음과 같은 7개 항의 요구 조건을 내밀었다. 첫째 사신을 베이징에 상주시킬 것, 둘째 원정군의 비용과 양관 방화에 따른 손해를 배상할 것, 셋째 중국 내륙의 통상, 여행, 양쯔강의 통상을 개방할 것, 넷째 기독교 선교사와 신도의 보호, 포교를 금지하지 않을 것, 다섯째 세율표 개정을 위한 위원을 임명할 것, 여섯째 해적 진압을 위해 협력과 원조를 할 것, 일곱째 공문서와 조약문에서 영문을 정식 문서로 할 것 등이었다.

　이번에는 영국과 프랑스 함대만 온 것이 아니었다. 미국과 러시아의 전권대사도 중재를 구실로 함께 참가하고 있었다. 제1차 아편전쟁과 달리 열강은 아주 치밀한 계획에 따라 일을 진행하고 있었다. 청나라는 요구 조건을 모두 수용하지 않을 수 없었다. 그리하여 1858년 6월 26일에는 영국, 다음 날에는 프랑스와 각각 톈진에서 조약을 맺었다. 청나라와의 싸움에 직접 참가하지 않은 미국과 러시아도 영·불이 맺은 내용에 따라서 조약을 맺은 것은 말할 필요도 없다. 중국은 이제 누구라도 덤벼들만한 만만한 상대가 되었다.

　1년 후인 1859년 6월 17일, 영국과 프랑스 함대는 톈진 조약 비준을 위해 그 모습을 다시 드러냈다. 그런데 이들은 지난해에는 없던 장애물이 바이허 어귀에 설치된 것을 트집 잡아 청나라가 이 조약을 비준할 의사가 없다고 하면서 함포로 공격하기 시작했다. 그야말로 생트집이라 하지 않을 수 없었다. 자기 나라에 장애물을 설치하든 말든 그것은 그 나라가 알아서 할 일이지 어째서 외국이 간섭할 일이란 말인가. 이것은 한마디로 청나라를 완전히 핫바지, 종이호랑이로 본 것이었다.

　6월 25일 오후 2시 반부터 시작된 포격은 일주일간이나 계속되었다. 그러나 이 전투에서 영국 함대는 참패하고 말았다. 청나라로서는 참으로 드문 승리였다. 그러자 1860년 영국과 프랑스 연합군은 세 번째 원정군을 보냈다. 영국은 군함 173척과 병력 1만 8천여 명을, 프랑스는 군함 33척과 병력 6천 3백 명을 동원했다. 이 사건은 누가 보아도 영국과 프랑스가 부당한 방법으로 내정에 간섭하면서 전쟁을 일으키고 있다는 것이 분명했다. 그러나 제1차 아편 전쟁 당시 영국 외무부 장관이었던 파머스턴Palmerston은 이제 총리가 되어, "베이징을 공격, 점령하여 청국 황제를 몰아내고, 우리의 전권대사를 그곳에 주재시켜야 한다."고 주장하면서 전의를 불태우고 있었다.

만신창이가 된 거인 중국

영·불 연합군은 4월 저우산 군도舟山群島를 점령하고, 6월에는 상하이에 도착하여 북상을 계속했다. 그리고 8월 1일에는 톈진을 점령하고 군정을 실시하기에 이르렀다. 다시 청나라 조정은 무조건 항복하지 않을 수 없었다. 그런데 청에서는 모든 것을 다 들어주는 대신 국서를 전달할 때 황제 앞에서 무릎을 꿇고 세 번씩 아홉 번 머리를 조아리는 이른바 '삼궤구고두三軌九皐頭'를 요구했다. 하지만 영국 여왕과 프랑스 왕을 대리하는 전권대사가 이를 받아들일 수 없다고 하여 일이 틀어져 버렸다. 다시 영·불 연합군은 베이징을 향해 북상을 계속했다. "짐은 이제 친히 군사를 이끌고 즉시 퉁저우通州에 이르러 공략할 것이다."라고 큰소리치던 함풍제咸豊帝는 9월 22일 열하를 향해 줄행랑쳐버렸고, 영·불 연합군은 드디어 10월 23일 베이징의 안정문安定門을 점령했다.

베이징을 점령한 영·불 연합군은 나흘 동안 원명원圓明園을 약탈하고 방화를 자행했다. 원명원은 베이징 성에서 10킬로미터 정도 떨어진 곳에 있던 이궁離宮으로, 옹정제가 아버지 강희제로부터 하사받은 폐원廢園에 정원을 조성하여 만들었다. 원명원은 매우 잘 꾸며진 정원일 뿐 아니라 황제의 수집품이 소장되어 있던 곳이었다. 여기에는 서화, 골동품, 귀중한 서적들, 금은 등의 귀금속과 보석 등 매우 귀중한 물건들이 수없이 있어서 당시에는 '세계 최대의 미술관이요 도서관이었을 것'이라 여겨지던 곳이었다. 이 원명원이 영·불 군대에 의해 철저히 파괴된 것이다.

진순신은 『중국의 역사』에서 이들의 파괴 행위를 이렇게 묘사했다.

영·불 연합군은 이 원명원을 철저히 약탈했다. 한 가지도 남기지 않았으며, 움직일 수 없는 것은 두들겨 부쉈다. 현존했다면 세계의 보물이 되었을 도자기를 단지 너무 커서 운반할 수 없다는 이유로 산산이 깨뜨려 버린 것이다. 이 대 약탈의 주역은 문화의 나라라고 자랑하는 프랑스의 군대였다. 영국군은 일부 장교가 약탈에 가담했을 뿐이다. 영국의 그랜트 장군은 장교의 약탈물을 경매에 부쳐서 그 판매액을 공평하게 분배하기도 했다.

영·불 연합군은 이 대 약탈에 정신이 팔려 있었다. 그들은 하루아침에 백만장자가 된 것이다. 연합군의 베이징 입성이 늦어진 것은 약탈에 여념이 없었기 때문이다. 산더미 같은 보물을 눈앞에서 보니, 입성 따위가 문제가 아니었다. 특히 10월 7일은 일요일이었으므로 장병은 아침부터 밤까지 미친 듯이 보물을 쓸어 모았다고 한다. 이렇게 철저히 약탈한 다음 그들은 원명원을 불태워 버렸다. 영국의 전권대사 제임스 엘긴은 러셀 경 앞으로 보낸 한 보고서에서 "이것은 무고한 국민에게는 비교적 영향이 없고, 직접 책임이 있는 황제에게만 가해지는 징벌이다."라고 하면서 합리화하려 했다.

베이징 조약의 내용

그러나 원명원 방화는 그들이 대 약탈의 흔적을 없애기 위한 은폐 행위였다. 대개 전쟁에서 이긴 자들은 약탈과 전리품 챙기는 일에 정신이 없지만, 그렇다고 해도 영·불 연합군이 저지른 행위는 그 유례를 찾아보기 어려울 만큼 지나쳤다. 더구나 문명과 문화의 나라라고 자랑하는 영국과 프랑스 군대가 자행한 이러한 야만적 행위를 뭐라 변명할 수 있을 것인가. 하기는 미국의 이라크 침공 때도 미군이 바그다드를 점령하고 난 뒤 이라크 박물관이 약탈당해 수메르와 바빌로니아의 고대 문화재가 사라져버리는 사건이 일어나기도 했다. 물론 바그다드 점령군은 세계 최고의 문명국이라는 미국 군대였다. 이런 사실만으로도 이 전쟁이 얼마나 '불의의 전쟁'이었는지 쉽게 짐작할 수 있을 것이다.

이 사건이 일어난 후 청나라는 러시아 이그나티예프^{Nikolay Ignatyev}*
공사의 조정으로 '베이징 조약'을 맺는다. 이 조약은 지난해의 톈진 조약을 재확인한 것이었지만, 그때는 없었던 톈진의 개항이 추가되었다. 이 조약으로 영국은 주룽을 얻었고, 4개국 사절이 베이징에 머물 수 있게 되었다. 4개국 공사관 개설에 대비해서 청나라는 1861년 '총리각국사무아문總理各國事務衙門'**이라는 '외국의 사무를 총괄하는 관청'을 설치했다. 또한, 청나라는 배상금으로 영·불 양국에 각각 8백만 냥을 지급했다.

애로호 사건에서 시작된 이 전쟁은 '세율표 개정'이라는 조항에 숨어서 사실상 아편 무역을 공식적으로 인정하게 했다. 이 전쟁을 제2차 아편 전쟁이라고 부르는 이유가 여기에 있다.

1958년 6월 13일 러시아는 미국과 함께 영·불 원정군에 편승하여 톈진 조약을 맺었는데, 이미 그 16일 전에 '아이훈瑷琿 조약'을 체결했다. 이 조약으로 청나라는 지린吉林성 담당이던 헤이룽黑龍강 왼쪽의 땅을 러시아에 넘겨주었다. 영국·프랑스·미국은 톈진 조약의 내용을 베이징 조약으로 다시 확인하고 거기에 추가 조항을 넣었으며, 러시아도 베이징 조약으로 아이훈 조약을 확인했을 뿐만 아니라 공동 관리하기로 한 우수리烏蘇里강 오른편의 광대한 영토를 러시아령으로 편입시켰다. 러시아는 해삼위海蔘威로 불리던 이곳에 러시아 이민을 보내 '동방의 지

---

* '해방황제' 알렉산드르 2세의 '동부 국경을 확정하라'는 밀명을 받고 중국에 파견되었다. 이그나티예프는 유럽 제국에 시달리는 청 조정에서 러시아는 중국의 친구라는 이미지를 심어 러시아의 이권을 더 많이 챙기려 했다.
** 줄여서 총리아문 또는 총서(總署)라고도 했다.

배자'란 뜻을 가진 '블라디보스토크Vladivostok'란 이름을 붙였다.

중국은 정신을 차리지 못할 정도로 여기저기 얻어맞고 있었다. 중국은 두 번의 아편 전쟁으로 만신창이가 되었다. 잠에서 깨어나지 못한 채 상처 입고 비틀거리는 사자, 중국을 향해 서구 열강들이 하이에나처럼 달려들고 있었다. 그러나 그것은 시작에 불과했다. 그로부터 거의 1백 년 동안이나 거인 중국은 온갖 곳을 물어뜯기며 비틀거렸다.

시련 속에서 깨어나는 중국 인민

아편 전쟁이 중국에 준 충격은 엄청났다. 천자의 나라를 자처하던 청나라는 함대와 대포를 동원한 영국, 프랑스, 미국 등 서구 열강에 변변한 저항 한번 해보지 못하고 무참하게 패하고 말았다. 홍콩, 마카오 등이 열강들에 넘어갔고, 해안의 주요 항구들이 개방되었으며, 온갖 형태의 불평등 조약들이 맺어졌다. 이제 중국은 세계의 중심 또는 세계 그 자체가 아니라 세계에 존재하는 여러 나라 가운데 하나라는 점이 분명히 밝혀졌다. 따라서 중국이 가야 할 길도 분명해졌다. 빨리 자기 혁신과 변화를 통해 근대적인 국가로 탈바꿈해야 했다. 하지만 청나라는 이런 혁신과 변화를 이룰 힘이 없었다.

두 번에 걸친 아편 전쟁과 태평천국太平天國*이란 거대한 민중 반란을

---

* 1851~1864년 청나라 말기 홍수전과 농민 반란군이 세워 14년간 존속한 국가이다. 태평천국군의 봉기로 청나라는 사실상 통치기능을 상실했으며, 이를 기화로 서구 제국주의 열강이 침략이 더욱 가속화되었다.

경험한 뒤, 중국에서는 1860년대 들어서면서 '위로부터의 개혁'을 통해 봉건 중국의 회생을 모색하는 일련의 개혁파 관료들이 등장했다. 태평천국의 난을 진압하면서 부상한 증국번과 좌종당, 그 뒤를 이어 1861년 남양대신南洋大臣과 함께 무역 및 해군 업무를 위해 두었던 관직인 북양대신北洋大臣 겸 직례총독 이홍장이 대표적인 인물들이었다. 그러나 19세기 후반 군사 중심의 근대화를 적극 추진한 관료들과 황족 일부가 상인과 연합해 형성한 지배세력인 양무파라 불리는 이들은 애초부터 명백한 한계를 가지고 있었다.

이들의 부상은 태평천국 운동과 같은 민중 반란을 평정하는 과정에서 확보한 상군湘軍, 증국번의 군대과 회군會軍, 이홍장의 군대 등의 군사력을 바탕으로 이루어졌는데, 이들 군대는 진정한 의미의 국가 방위군이라기보다 개별 실력자들의 사병과 같았다. 그 점은 베이징을 중심으로 한 청나라 해군의 주력 함대인 이홍장의 북양함대도 마찬가지였다. 따라서 이들은 국가의 개혁을 위한 혁명군이나 방위력이 아니라 개인의 힘과 지위를 보장하는 군대를 확보한 군벌의 성격이 더 강했다. 이런 인물에게 진정한 의미의 근대적 개혁을 기대하기는 어려웠다.

이들이 생각한 것은 체제의 개혁이나 제도의 변화가 아니라 서양의 발달한 무기와 병기, 그리고 산업 기술들을 들여와서 국가의 힘을 강력하게 만드는 것이었다. 그러나 근대 사회는 위로부터의 개혁이든 아래로부터의 개혁이든, 모두 시민 혁명이라는 정치 혁명과 산업 혁명을 함께 거쳐서 이루어지는 것임을 세계의 역사는 보여주고 있다. 따라서 정치 개혁 없이 서양식 무기나 기술의 도입만으로 새로운 사회의 발전을 기대한다는 것은 극히 주관적인 희망에 불과할 뿐이었다. 결국 개혁 주체가 되지도 못하고 개혁을 위한 힘을 가질 수도 없었던 양무파는 1894년에 일어난 청일 전쟁의 패배로 몰락하고 말았다.

양무파의 몰락 뒤에 캉유웨이康有爲, 량치차오梁啓超 등의 변법파가 등장하여 위로부터의 개혁을 시도하지만, 이 또한 서태후와 청나라 황족 등 수구 세력의 견제 때문에 성공할 수 없었다. 특히 이들은 변법 운동의 힘을 전적으로 황제 한 사람에게 의존함으로써 민중과 군사력이라는 현실적 힘에 대한 준비가 전혀 되어 있지 않았다. 따라서 실패는 너무도 자명한 것이었다. 네루는 『세계사 편력』에서 이 같은 중국의 방황을 이렇게 설명하고 있다.

중국은 여전히 제대로 방향을 전환할 계제가 못 되었다. 아직도 굴욕과 고민과 분열의 고통이 산더미처럼 쌓여서 기다리고 있었다. 중국의 문제점은 육군과 해군의 무력함이 아니라 보다 뿌리 깊은 곳에 있는 그 무엇이었다. 사회 전체, 경제 구조가 바야흐로 해체되려 하고 있었다. 이미 말한 바와 같이 만주인에 저항하는 수많은 비밀 결사가 조직된 19세기 초엽에 이미 중국은 위기에 빠져 있었다. 외국 무역과 공업 국가와의 접촉이 그러한 경향에 박차를 가했다. 1860년 이후 중국이 보여주었던 잠재적인 강력함은 겉모습일 뿐 현실적 뒷받침이 전혀 없었다. 일부 지방에서는 몇몇 활동적인 관리, 특히 이홍장의 지방적인 개혁도 볼 수 있었다. 그러나 이런 것들은 중국을 약화시키고 있는 병원체를 근본적으로

---

* 변법파 또는 무술변법파라고도 한다. 청일 전쟁에 패한 뒤 양무운동의 한계를 깨닫고 근본적인 제도 개혁을 시도했다.

없애는 것은 못 되었다.

청나라는 중국의 변방 민족이었던 만주족이 세운 나라라는 점 때문에 중국 인민의 대다수를 구성하는 한족에게 항상 마음속으로부터 배척당하고 있었다. 더욱이 아편 전쟁을 비롯하여 계속되는 외국의 침략에 속수무책으로 당하기만 하는 무능한 정부에 대해 민중의 신뢰는 완전히 무너졌다. 민중은 청나라에 등을 돌리기 시작했고, 부패와 무능이 극에 달한 봉건 국가 청나라는 몰락의 길에 들어섰다. 청나라가 완전히 무너지는 것은 베이징 조약을 체결하고 50년이나 지난 뒤 1911년 신해 혁명이 일어나면서였지만, 청나라는 이때 이미 치유할 수 없는 말기적 증세를 드러내고 있었다.

정부가 민중을 지켜주지 못하면 민중은 스스로 나서서 자신을 지켜야 한다. 이제 민중은 스스로 나서 자신을 지키고 새로운 사회를 위한 개혁에 나서지 않을 수 없었다. 역사는 그렇게 발전한다. 그런 점에서 아편 전쟁은 중국 민중이 정치적 각성을 이룰 수 있는 계기가 되었다. 아편 전쟁은 중국에 잊을 수 없는 치욕과 굴욕을 안겨주었지만, 한편으로는 잠자던 거인 중국이 잠에서 깨어나는 계기를 만들어준 사건이기도 했다. 중국은 워낙 오랜 세월 자신을 세계의 중심으로 인식하는 사고에 깊이 젖어 있었고 그렇게 살아오는 데 익숙해 있었다. 그 때문에 변화하고 있는 근대 세계를 이해하고 그에 걸맞은 행동을 취하기까지는 오랜 시간이 걸려야 했다.

그러나 민중은 시련과 고통 속에서 깨어나 역사의 주인으로 성장했다. 중국 민중은 체험을 통해 지혜를 터득했고, 마침내 역사의 변화를 이끌어내는 힘을 가지게 되었다. 그것은 1세기에 걸친 매우 어려운 과정이었지만, 그러한 과정이 있었기에 현재의 중국이 존재할 수 있었다고도 말할 수 있을 것이다.

7. 일본 메이지 유신

개혁관료가 주도한 위로부터의 근대화 운동

현대 일본의 틀을 결정지은 사건

19세기 중반 서양 열강의 본격적인 아시아 진출이 시작되면서 일본도 위기를 맞았다. 1840년 아편 전쟁을 시작으로 영국, 프랑스 등 유럽 국가들의 중국 진출이 본격화되었고, 뒤이어 일본과 조선 등 주변 아시아 국가들에 대한 문호개방 요구도 시작되었다. 일본의 막부 정권幕府政權은 아편 전쟁을 보면서 서세동점西勢東漸의 위력을 실감했다. 이 무렵 일본에서는 농민 봉기가 빈발하는 등 이미 봉건제가 내부적으로 위기 상황을 맞이하고 있었다.

서구의 진출과 내부적 동요에 위기의식을 느낀 막부 정권은 1840년대 '덴보天保의 개혁'을 시도했으나 성공할 수 없었다. 덴보의 개혁이 실패하면서 막부체제 전체가 위기에 직면했다. 그런 상황에서 미국에 의해 강제로 문호를 개방하게 되는 사건이 일어났고, 이것은 봉건 막부체제에 결정타가 되었다. 결국 막부체제는 개항 후 체제를 지탱하지 못하고 막부 타도를 외치는 개혁세력에 의해 8년 만에 무너지고 말았다.

그동안 쇄국으로 겨우 유지되고 있던 일본의 봉건 사회는 개항과 함께 "마치 밀봉되어 있던 관속의 미라가 바깥 공기로 급속히 부식되는 것처럼" 빠르게 잠식되기 시작했다. 개항은 봉건 막부체제의 위기이면서 동시에 일본의 민족적 위기이기도 했다.

문호개방과 함께 위기가 닥쳤으나 일본은 이런 '위기를 기회로' 만들었다. 일본은 이를 기회로 삼아 막부를 타도하고 명목상의 천황을 실질적인 정치의 중심으로 세우고자 했다. 메이지 유신明治維新이었다. 이러한 계획이 성공하면서 일본은 근대적 개혁을 위한 체제정비가 가능하게 되었으며, 이를 바탕으로 서구 열강의 식민지로 전락할 위험에서 벗어나 빠르게 근대화를 이룰 수 있었다. 유신으로 권력을 장악한 개혁 관료들은 천황을 중심으로 일본의 근대체제를 완성함으로써 아시아에서는 처음으로 근대적인 산업 강국으로 도약할 수 있었다.

그러나 메이지 유신은 매우 빠른 속도로 일본의 근대화를 이루었다는 커다란 성과와 더불어 심각한 문제점도 내포하고 있었다. 메이지 유신은 봉건적 지주와 부르주아지가 연합한 가운데 개혁 관료 중심의 권위주의적 체제가 주도한, 철저한 '위로부터의 개혁'이었다. 메이지 유신은 서구 사회에서 나타난 시민 혁명처럼 봉건제 내부에서 성장한 신흥 시민계급부르주아지과 생산계급노동자와 농민, 수공업자 등이 중심이 되어 진행한 부르주아 혁명이 아니었다. 일본에서는 서구 유럽의 선진국인 영국이나 프랑스처럼 자본주의적 발전이 이루어지지 않았고, 따라서 이들 시민계급과 생산자 계급이 사회 변화의 주도세력이 될 만큼 성장하지도 않았던 것이다. 문제의 근원은 거기에 있었다.

메이지 유신을 주도한 것은 봉건제 내부에서 의식적 각성을 이루며 등장한 개혁 관료들과 막부체제에 대한 불만과 세상의 변화에 대한 큰 뜻을 품은 무사武士들, 그리고 어디에도 예속되지 않은 떠돌이 무사浪士들이었다. 이들은 문호 개방으로 서구 열강의 식민지로 전락할 위험에 처한 일본을 구하고 봉건 막부체제를 타도한 뒤 천황 중심의 강력한 근대국가를 세우기 위하여 힘을 모았고, 결국 그 과정에서 일부 봉건세력과도 타협하며 손을 잡았다. 따라서 메이지 유신은 처음부터 그 한계가 명백했다.

메이지 유신은 본질에서 개혁관료가 주도한 철저한 위로부터의 근대화였고, 그 때문에 아래로부터의 민중적 요구를 제대로 반영할 수 없었다. 그랬기 때문에 메이지 유신 이후 일본의 근대화는 일본 민중, 특히 농민들의 희생 위에서 이루어질 수밖에 없었다. 동시에 그것은 훗날 천황제 이데올로기와 결합하여 이웃 나라를 침략하는 군국주의로 발전해 갈 씨앗을 이미 그 태내에 잉태하고 있었다.

그러나 이러한 한계에도 메이지 유신이 봉건체제를 무너뜨리고 일본 특유의 근대국가체제를 완성했다는 점에서는 '미완의 부르주아 혁명'으로 평가하는 것도 가능하겠다. 무엇보다 메이지 유신은 현대 일본의 뿌리이며, 일본이 세계에 영향력을 발휘하기 시작한 기점이 된 사건이라는 점에서 그 역사적 의미가 크다.

도쿠가와 막부체제가 위기에 처하다

일본의 메이지 유신을 알기 위해서는 먼저 막부 정권에 대해 살펴

보는 것이 필요하다. 17세기 초반에 시작된 일본의 막부 정권은 1868년 메이지 유신으로 무너질 때까지 대략 250여 년간이나 일본을 지배했다. 막부 정권은 최고 권력자인 '쇼군將軍'이 중앙의 막부를 중심으로 '다이묘大名'라는 지방의 영주들을 장악한 일본의 독특한 봉건 지배체제다. 막부 정권을 막번체제幕藩體制라고도 하는데, 이것은 중앙의 막부와 마찬가지로 전국 각지에 다이묘들이 지배하는 지방 정권으로 '번藩'을 두었기 때문이다.

이들 다이묘는 크게 세 부류로 나뉘었다. 신판, 후다이, 도자마가 그것이다. 신판親藩이란 도쿠가와德川 가문*의 친족에 속하는 다이묘를 말하고, 후다이譜代는 대대로 도쿠가와를 섬기며 오랫동안 고락을 함께 해 온 부하들을 말한다. 그리고 도자마外樣는 도쿠가와와 동맹 관계에 있는 자들을 말하는데, 이들은 막부의 정책 결정에는 전혀 참가할 수 없었다. 이렇게 막부는 전국에 신판, 후다이, 도자마 등을 교묘히 배치함으로써 반기를 들 수 없도록 했다. 그 외에도 다이묘들을 통제하기 위하여 '무가제법도武家諸法度, 부케쇼핫토'**라든지 '참근교대제參勤交代制, 산킨코타이'***같은 수단을 썼고, 천황에 대해서는 '예능과 학문이 첫 번째의 일'이라며 정치에서 완전히 분리했다.

막부 정권은 사농공상의 차별이 엄격한 신분 사회였다. 사회의 기반인 농민에 대해서는 '살지도 못하고 죽지도 않도록' 철저히 단속하

---

* 도쿠가와 가문은 일본 전국 시대를 최종적으로 통일하여 막부 정권을 연 도쿠가와 이에야스에서 시작되는 쇼군 가문이다.

** 1615년 에도 막부가 다이묘를 통제하기 위해 제정한 3개 조항의 법령이다.

*** 다이묘가 막부 소재지인 에도와 자기 영지에서 격년 교대로 근무하는 제도이다. 중앙 막부가 지방의 유력 다이묘들을 통제하기 위해 마련한 장치라고 할 수 있다.

고 수탈했다. 1635년부터는 대외 관계에서 철저한 쇄국 정책을 시행했으며, 유교가 학문의 중심으로 자리 잡았다. 막부 정권은 철저한 쇄국 정책으로 과학을 제외하고는 외국 문물의 수입을 철저히 엄금했다. 그럼에도 막부 정권은 최소한의 숨구멍은 열어두었다. 나가사키의 데지마出島섬은 네덜란드를 중심으로 한 서구의 상인과 문물이 들어올 수 있는 통로가 되었는데, 이것은 그 후 일본이 서구와 본격적으로 교류하면서 빠르게 적응해 가는 데 많은 도움이 되었다.

그리고 유학이 학문의 중심이 됐다고는 하지만 중국이나 조선과는 달리 철학적인 문제보다는 양명학과 같은 실용적인 학문이 발전했고, 18세기가 되면서 이른바 '국학國學, 일본학'과 '난학蘭學, 네덜란드에 대한 연구'이 일어남으로써 새로운 사회에 대응할 힘을 비축했다. 이 기간에 발전한 에도江戸, 도쿄의 옛 이름 문화는 오늘날 일본에 남아 있는 전통 문화의 원형이 되었다. 막부 정권 시대는 일본으로서는 일찍이 볼 수 없었던 안정된 사회였다. 그러나 시대의 흐름과 변화는 막을 수 없어서 막부체제도 후기로 갈수록 모순이 심화하고 위기의 징후들이 나타나기 시작했다. 가혹한 수탈에 항거하는 농민 반란이 자주 일어나고, 새롭게 성장한 상인들과 도시민들의 요구도 높아졌다.

쇄국 정책에도 구멍이 나기 시작했다. 몇 번에 걸친 지배 집단 내부의 개혁도 대부분 실패로 끝나 19세기 중반에 들어서면서 막부체제는 바야흐로 동요하기 시작했다. 이때 미국의 해군 장교 페리가 군함을 이끌고 나타나 문을 열라고 요구했고, 이에 막부가 무기력하게 항복하자 곧바로 막부 정권에 위기가 닥쳐왔다.

1853년 6월 3일, 페리가 이끄는 네 척의 군함黑船이 당시 막부가 있던 에도의 외항인 우라가 항에 나타나 조약을 요구하자 일본은 갑자기 허둥대기 시작했다. 페리의 요구를 거부할 만한 현실적인 힘이 없었던 일본은 결국 이듬해 3월 31일 '가나가와 조약'을 맺었다. 조약에는 일본과 미국은 화친을 도모하고, 미국 선박의 기항지로서 시모다下田 항과 하코다테函館 항을 개방하며, 미국 필수품을 판매할 수 있고, 개방된 항구에 영사가 주재한다는 등의 내용이 담겨 있었다.

민심이 흉흉해지고, 막부에 대항하는 다이묘들이 등장하기 시작했다. 국민은 이렇다 할 저항 한 번 제대로 해보지 못한 막부 정권의 무능함에 분통을 터뜨렸고, 이제 서양 오랑캐의 식민지가 될지도 모른다는 두려움에 떨었다. 그리고 그동안 신판과 후다이로 대표되는 도쿠가와 가신 집단의 권력 독점으로 소외되었던 유력한 도자마 다이묘들을 중심으로 개혁을 요구하는 움직임이 시작되었다. 이들은 이런 위기 상황을 이용해 자신들의 발언권을 높이려 했고, 자신들의 발언과 행동을 정당화하기 위해 천황을 끌어들였다. 천황을 중심으로 정치가 이루어져야 한다는 이른바 '존왕론尊王論'이 나타나기 시작한 것이다.

존왕론이 등장하면서 낭사浪士*와 지사志士**들의 활동도 활발해졌다. 정국은 막부 지지파, 조정천황과 의논해서 정사를 처리해야 한다는 개혁파로 갈라져 대립하게 되었으며, 곧이어 이러한 대립을 심각한 정치적 문제로 만드는 사건이 일어났다. 1856년 시모다에 부임한 미국 총

---

* 섬길 영주를 잃고 떠돌아 다니던 무사들이다. 막부 말기에는 이런 떠돌이 무사들이 도처에 존재했다.
** 세상의 개혁과 변화를 갈구하는 뜻있는 무사를 뜻한다. 도쿠가와 막부 말기 내부 모순이 심화되면서 세상의 변혁에 관심을 가진 지사들이 등장하는데 이들이 결국 메이지 유신의 핵심 동력이 된다.

영사 타운센드 해리스는 페리와 체결한 화친 조약보다 더 나아간 통상 조약을 막부에 요구했던 것이다.

해리스는 "세계의 대세는 거스를 수 없고, 영국보다는 미국과 조약을 체결하는 것이 유리하며, 만일 일본이 요구에 응하지 않으면 전쟁을 할 수밖에 없다."는 식으로 협박하며 '미·일 수호 통상 항해 조약'을 막부에 강요했다. 그런데 문제는 그다음에 일어났다. 모든 책임을 지고 조인할 자신이 없었던 막부는 다이묘들의 의견을 듣고 천황의 허가를 받으려 했다. 그러나 서구에 대한 본능적인 혐오감을 가진 천황과 조정대신들은 조약을 맺고 싶지 않았으므로 다이묘들이 의논해서 결정하라고 했다.

그러나 이를 기회로 여긴 개혁파 다이묘들은 반드시 천황의 허락을 얻으라고 요구하고 나왔다. 이번 기회에 자신들의 막부 참여를 보장받기 위해서였다. 정국은 쇼군의 후계 문제까지 얽히면서 매우 복잡하게 돌아갔다.

막부 정권이 내부적으로 분열하고 있을 때, 해리스는 계속해서 조약의 조인을 요구하면서 협박하고 나왔다. 그는 "만일 더 이상 늦어지면 당시 청나라를 침공한 영·불 연합군이 40여 척의 연합 함대를 끌고 와 굴욕적인 조약을 강요할 것이다. 그러니 그 전에 미국과 조약을 맺어두면 그것을 선례로 하여 영·불의 압박을 피할 수 있을 것이다."라는 식으로 국제 정세를 교묘하게 이용하고 있었다. 이에 더 이상 압박을 버티지 못한 막부는 천황의 허가도 없이 단독으로 조약에 조인했다. 그리고는 이에 반발하는 개혁파들을 대대적으로 탄압하기 시작했다.

1858년과 그 다음 해에 일어난 막부의 개혁파 제거 사건은 이른바

'안세이의 대옥安政の大獄'으로 불리는데, 이 사건으로 당시의 뛰어난 선각자들이 상당수 살해되었다. 시대를 앞지르는 식견으로 통일 일본의 구상을 세워 활약한 의사 출신의 하시모토 사나이를 비롯해 우메다 운빈, 요시다 쇼인 등 당대의 최고 인재들이 그들이었다. 이 밖에도 반反막부파 다이묘들과 조정의 귀족들이 체포되거나 유배되는 등 사건의 파문은 간단치 않았다. 이 사건으로 개혁파 세력의 움직임은 일단 제압되었지만 이미 시작된 봉건 체제의 위기를 막을 수 없었다. 메이지 유신의 서막이 이미 열리고 있었던 것이다.

눈 덮인 들녘에도 봄은 온다

미국과 통상 조약을 맺은 막부는 이어서 러시아, 네덜란드, 영국, 프랑스와 차례로 통상 조약을 맺었다. 각 나라의 공사가 에도에 주재하게 되고, 1859년 6월부터 가나가와, 나가사키, 하코다테의 세 항구가 무역항으로 개방됐으며, 니가타·효고의 두 항구와 에도·오사카의 두 도시도 개방이 예정되었다. 문호가 개방되자 일본 사회는 정치·경제적으로 급속히 무너지기 시작했다. 이미 1840년대부터 봉건제의 위기가 닥쳐오고 있던 일본 사회는 개국으로 결정타를 맞게 된 것이다. 이것은 막부라는 봉건제의 위기일 뿐 아니라 일본의 국가적 위기이기도 했다. 막부가 맺은 외국과의 조약은 함대의 위협으로 강요된 불평등 조약이었기 때문에 일본 사회는 서구 열강에 정치적·경제적·군사적으로 종속될 위험을 동시에 안고 있었다.

미국 등 구미 각국과 맺은 조약은 외국인에게 치외법권을 허용했고, 일본 스스로 수입 관세율을 결정하는 것이 아니라 상대국과 협의하여 결정하도록 했으며, 외국에 최혜국 대우를 부여했다. 또한 개항장에는 외국인 거류지가 만들어져 외국인은 거류지 내의 영구 조차권租借權*과 자치권을 획득했다. 이러한 제도가 치외법권과 결합하게 되면 거류지는 사실상 외국 영토나 마찬가지가 된다. 더욱이 조약의 유효 기간을 정하지 않아 이를 개정하자면 상대방의 동의가 반드시 필요했다. 이것은 아편 전쟁 뒤에 영국과 서구 열강이 중국에 강요한 '난징南京 조약'과 같은 성격이었다.

일본이 이처럼 외국의 압박으로 위기 상황에 빠져들고 있을 때 이를 타개하기 위해 나선 사람들이 있었으니, 이름 하여 '지사'라고 부르는 집단이었다. 지금까지 다이묘들을 보좌하면서 그 아래에서 일해 왔던 중하급 무사들, 떠돌이 무사들, 지주와 상인 출신의 진보적 인사들은 이제 자신의 주인과 상관없이 뜻이 맞는 사람들을 결집하여 정국의 일선에 나서기 시작했다. 이들은 막부 정치를 개혁하고, 천황을 중심으로 일본을 다시 일으켜 세우려고 생각했다. 이들은 왕을 세우고 오랑캐를 물리친다는 뜻의 '존왕양이尊王洋夷'를 기치로 내세웠다.

이들은 주로 사쓰마薩摩**와 조슈長州***를 중심으로 활동했는데, 천황과도 연결되어 존왕양이를 힘으로 실현하고자 했다. 1863년 5월 10일

---

*   특별한 합의에 따라 한 나라가 다른 나라의 영토를 빌려 일정 기간 통치하는 일이나 권리이다.
**   일본 규슈(九州) 지방의 가고시마현 일대.
***   일본 혼슈(本州) 지방의 야마구치현 일대.

조슈에서는 시모노세키를 지나던 미국 상선에 갑자기 포격을 가하는 사건이 일어났다. 또한 23일에는 프랑스, 26일에는 네덜란드 군함에도 포격을 가했다. 이에 6월 1일 프랑스 함대가 보복에 나서 조슈의 군함 2척을 격침하고 1척을 대파했다. 상대가 안 된다는 것이 분명하게 드러났다. 하지만 후에 서양의 군사 기술 도입을 옹호한 다카스기 신사쿠는 하급 무사와 민중들 가운데서 지원자를 뽑아 기병대를 만들어 싸우려 했다. 7월에는 사쓰마의 가고시마에서 영국 함대와 포격전이 벌어져 영국 함대를 물리쳤다. 영국은 그 전해인 1862년 8월에 일어난 영국 상인 3명의 살해 사건의 책임을 물어 군함 7척을 파견했었다. 이 싸움으로 가고시마는 시가지의 반이 불타 버렸지만, 영국 함대에도 피해를 주어 물리쳤던 것이다.

존왕양이파의 기세가 오르기 시작했다. 그들은 전국적인 중앙 정부를 세우고자 '막부를 타도하기 위한 군대'를 일으키려 했다. 그러나 막부는 이 사실을 알아채고 1863년 8월 18일 선수를 쳐서 존왕양이파를 교토에서 모두 추방했다. 도사 번±佐藩과 지쿠젠筑前에서 일부가 막부 타도를 위한 군대를 움직였으나 민중들을 조직하지 못함으로써 쉽게 진압당하고 말았다. 존왕양이파 개혁 세력은 각 번에서도 수세에 몰렸다. 이들이 진압당하면서 전반에 걸쳐 보수반동의 물결이 흘러넘쳤다.

도사 번에서는 다케치즈이잔武市瑞山 등이 번주다이묘를 말함의 명령으로 투옥됐다. 그는 그때까지도 번주에 대한 충성심에서 벗어나지 못하고 있었는데, 감옥에서야 그 주술에서 벗어날 수 있었다. 그는 모든 일은 민중에 의지해야 함을 깨닫게 되었다. 그는 옥중에서 사람들에게 "짓밟히는 눈 덮인 들녘의 봄나물에도 봄은 오도다!"라고 했다. 봄나물은 눈이 있는 상태에서 나오기 시작하므로, 아직은 완전한 봄이 아니지만 결국 봄은 오고야 만다는 것이다. 그는 탄압을 받으면서 오히려 승리의 봄을 예감하고 혁명적 낙관주의를 간직한 채 1865년 5월 처형당했다.

존왕양이파의 거점이었던 조슈 번에서도 보수 세력이 득세하기 시작했다. '8월 정변'이 있기 전까지 조슈에는 혁명적 기운이 흘러넘쳤다. 다카스기 신사쿠高杉晋作, 1839~1867년의 지도로 신분, 가문과 관계없이 "오로지 실력 있는 자는 귀하게 된다."는 기치 아래 모든 민중이 무장할 수 있는 자유가 인정되었다. 기병대 외에도 포수들의 저격대, 승려 부대, 천민으로 구성된 백정대가 조직되었다. 이들을 불러 '제대諸隊, 쇼다이, 혼성부대라는 뜻'라고 했다. 마을마다 부농과 상인이 돈을 내어 민병대가 조직되었으며, 민간의 대장간에서 무기를 만드는 자유도 인정되었다. 실로 일본 역사상 전무후무한 혁명적 일들이 벌어지고 있었다.

번주와 문벌들은 불안하지 않을 수 없었다. 민중의 칼날이 외국뿐만 아니라 언제 자신들을 향할지 몰랐기 때문이었다. 이러한 때 8월 정변이 일어났다. 번주와 문벌들은 '제대'의 인원수를 제한하고, 부대 안에서도 신분에 따른 차별을 확립하도록 했다. 민병대의 훈련도 금지되었다. 조슈에 모여 있던 각 번의 존왕양이파 지도자들은 초조해지기 시작했다. 일부 지도자들이 다카스기의 반대를 무릅쓰고 1864년 6월 군사를 일으켜 7월 19일 궁정으로 쳐들어갔다. 그러나 반란세력은 막부의 군대에 진압당하고 지도자는 자살했다. 이때부터 조슈 번과 존왕양이파는 천황의 역적이 되었다.

이 사건이 일어나고 얼마 뒤인 1864년 8월 5일, 영국·프랑스·미국·네덜란드의 4개국은 영국인 제독을 총사령관으로 하여 17척의 군함과 5천여 명의 군사를 이끌고 조슈의 시모노세키로 쳐들어왔다. 조슈 번은 전쟁을 피하려 했으나 연합 함대는 무조건 공격을 개시하고 그 일대를 점령했다. 조슈 번은 항복하고 강화 조약을 맺지 않을 수 없었다. 강화 조건은 "첫째, 해협을 통과하는 외국 선박을 우대한다. 둘째, 해협의 포대를 수리하거나 신축하지 않는다. 셋째, 시모노세키를 불태웠어야 할 것을 태우지 않았으므로 그 보수와 전비 3백만 달러를 연합국에 지급한다."는 것이었다.

이것은 연합국이 만든 작품이었다. 연합국은 막부가 도저히 이 대금을 지급할 수 없을 것이라고 보고, 이를 감액해 주는 대신 더 영구적인 이익을 탈취하려 했던 것이다. 결국 막부는 1866년 4월까지 150만 달러를 지급하고, 이후 지불 기일의 연장을 요청했다. 연합국은 지급 유예 대신, 효고와 오사카를 '안세이 조약安政條約'에서 합의한 대로 1868년 1월 1일까지 개방하고, 관세와 관련된 '개세약서改稅約書'를 강요하기에 이르렀다. 이 개세약서는 일본의 반半식민지화를 위한 마지막 단계의 불평등 조약이라 할 수 있었다. 이 조약으로 관세 자주권을 상실한 일본은 오랫동안 민족 산업을 보호할 수 없었고, 관세 수입을 제대로 올릴 수 없어서 재정적으로도 곤란에 빠졌다. 세관은 사실상 구미 열강의 공동 관리소처럼 되었다.

조슈번은 '반역자'가 되었고 서구 연합 세력에게 참담한 패배를 맛보았지만, 얻은 것도 많았다. 먼저 개혁은 천황의 권위나 다이묘의 힘이 아니라 자신들의 무력과 민중의 지지에 바탕을 두어야 한다는 것을 깨달았다. 다음으로 그들은 그들의 전략적 목표로 막부 타도를 분명하게 내걸 수 있게 되었다. 마지막으로 외국 군대와의 전쟁을 통해 쇄국 정책을 고수할 수 없음을 깨닫게 되었고, 따라서 앞으로 외국과의 무역을 적극 받아들이는 방향으로 정책을 다시 세우게 되었다. 이것은 군사적 패배보다 값진 정치적 승리였다.

막부 타도를 위한 연합과 투쟁

1865년 2월, 조슈번의 개혁 세력은 다시 번의 권력을 잡았다. 1864년 12월 일으킨 반란은 민중의 힘에 의지하여 성공할 수 있었다. 이때 등장한 주요 지도자는 다카스기 신사쿠를 비롯해 기도 다카요시木戸孝允, 1833~1877년, 이토 히로부미伊藤博文, 1841~1909년, 이노우에 가오루井上馨, 1836~1915년 등이었다. 그러나 이들도 권력을 장악한 순간부터는 민중을 경계하기 시작했다. 이들은 민중의 혁명화를 막기 위해 보수 상층을 중심으로 간성대干城隊*를 조직하고 자유로운 민병대 조직을 금지했다. 이들은 막부를 타도하는 데까지는 얼마든지 개혁적일 수 있지만 그걸 넘어서면 보수적일 수밖에 없는 근본적인 한계를 애초부터 지니고 있었다. 메이지 유신으로 근대화를 이룬 일본이 해외로 세력을 확장할 때, 조선 침략의 선두에 선 인물들이 모두 이들 조슈 번의 개혁 지도자였다는 사실은 우연이 아니었던 것이다.

이 무렵 사쓰마 번에서는 오쿠보 도시미치大久保利通, 1830~1878년, 사

---

*   간성이란 방패와 성으로써 나라를 지키는 군대나 인물을 말한다. 결국, 이때의 간성대란 권력을 지키는 부대가 되는 셈이다.

이고 다카모리西鄕隆盛, 1828~1877년 등의 개혁 세력이 영향력을 확대하고 있었다. 이들은 외국의 기술을 활발히 받아들이는 한편, 함선을 사들이는 등 사쓰마 번의 힘을 축적하는 데 노력했다. 그러나 이들은 사쓰마 번의 세력을 확장하는 데는 힘을 쏟았으나 막부를 지지할 생각은 조금도 없었다. 이런 분위기에서 도사의 사카모토 료마, 나카오카 신타로 등은 조슈-사쓰마 연합을 꾀했다.

사카모토 료마坂本龍馬, 1836~1867년는 상인 출신으로 도사에서 존왕양이파를 조직한 인물이었는데, 사쓰마의 지원을 받아 나가사키를 근거지로 군사적이고 정치적이며 동시에 상업적인 단체를 조직하여 지도하고 있었다. 나카오카 신타로中岡愼太郞는 지주 출신으로 1863년 막부가 주동한 8월 18일의 정변을 피해 조슈를 근거지로 해서 활동하고 있었다. 그들은 사상적으로 다카스기의 영향을 크게 받고 있었다. 이들은 조슈 번이 무기를 사들이고 싶어 하는 것을 알고, 사쓰마 번의 이름으로 영국 무기와 기선을 구매할 수 있게 함으로써 조슈-사쓰마가 동맹을 맺을 수 있도록 중재했다.

이들 개혁세력은 막부 타도를 위한 준비에 본격적인 힘을 쏟았고, 그를 위해 영국과도 가까운 관계를 유지했다. 영국은 위에서 아래로 내려가는 점진적 개혁이 일본에서 진행되기를 바랐다. 영국은 조슈-사쓰마를 도와 일본에 통일적인 정권을 세우고 이를 자신의 영향 아래 두고자 했던 것이다. 반反막부 개혁 세력의 가장 큰 근거지인 조슈와 사쓰마가 동맹을 맺고 토막파討幕派 또는 도막파倒幕派로 불리며 막부 타도를 위한 준비를 착착 진행하고 있을 때 막부는 조슈 번을 정벌하기 위해 동원령을 내렸다. 1866년 초의 일이었다. 그러나 유력한 다이묘들은 처음부터 비협조적이었다. 1864년부터 일기 시작한 민중 반란의 파고가 높아지고 있었기 때문에 번들은 막부를 지키기 위한 전쟁에 힘을 쏟을 여력이 없었던 것이다.

1866년 5월에는 효고에서 일어난 반란은 쇼군이 체류하고 있던 오사카까지 번졌다. 직접적인 원인은 물가와 쌀값 폭등이었지만 바탕에는 막부에 대한 반감이 강하게 깔려 있었다. 오사카에서 체포된 시민은 사태의 원흉이 쇼군이라고 말했다. 폭동의 거대한 파도는 도카이東海 지방의 여러 도시를 덮쳤고, 5월 말에는 에도에서 오사카까지 번졌다. 농촌에서도 농민 봉기가 일어났다. 빈농과 수공업 노동자, 직인들이 주도하는 봉기가 무사시에서 우에노까지 번졌다. 그들 가운데 일부는 막부 대관소 관리와 고리대금업자를 죽이고 토지 대장과 차용증서를 소각하기도 했다. 그해만 해도 수십 건의 대규모 봉기가 일어났다. 그 가운데는 조슈 정벌을 위한 징용에 반대하는 것도 있었다.

사쓰마 번주를 비롯한 유력한 다이묘들은, 지금은 조슈 정벌에 나설 때가 아니라 정국을 수습하기 위한 대책을 마련해야 할 때라고 주장했다. 그러나 막부는 이러한 만류에도 6월 조슈 정벌에 나섰다. 조슈의 무사들과 민중은 일치단결하여 싸워 막부군을 곳곳에서 패퇴시켰다. 7월 20일 조슈 정벌은 실패로 끝났다. 막부는 조슈 정벌군을 철수시키지 않을 수 없었다. 조슈 정벌 실패 후 막부는 프랑스의 지원을 받아 근대적 상비군을 건설하는 군대 개혁과 중앙 집권적 관료체제를 정비하는 행정 개혁을 단행했다. 나아가 프랑스와 일본의 합작 회사를 만들어 생사生絲 무역을 독점케 하고 철도 건설도 맡겼다. 이런 계획은 일본을 프랑스의 종속국, 반半식민지로 만들 위험성이 다분했다.

막부의 개혁은 성공할 수 없었다. 그것은 계획이 진행되기도 전에 막부가 무너졌기 때문이다. 이제 민심은 완전히 막부를 떠나버렸다. 모든 나쁜 일들이 일어나면 그 책임이 막부에 있다고 생각할 정도로, 인민들은 막부에 등을 돌리고 공공연하게 저항하기 시작했다. 막부 타도에 나선 지사들은 이런 민심을 등에 업고 1868년 쿠데타를 일으켜 막부를 타도했던 것이다.

1866년 막부에 의존하면서 반反막부파를 탄압해 오던 고메이孝明 천황이 죽고 그의 둘째 아들 무쓰히토睦人, 메이지 천황의 이름가 16세의 어린 나이로 천황에 올랐다. 이렇게 되자 궁정에서도 반막부파가 유리하게 되었다. 궁정의 반막부파는 천황을 확실하게 자기편으로 만들고, 조슈와 사쓰마 번주에게 막부를 토벌하라는 천황의 비밀 명령을 내릴 준비를 했다. 무력 토벌이 준비되고 있는 것을 눈치 챈 쇼군 도쿠가와 요시노부德川慶喜는 1867년 10월 14일 "정권을 천황에게 반환하겠다."고 선언했다. 형식적으로는 천황이 정권을 가진 것처럼 하고 실권은 계속 자신이 장악하려는 속셈이었다. 그러나 그러한 기도는 성공할 수 없었다. 막부를 무력으로 타도하지 않고는 안정된 새로운 정권을 세울 수 없다고 생각한 조슈-사쓰마의 개혁파들이 막부를 토벌하라는 천황의 비밀 명령을 받아냈기 때문이다. 그렇게 해서 마침내 막부를 타도하기 위한 조슈와 사쓰마의 군대가 교토를 향해 출발했다.

아시아 민중의 도움을 받은 일본

1868년 1월 오쿠보 도시미치, 이와쿠라 도모미 등의 개혁 세력은 조슈-사쓰마의 무력을 바탕으로 막부 지지파를 조정에서 축출했다. 1월 3일, 오와리, 에치젠, 아키, 도사, 사쓰마의 군대가 궁궐을 장악한 가운데 천황은 "쇼군제도를 폐지하고 왕정을 복고한다."고 선언했다. 이와 함께 "모든 일을 일신하여, 만민의 고통을 구제한다."는 포고도 발표되었다. 이로써 250년간이나 지탱해 온 도쿠가와 막부는 완전히 멸망하고, 천황이 정치의 중심으로 자리 잡는 왕정복고의 대정변이 이루어졌다. 이것은 '메이지 유신'의 출발점이다.

이 사건은 일종의 궁정쿠데타라고 할 수 있었다. 그것은 사쓰마와 조슈의 개혁세력이 천황의 밀명을 받아내고 이를 바탕으로 군대를 동원하여 궁정을 장악한 뒤 새로운 체제를 선포한 것이기 때문이다. 그러나 그것으로 권력이 완전히 교체된 것은 아니었다. 250년을 지탱해 온 막부였다. 아무리 부패하고 무능하며 썩었다고 하더라도 그 힘을 완전히 무시할 수는 없었다. 막부의 반격이 준비되고 있었던 것이다. 군대를 동원하여 궁정을 장악한 쿠데타로 왕정을 복고시킨 뒤 개혁 세력이 정권을 장악하자 막부는 즉각 반발하며 군대를 동원했다. 1868년 1월 3일, 막부군과 조슈-사쓰마를 주력으로 한 새 정부군 사이에 교토 교외의 도바鳥羽와 후시미伏見에서 전투가 벌어졌으나 막부군은 패배했다. '보신 전쟁戊辰戰爭'으로 불리는 1868~1869년의 메이지 새 정부와 막부군 사이의 전쟁 도화선이 터진 것이다.

첫 전투에서 패배한 뒤 도쿠가와 요시노부 쇼군은 에도로 돌아가

메이지 천황의 도쿄 행행 《르몽드》일러스트, 1869년 2월 20일

막부군을 정비하고 프랑스의 지원을 받아 새 정부와 전쟁을 벌이려 했다. 하지만 막부군은 이미 무너진 상태였다. 후에 막부가 무너진 뒤 메이지 유신 정부의 고위관직을 지낸 막부의 군사 총재 가쓰 가이슈조차 싸움을 포기하라고 종용했다. 에도 시민도 등을 돌렸다. 곳곳에서 인민들이 반란을 일으키기 시작했다. 만일 막부가 새 정부와 전쟁을 벌이면 일본 전국은 내란 상태가 될 것이고, 농민과 시민도 혁명 봉기를 일으킬 상황이었다. 이런 상황은 새 정부도 두려웠다. 새 정부에 강한 영향력을 가진 영국으로서도 바람직한 상황이 아니었다. 인민들의 혁명적 봉기를 두려워한 새 정부와 막부 그리고 영국은 타협을 선택했다. 1868년 4월 에도 성이 평화적으로 새 정부에 넘어갔고, 도쿠가와 가문은 하나의 다이묘로 전락했다.

그러나 막부의 일부 세력은 저항을 계속했다. 막부의 관리 시부사와와 아마노 등은 우에노 산속에서 2~3천 명을 이끌고 게릴라전을 펼쳤으나 인민의 지지를 받을 수 없었으므로 곧 진압되었다. 본토의 내란은 그해 9월에 모두 끝났다. 10월, 천황이 처음으로 교토에서 에도를 방문했다. 에도는 도쿄로 이름이 바뀌었다. 1869년 3월 도쿄가 새 정부의 수도로 결정되었다.

한편, 막부 해군의 주력을 거느린 에노모토 다케아키는 홋카이도로 가서 하코다테를 장악했다. 반란군은 하코다테를 거점으로 에조시마 공화국을 세우고 다음 해까지 버텼지만, 정부군의 총공격에 1869년 5월 항복했다. 이때 하코다테 시민은 유격대를 조직해 정부군을 도왔다. 이로써 1년 반에 걸친 내란은 완전히 종결되었다.

어떤 사람들은 "메이지 유신이 피를 흘리지 않고 이루어졌다."고 하지만 그런 것은 아니다. 메이지 유신도 다른 혁명처럼 적지 않은 피를 흘리고서야 이룰 수 있었다. 1년 반에 걸친 내전에서 수많은 사람이 피를 흘려야 했던 것이다. 전쟁의 전사자만 해도 8천여 명이 넘었고, 부상자까지 생각하면 1만 명을 훨씬 넘는다. 청일 전쟁 당시 일본 육군의 전사자가 5천여 명이었음을 생각하면 결코 메이지 유신이 피를 적게 흘리고 이루어진 것이 아니라는 것을 알 수 있다.

그러나 일본의 메이지 유신에서 흘린 피는 그 성격이 약간은 달랐다. 프랑스 혁명이 절대 군주인 루이 16세와 앙시앵 레짐 귀족들의 목을 필요로 했다면, 메이지 유신은 쇼군이나 다이묘들의 목을 요구하지 않았던 것이다. 따라서 메이지 유신은 1868년 1월 어느 날의 궁정 쿠데타가 아니라 1년 반에 걸친 내전과 그 과정에서 흘린 인민과 병사들의 '피로써 이룬 혁명'이라고 볼 수 있다. 그럼에도 메이지 유신을 통해 도쿠가와 막부의 쇼군 세력 일부를 제외하고는 다이묘 등 봉건세력들이 제대로 처리되지 않음으로써 그 혁명의 성격이 유럽의 그것들과는 다른 모습을 띨 수밖에 없었다.

어쨌든 메이지 유신은 막부를 일찍 무너뜨림으로써 막부가 프랑스와 진행하고 있던 매국적인 계획을 무산시킬 수 있었다. 아직 불평등 조약이 그대로 남아 있고 서구 열강의 경제적 침투는 계속되고 있었지만, 메이지 유신으로 일본은 최악의 상태, 즉 식민지로 떨어질 위험성에서는 벗어날 수 있게 되었다. 메이지 유신이 만약 왕정복고 선언의 궁정 쿠데타로만 끝났다면 막부는 다시 재기했을 것이다. 막부는 가장 넓은 영지를 소유하고 있었고, 프랑스라는 강력한 지원자를 갖고 있었기 때문이다. 그랬다면 메이지 유신은 실력 있는 다이묘 간의 권력 배분으로 끝났을 것이다. 그러나 내전은 이런 다이묘들 간의 타협과 권력 분배를 불가능하게 만들었다. 그런 점에서 보면 내전은 피를 흘린 값어치를 충분히 했다고도 볼 수 있지만, 아무리 해도 그 피해자가 일반 민중이란 사실은 바뀌지 않는다.

메이지 유신은 인민들의 반막부·반봉건 투쟁과 개혁 지도자들의 자주 의식이 가져다준 선물이었다. 반막부 진영도 영국으로부터 지원을 받았지만, 막부가 프랑스에 이권을 제공하는 대가로 군사·재정 원조를 받은 것처럼 매국적이지는 않았다. 1867년 여름 영국 공사관 E. 사토우가 사이고 다카모리에게 "프랑스가 막부를 도와주는 데 대항해 영국은 당신들 편을 원조하려 한다."고 하자, 사이고는 "일본 정치체제의 변혁은 우리가 해야 할 일이고, 외국인과 의논하는 낯 두꺼운 사람은 여기 없다."고 말하며 이를 거절했다.

　일본이 서구 열강의 식민지로 전락하지 않을 수 있었던 것은 내부 개혁세력이 막부를 타도할 수 있었기 때문이지만 국제적인 영향도 무시할 수 없었다. 일본에서 막부와 반막부 사이에 싸움이 벌어지고 있을 때 영국과 프랑스는 서로 견제함으로써 일본의 입지를 넓혀 주었다. 당시 아시아 여러 나라에서 식민지에 반대하는 민족적 투쟁이 전개되고 있었는데 이 또한 일본에 도움이 되었다. 1850년부터 중국에서 '태평천국의 난'이 시작되었고, 1856~1857년에는 이란에서 대규모 반영 봉기가 일어났으며, 그것이 진압된 뒤에는 영국의 식민지 인도에서 '세포이의 반란'이 일어났다. 서구 열강, 특히 당시 세계 최강 영국은 이러한 사건들 때문에 일본에 전력을 쏟을 수 없었고, 거기서 교훈을 얻어 일본에 대한 압력을 줄였다. 일본은 아시아, 특히 중국 인민들로부터 많은 도움을 받았다. 그러나 일본은 불과 40년 뒤 조선과 중국을 침략하고야 말았다. 개구리가 올챙이 시절 생각을 못한다더니, 일본이 바로 그 짝이었다.

새로운 질서가 세워지다

　권력을 장악한 새 정부는 사회 전반의 개혁에 착수했다. 1868년 4월 6일, 새 정부는 '5개 조의 천황 서약문'을 통해 새 정부의 기본 방향을 발표했다. 제1조에서 "광범위한 회의를 소집하여 여러 정사를 공론으로 결정한다."고 했다. 이는 여러 세력, 이를테면 옛 조정 관료들, 제후들, 번의 무사들을 광범위하게 결집하고자 한 것이다. 제4조에서는 "과거의 잘못된 습관과 풍속을 버리고 천하의 공도에 따를 것"이라고 했고, 제5조에서는 "지식을 세계에서 구하고, 황국의 기초를 튼튼히 한다"고 했다.

이는 서양 문물을 적극 받아들이겠다는 의욕을 보여준 것이었다. 새 정부는 급격한 변화를 피하고 막부에 반대하는 모든 세력을 포용하면서 천황을 중심으로 안정적인 권력체제를 만들겠다는 것이었다. 그러나 민중의 혁명적이고 급진적인 요구는 수용하지 않고 억압했다. 뒤이어 정치의 기본 형태를 밝힌 정체서政體書*가 발표되었다. 국정의 전권을 태정관에게 집중시키고, 행정·의정입법·형법사법*으로 나누어 중앙 조직을 편제했다. 정부 직할령에는 부 또는 현을 설치하고, 번주들도 명목상 지방관의 하나가 되었다. 이렇게 되어 전국적으로 통일된 새 정권의 조직이 궤도에 올랐다. 이후 관제가 수차례 개정되었고, 그때마다 다이묘와 조정중신들의 힘은 약화되었고 사쓰마·조슈·도사·히젠의 네 개 번을 중심으로 한 관료들의 실권이 강화되었다. 그들은 번주의 가신이면서도 번주 위에 선 중앙 정부의 관료가 되었다.

1869년에는 판적봉환版籍奉還이 이루어졌다. '판'은 영토, '적'은 호적 곧 백성을 말하는데, 영토와 백성을 원래의 주인인 천황에게 돌려준다는 의미이다. 그러니까 지금까지 각 지방의 영주들이 가지고 있던 영토와 국민에 대한 통제권을 천황이 가진다는 이야기였다. 이것은 그동

---

* 정체란 국가의 조직 형태를 말하며, 이는 주권의 소재를 기준으로 삼는 국체와 상대되는 용어이다. 여기서 알 수 있듯이 메이지 유신 이후 일본은 국가 권력의 주인이 누구인가 하는 문제는 제외된 채, 그것을 운영하는 조직체계에 중심이 두어졌다는 이야기다. 국가주의적인 사고를 여기서도 엿볼 수 있다.

안 영주를 중심으로 분할되어 있던 봉건적 구조가 근대적 중앙집권 국가로 바뀌는 것을 의미했다. 그에 따라 번주는 그 이름이 번지사藩知事로 바뀌었다. 중앙 정권도 조직을 개편했으며, 지방은 부 · 번 · 현의 3개로 통일되었다.

1871년 7월 14일 정부는 전국의 번을 없애고 현을 설치하여 지방 관리를 중앙 정부가 자유롭게 임명할 수 있도록 했다. 이를 위해 정부는 그해 봄부터 치밀하게 준비를 해왔다. 만일에 있을지도 모를 저항에 대비하기 위해 사쓰마 · 조슈 · 도사의 세 번에서 뽑은 천황의 '신병' 8천 명을 조직했다. 그러나 번이 폐지되었을 때 이에 반항한 번주는 한 사람도 없었다. 이로써 일본 전국은 250개의 번에서 50개의 부와 현으로 정리되었다. 비로소 일본에 명실상부한 통일 정권이 세워지게 된 것이다. 이 통일 정권의 가장 유력한 실력자는 기도 다카요시, 오쿠보 도시미치大久保利通, 이타가키 다이스케板垣退助 등이었다.

행정조직의 개편과 함께 군사제도를 개혁하는 일은 중앙 정부의 권한을 강화하고 일본의 부국강병을 실현하는 데서 무엇보다 중요한 현실적인 문제였다. 번을 폐지하고 현을 세움으로써 비로소 메이지 정부는 근대적인 상비군을 갖출 수 있게 되었다. 새 정부에서 초기 군대 건설의 중심인물은 조슈 번에서 군사제도 개혁을 이끈 오무라 마스지로大村益次郎였다. 그는 봉건 무사로는 근대적인 군대를 만들 수 없다고 보고 일반 국민의 징병제를 시행하려고 했으나, 이와쿠라, 오쿠보 등이 일반 인민의 군대는 반란의 위험이 있다고 반대하여 뜻을 이룰 수 없었다.

오무라는 1869년 반동적인 사족의 테러로 목숨을 잃고 그 뒤를 의회체제에서 최초로 총리를 맡은 인물인 야마가타 아리토모山縣有朋가이었다. 야마가타는 유럽의 군사제도를 연구하고 귀국하여, 과거 번의 군대 가운데서 정예만을 선발하여 중앙 직할 군대를 조직했다. 그 군대는 도쿄·오사카·도호쿠東北·진세이鎭西, 규슈의 옛이름의 4개 진대鎭臺와 그 산하 분영分營들로 이루어졌다. 1872년에는 징병령을 발표하여 일반 백성을 병사로 강제 징집했고, 진대도 4개에서 6개로 늘렸다. 이렇게 하여 본격적인 상비군이 건설되기 시작했다. 그 후 사족의 반란에는 징병한 상비군을 파견하고, 민중 반란에는 진대의 사족 군대와 그 현 내의 사족을 파견했다. 중앙군인 진대는 과거 번의 군대 가운데 정예를 선발해 구성했으므로 당연히 사족의 군대였다. 사족과 평민을 상호 대립시켜 분열 통치하는 방법으로 지배한 것이다.

처음 궁정 쿠데타로 시작된 메이지 유신은 내란과 내부 개혁 과정을 거치면서 점차 봉건제도를 타파하고 일본에 새로운 질서를 마련하는 '철저한 위로부터의 근대화 운동'으로 발전했다. 개혁세력들은 막부를 타도하고, 내란을 조기에 진압했으며, 봉건적 번체제를 폐지했다. 그리하여 일본은 천황을 정치적 상징으로 하는 관료 중심의 통일적인 정치체제가 마련되었고, 군사제도를 개편하여 안정된 통치 기반을 이루었다.

이를 바탕으로 메이지 정권은 개혁과 건설에 더욱 박차를 가할 수 있게 되었으며, 그 후 일본은 눈부신 발전을 이루었다. 정치·경제·군사·교육·문화의 모든 방면에서 변화와 개혁을 끊임없이 이루어 일

1871년 번이 폐지되면서 무사들의 불만이 쌓여갔다. 그들의 불만은 조선 정벌을 놓고 갈등이 폭발하면서 1877년 '사쓰마세이난 반란'이 일어났다.

본 사회는 30년이 채 안 되는 짧은 기간 동안에 낙후한 봉건 사회에서 근대적 산업과 제도를 가진 자본주의 국가로 거듭날 수 있게 되었다.

이는 서구 사회에서 자본주의 발전과 함께 이룬 근대화의 속도와 비교가 되지 않았다. 가장 근대화가 앞선 선진 자본주의 국가라 할 수 있는 영국과 프랑스는 적어도 2백 년 이상 걸렸으며, 뒤늦게 산업 혁명을 이루며 빠르게 발전한 독일과 미국조차도 1백 년 이상 걸린 일들이었다. 그에 비해 일본이 이룩한 근대화의 속도는 일찍이 인류가 한 번도 경험하지 못한 놀라운 것이었다. 일본의 근대화 과정은 한마디로 말하면 '압축 성장'이었는데, 그러한 압축 성장은 문제점 또한 적지 않게 내포하고 있었다.

일본, '탈아입구론'을 기치로 내걸다

통일적인 정권을 세운 메이지 정부가 내세운 기치는 '부국강병'과 '문명개화'였다. 메이지 정부의 실력자들은 이것을 실현하는 가장 빠른 방법은 앞선 서구에서 배우는 것으로 생각했다. 1871년 11월 12일 대사 이와쿠라 토모미岩倉具視, 우대신가 이끄는 대규모 사절단이 미국과 유럽을 향해 떠났다. 여기에는 기도 다카요시참의, 오쿠보 토시미치대장경 이토 히로부미공부대보, 야마구치 나오요시외무소보 등이 부사로 함께 참가했다. 이와쿠라 사절단의 목적은 구미 국가와 조약 개정을 위한 예비 교섭을 추진하는 한편, 서양의 선진 문명을 직접 눈으로 보고 새 일본 건설에 참고하겠다는 것이었다. 그러나 이들은 조약 개정 문제는 교섭조차 제

프랑스 대통령을 만나는 이와쿠라 사절단을 묘사한 일러스트

대로 해보지도 못하고, 나중에는 오직 시찰만 하게 되었다.

이와쿠라 사절단은 미국을 거쳐 영국, 프랑스, 벨기에, 네덜란드, 독일, 러시아, 덴마크, 스웨덴, 이탈리아, 오스트리아, 스위스를 차례로 순회하면서 1년 10개월 동안이나 여행을 한 뒤 1873년 귀국했다. 한 나라 정권의 최고 수뇌부의 절반이 선진 문명 세계를 배우기 위해 2년여에 걸쳐 문물을 직접 시찰했다는 것은 '세계에서 유래를 찾을 수 없는 문화적 대사업'이었다. 사절단의 규모와 구성원의 면모에서 새 정부의 근대화 정책에 대한 의지를 엿볼 수 있다. 사절단의 서양 문명 시찰 경험은 강력한 근대화 정책의 추진 동력이 되었다. 그렇다면 사절단이 시찰 과정에서 배운 것은 무엇이었을까?

먼저 오쿠보는 "서양도 결코 자유롭고 평등하지만은 않았다. 프랑스에서조차도 대통령 티에르란 자는 '절대 굽히지 않고 압제하고 있는 진정한 호걸'이었다."라고 정부의 권위가 강한 것에 감복했다. 사실 티에르는 파리 코뮌을 무력으로 진압한 장본인이었으니 어쩌면 당연한 일이었는지 모른다.

또한 정부 내에서 가장 진보파로 소문난 기도는 여행 중 끊임없이 일본의 '경솔한 진보'에 반대하는 서신을 썼다. 시찰단은 "영국, 미국, 프랑스 등은 일본보다도 월등하게 개화되어 일본이 몇 가지 흉내를 내려고 해도 결코 미칠 수 없다. 그러나 프로이센과 러시아는 반드시 일본이 표준으로 해야 할 것이 많다."고 결론 내렸다. 특히 1871년 프랑스와의 전쟁에서 승리한 프로이센의 비스마르크 정권에 대해서는 일행 모두가 깊이 매료되었다. 이것이야말로 일본이 '부국강병'의 표본으로 삼아야 할 것이라 깊이 감탄했다.

그들은 또 공업을 급속하게 일으킬 필요를 강하게 느꼈다. 오쿠보는 시찰 과정에서 받은 느낌을 이렇게 말하고 있다.

어느 곳을 살펴보아도 땅에서 생산하는 것은 하나도 없다. 다만 석탄과 철이 있을 뿐, 제작품은 모두 다른 나라로부터 원료를 수입하여 가공한 뒤 다시 다른 나라에 수출하는 것뿐이다. 제작 공장이 많은 것은 들은 것보다 훨씬 더했고, 가는 곳마다 검은 연기가 하늘에 가득하여 영국이 부강한 까닭을 알기에 충분하다.

이제 메이지 정권의 목표가 정해졌다. 낡은 형태의 봉건제를 고집하지는 않지만 그렇다고 영국, 미국, 프랑스의 부르주아 민주주의를 따르지도 않는다는 것이었다. '황제권이 강대하고 문무 관료가 지배하는' 독일과 러시아가 그 본보기였다. 특히 일본과 직접적인 이해 대립이 없고 공업화도 진전되어 있으며 욱일승천의 기세로 뻗어나가는 독일이 일본의 직접적인 모범이 되었다. 이후 일본은 '부국강병'과 '문명개화'를 통해 아시아를 벗어나 서구와 같은 선진국으로 나아가는 것을 목표로 맹렬한 기세로 달려가기 시작했다. 흔히 이러한 목표를 '탈아입구론脫亞入歐論'이라고 부른다.

메이지 유신 이후 일본이 이른 시일 안에 급속한 발전을 이룰 수 있었던 바탕에는 메이지 정부를 담당했던 지도층의 강력한 추진력이 있었다. 메이지 정권이 들어서고 최고의 지도부에 있었던 사람들은 '부국강병'과 '문명개화'라는 목표를 향해 눈가리개를 한 말의 기수처럼 일본 국민을 다그쳤다. 그들은 서구에 대한 열망과 열의로 넘쳐흘렀다. 그들은 나이도 젊었고 패기도 넘쳤다. 1871년 당시 정부의 최고 지도부에서 최연장자인 이와쿠라는 46세였다. 사이코는 43세, 오쿠보는 41세, 기도는 38세, 이타가키 다이스케는 35세, 이들보다 한 급 낮은 오쿠마 시게요부와 야마가타 아리모토는 33세, 이토 히로부미는 겨우 30세에 불과했다. 그 밖의 지도자도 대체로 30대로 추진력이 왕성했다.

이들이 진행한 일련의 개혁들을 일컬어 당시 사람들은 '왕정 유신王政維新'이라고 했는데, 이것을 나중에 당시의 연호와 연결하여 '메이지 유신'이라고 부르게 되었다. 여기서 '유維'는 사회의 여러 이질적인 실을 꼬아 하나로 만든다는 의미이고, '신新'은 전혀 새로운 방향으로 출발한다는 뜻이 있다. 막부 타도에서부터 내전과 그 후의 개혁의 진행 과정을 잘 표현해주는 말이라 할 수 있었다.

그런데 영어로는 일반적으로 메이지 유신을 'Meiji Restoration'이라고 쓰는데 이것은 적절한 표현이라 보기가 어렵다. restoration이란 '왕정복고'를 말하는데 이 말로는 메이지 유신으로 이룬 일본의 가히 '혁명적'이라 할 수 있는 변화나 개혁을 전혀 나타내지 못하기 때문이다. 더구나 일본의 왕정복고, 즉 천황의 정치 복귀는 크롬웰 이후의 영국이나 나폴레옹 이후의 프랑스의 왕정복고와는 달랐다. 유신 이후 천황의 복권은 상징적인 성격이 강한 것으로, 근대국가를 세우는 과정에서 국민 통합을 위한 이데올로기, 상징 조작으로 이용되었던 것이다.

메이지 정부를 실제로 장악하고 움직인 것은 조슈, 사쓰마, 도사 출신의 개혁 관료들이었다. 이들은 독일의 비스마르크와 같은 강력한 권한과 힘을 가진 권위주의적 관료체제를 통해 일본을 위로부터 근대화하는 방식을 선택했다. 메이지 유신은 왕정복고 형태로 출발했으나 마침내 개혁 관료들이 주도하는 위로부터의 근대화 운동으로 나아갔다.

미완의 부르주아 혁명

메이지 유신으로 일본 사회는 근본적인 변화를 맞이하게 되었다. 가장 큰 변화는 토지제도를 개혁하고 근대적인 산업을 육성함으로써 일본이 자본주의 사회로 바뀐 것이다. 일본의 토지 개혁은 지조 개정地租改正의 형태로 진행되었는데, 1873년에 시작되어 1880년에 마무리되었다. 이것은 러시아의 농노 해방령과 유사한 것으로 농지 과세의 중앙 집권화, 합리화가 주된 목적이었다. 이를 통해 수확보다 토지에 대한 과세, 마을이 아닌 개인 과세, 중앙 정부에 지급할 것 등의 조치가 취해졌다. 이로써 봉건적 영주제는 사실상 마지막으로 해체되었다. 국가는 통일적인 조세제도를 통해 재정 수입을 늘릴 수 있었고, 농업을 산업 발전의 밑거름으로 삼을 수 있었다. 하지만 이런 토지 개혁도 지주-소작제도라는 반봉건적 요소를 완전히 청산하지 못한 채 진행됨으로써, 소농민과 소작농의 희생 위에서 국가와 지주의 이익을 보장하는 공업화가 진행되었다.

메이지 정부는 이런 토지 개혁을 바탕으로 끊임없이 근대 산업을 육성하는 정책을 내놓았다. 특히 정부가 힘을 기울인 것은 기간 산업이었는데, 이것들은 군사적 성격과 긴밀히 연결된 것들이었다. 정부는 국고로 철도, 전신, 전화와 제철소를 세웠고, 막부 시대 전국 각지에 있던 병기 공장, 조선소 등을 새롭게 확장했다. 국가의 지원을 받은 일부 자본가는 대자본으로 성장했고, 이들은 후에 일본이 군국주의로 나아가는 데서 주요 원동력이 되었다. 미쓰이三井와 미쓰비시三菱는 그 대표적 기업이었다. 이들 대자본 덕분에 일본 자본주의는 1890년대에 이미 독점 자본주의 단계로 들어가기 시작했다.

메이지 정부의 강력한 개혁 정책은 교육과 문화면에서도 커다란 영향을 미쳤다. '부국강병'과 근대적 국가 건설을 위해서는 서양의 발전된 문물과 지식을 익힌 인적 자원이 무엇보다 중요했다. 더구나 통일적인 교육은 천황과 국가에 대한 충성심을 높여 통치의 안정성을 높이는 데도 기여할 수 있었다. 메이지 정부는 1872년 "마을마다 배우지 않는 집이 없고, 집마다 배우지 않는 사람이 없도록 한다."는 이상을 내걸고 의무 교육 제도를 도입했다. 이것은 영국보다는 2년 늦었지만, 미국이나 프랑스보다는 훨씬 앞선 것이었다. 프랑스는 1882년, 미국은 1918년, 독일은 1919년에 각각 의무 교육제도가 시행되었다.

이러한 적극적인 교육 정책의 결과 19세기 말경이 되면 일본의 남녀 취학률이 대략 96퍼센트 수준에 이르고, 문자 해독률도 대략 그 정도가 되었다. 이는 참으로 놀라운 사실이 아닐 수 없었다. 그만큼 새로운 문물과 제도, 지식을 배우겠다는 일본인의 교육열이 대단했음을 보여 주는 예가 아닐 수 없었다. 한때 "상투 자른 머리를 두드리면 문명개화의 소리가 난다."는 말이 유행어가 될 정도로 일본인들은 서양 문명을 섭취하는 데 열중했다.

일본의 교육을 이야기하면서 빼놓을 수 없는 사람은 모리 아리노리森有礼와 후쿠자와 유키치福澤諭吉다. 모리는 1885년 조직된 이토 히로부미 새 내각의 초대 문부대신으로 일본의 교육제도 수립에 참여했으며, 후쿠자와는 1868년 민간 자격으로 '게이오 의숙慶應義塾, 지금의 게이오 대학 전신'이라는 사립학교를 새로 설립했다. 두 사람은 각각 관과 민을 대표하는 사상 · 교육 · 정치 지도자였지만 메이지 유신의 정치 개혁과 관련된 역사 인식에서는 매우 유사했다.

후쿠자와와 모리는 서구 열강의 침략 대상이 된 일본이 강력한 나라로 성장하기 위해서는 무엇보다 교육이 중요하다고 보았다. 서구 열강의 힘은 군사력에 있는데, 군사력의 배후에는 발전한 산업이 있다고 보았다. 그들은 일본이 서구 열강에 즉각적으로 군사적 대응을 하는 것은 올바른 방법이 아니며, 이를 위한 준비를 쌓아야 한다고 생각했다. 그래서 그들은 교육을 통해 '문명개화'를 이룩하여 아시아를 벗어나 서구화로 나아가야 한다고 생각했다. 즉, 탈아입구론을 주장한 것이다.

모리는 『일본의 교육』이란 책에서 "일본어를 폐지하고 영어를 국어로 사용하자."는 극단적 주장까지 할 정도로 서구화에 대한 열망이 대단했던 인물이다. 그리고 후쿠자와는 메이지 유신 이후 일본의 사상적 흐름을 이끈 지도적 인물로 그가 1872년에 쓴 『학문의 권장』이란 책은 20만 부나 팔렸다. 당시 일본의 인구는 1천 5백만 정도였다. 지식인

1860년 12월, 카린 마루 일행과 함께 미국을 방문한 후쿠자와 유키치(맨 오른쪽)

가운데 이 책을 읽어보지 않은 사람이 없을 정도로 지대한 영향을 미쳤던 책이다. 오늘의 부국 일본을 만드는 데 공헌한 몫이 인정되어 그는 일본을 상징하는 만 엔짜리 화폐의 주인공이 되었다. 그리고 후쿠자와는 '갑신정변'을 일으킨 김옥균의 정신적·사상적 스승으로도 알려졌다.

그런데 더욱 중요한 사실은 아시아를 탈피하여 서구화를 지향한다는 이들의 사고방식은 그 후 아시아 침략을 위한 정신적·사상적 바탕이 되었다는 점이다. 이들의 사상은 일본의 천황제 이데올로기와 결합하여 군국주의의 밑거름이 되었던 것이다. 이런 점에서 메이지 유신의 교육이 무엇을 지향하고 있었던가를 다시 한 번 생각해볼 필요가 있다.

메이지 개혁은 일본 사회에 근본적 변화를 가져왔지만, 위로부터의 개혁이었다는 점에서 많은 문제를 남겼다. 정치 개혁, 교육과 문화, 경제 건설 등 모든 분야의 개혁이 철저히 위로부터 시작되고, 개혁 관료의 주도로 진행되었다. 이것들을 추진한 메이지 정권은 "부르주아지와 지주의 연합 권력"이었다. 개혁과 건설이 관의 주도로 이루어지고 부국강병이라는 국가적 목표에 따라 일사불란하게 진행되면서 일본 또한 빠르게 제국주의화했다. 메이지 정부는 1879년 오키나와沖繩[*]를 합병하고, 대만에 군대를 파견하고 정한론征韓論[**]을 펴며 조선 침략을 준비했다. 이후 일본은 청일 전쟁, 러일 전쟁, 조선 강점, 만주와 중국 내륙 침략 등을 벌이며 군국주의로 나아갔다.

그러나 많은 한계에도 불구하고 아래로부터의 노력도 끊임없이 진행되었다. 메이지 시대의 자유 민권 운동[***]이 그 대표적인 경우이다. 자

---

[*]　　류큐제도(琉球諸島)로 이루어진 류구 왕국은 메이지 시대 초기 일본에 의해 강제합병되어 한 개 현이 되기 전까지는 일본과 중국의 영향을 받는 독립적인 왕국이었다. 오키나와는 류큐제도에서 가장 큰 섬이며, 해안에는 산호초가 발달했고 감청색 바다와 흰 모래밭이 특징적이다. 오키나와섬은 태평양 전쟁 때 가장 치열한 전투가 벌어진 곳 중 하나이다. 1945년 4월 미군은 오키나와에 대한 육군·해군·공군 합동 상륙작전을 감행했고, 일본군은 이에 대해 강력한 방어전을 벌였다. 미군은 이 섬을 완전히 장악할 때까지 3개월 동안 벌인 전투에서 전사 1만 2천 명, 부상 3만 6천 명의 피해를 입었고, 일본군은 10만 명가량이 전사했다. 1972년 오키나와섬은 일본에 반환되었으나 광범한 미군시설은 계속 작전용으로 남아 있다.

[**]　메이지 유신 이후 일본에서 나타난 조선을 정벌해야 한다는 주장을 말한다. 대부분이 정한론에는 일치했으나 그 시기에 대해서는 당장 실행해야 한다는 주장과 좀 더 시기를 두고 진행해야 한다는 주장으로 나뉘어 이견을 보였다.

[***]　일본에서 1870년대 후반부터 1880년대에 걸쳐 메이지 정권에 맞서 민주주의적 개혁을 요구하면서 벌인 국민적인 정치 운동을 말한다. 그런데 이 운동의 시작이 아이러니하다. 사쓰마-조슈 출신이 정치권력을 독점하는 것에 불만을 품은 세력 중 일부는 반란으로, 또 다른 일부는 정치 참여로 자신들의 요구를 표현했다. 정한론 논쟁에서 패한 이타가키 다이스케, 소에지마 등은 이 건의서를 발표하고 정치단체 결성을 추진했다. 이런 시도는 인정되지 않았지만 널리 호응을 얻어 국회개설과 자유민권을 요구하는 여론이 높아졌다. 이에 대해 정부는 신문조례법 등을 제정하여 가혹하게 탄압했다. 이후 자유민권 운동 세력을 회복

유 민권 운동은 1874년 1월 '민선 의원 설립 건의서' 사건을 시발로 하여 1888년 12월 25일 정부의 보안 조례로 불꽃이 완전히 사그라질 때까지, 일본 사회의 진보와 민주주의를 위해 싸운 부르주아 운동이었다. 비록 성공하지는 못했지만, 이 운동은 역사의 변화와 발전에 적지 않은 영향을 미쳤다. 정부도 이 흐름을 제압하기 위해 비록 군주의 일방적인 결정이긴 하지만 헌법을 제정하고 의회를 개설하지 않을 수 없었다.

그러나 자유 민권 운동의 흐름에 밀려 1889년에 발표한 제국 헌법은 "천황과 정부·군부의 전제와 독재를 헌법적 형식으로 부여한 것"이 되고 말았다. 여기서 알 수 있듯이 메이지 유신은 수많은 개혁을 통해 일본 사회를 근본적으로 변화시켰지만, '미완의 부르주아 혁명'으로 끝나고 말았다. 결국 그 후 일본이 군국주의 전쟁국가라는 왜곡된 역사의 길로 나아가게 되는 바탕에는 이러한 메이지 유신의 한계가 작용하고 있다고 봐야 할 것이다.

하여 자유당을 결성했다. 그러나 급진파가 하층 농민과 연대하여 반정부 투쟁으로 나아가자 주류는 농민의 혁명화를 두려워해 당을 해산했다. 그 뒤 정부가 회유책을 써 온건파를 흡수함으로써 운동은 분열되고 종말을 맞게 된다. 자유민권 운동은 전제적 체제 아래서 근대화를 강행하려는 메이지 정부에 대항하여 민주적인 의회제도, 경제적 자유주의를 통해 근대 일본을 실현하려 한 점에서 시민 혁명 운동의 성격을 일부 갖고 있었다. 또한, 구미 각국과의 조약개정에 소극적인 메이지 정부에 반대하며 적극적인 구미 관계를 주장했다는 점에서 민족주의적인 성격도 띠고 있었다.

8. 세포이의 항쟁

대영제국을 향한 인도 민중의 '위대한 거부'

거대 경제 대국으로 부상한 인도

인도와 한국은 제국주의 식민지 지배를 맛본 공통의 경험이 있다. 또한 인도는 독립하면서 인도와 파키스탄으로 찢어지는 고통을 맛보아야 했다. 다시 동파키스탄이 방글라데시로 분리·독립하면서 인도 대륙은 세 개의 나라로 분열되고 말았다. 거기에 섬나라 스리랑카까지 포함하면 인도는 모두 네 나라로 분열되었다. 종교와 인종 갈등이 주된 원인이었던 인도의 분열을 강대국의 이해관계와 냉전의 희생물이 된 한국의 분단과 같이 볼 수는 없다. 그러나 인도의 분열이 영국 제국주의의 분할 지배 정책의 결과물이라는 점에서는 한국과도 통하는 점이 있다. 한국의 분단도 간접적으로는 일본 식민지 지배의 결과물이기 때문이다. 그런 점에서 한국과 인도는 동병상련의 아픔을 나누고 있다고 보아도 될 것이다.

인도는 영국의 오랜 식민지 지배에서 벗어나 독립을 이루었지만, 경제적으로는 매우 발전이 더디어 영토의 크기와 인구수에 걸맞지 않게 세계로부터 그다지 주목받지 못했다. 그동안 인도는 "인구는 많지만 가난하고, 복잡한 종교와 깊은 정신세계를 가진 신비한 나라"라는 정도로 인식되었다. 그러나 지금 인도는 매우 주목받는 나라로 떠오르고 있다. 많은 인구와 풍부한 자원을 가진 나라로서 그 잠재력을 인정받기 시작한 것이다. 1991년부터 시작된 개방 정책으로 경제가 빠르게 발전하면서 인도는 이제 '세계에서 마지막 남은 거대 시장', 또는 '떠오르는 대륙' 등으로 인식되고 있다.

인도는 이미 세계 2위의 경제 대국으로 부상한 중국을 비롯하여 브라질, 러시아와 함께 앞으로 잠재적인 경제 강국으로 떠오르고 있는 브릭스^{BRICS} 4개국 가운데 하나이다. 과거 1800년까지 인도는 중국과 더불어 세계 경제를 주도했는데, 이제 다시 그 위상을 회복하기 시작한 것이다.* 그 때문에 앞으로 세계 경제 역시 이들 두 나라가 주도할 것이라는 점을 강조하면서 중국과 인도를 합쳐 '친디아^{Chindia}'**라고 부

---

* 2011년 세계은행 발표에 따르면 인도의 GDP(국민총생산)은 1조 7,271억 달러로 경제규모 면에서 세계 9위를 기록했다. 한국은 세계 15위였다. 그러나 인도의 실질 구매력 평가 기준(PP)으로는 미국, 중국, 일본에 이어 세계 4위의 경제규모를 나타냈다. 또한 2028년에는 인도가 일본을 제치고 세계 3위의 경제 규모를 갖게 될 것으로 전망되었다. 이때는 중국이 1위, 미국이 2위를 차지할 것으로 보고 있다. 2042년에는 인도의 경제규모가 미국마저 추월할 것이란 전망도 대두되고 있다. 이처럼 인도의 경제적 잠재력과 영향력은 무궁하다고 볼 수 있다.

** 친디아(Chindia)는 중국(China)과 인도(India)를 함께 일컫는 합성 신조어로 특히 두 국가의 경제를 함께 일컬을 때 자주 쓰인다. 이 유행 신조어를 만든 사람은 인도의 경제학자이자 정치가인 자이람 라메쉬이다. 중국과 인도는 지리적으로도 가까이 있고, 세계 경제에서 가장 빠른 속도로 성장하고 있는 나라들이다. 둘을 합치면 인구의 합이 전 세계 인구의 3분의 1을 차지한다. 앞으로 50년간은 성장 잠재력이 가장 큰 나라들로 평가되기도 한다. 친디아를 말하는 사람들은 두 나라의 경제적 강점은 서로 보완적이라고 말한다. 두 나라를 비교해보면, 중국은 제조업과 인프라 구조가 강하고, 인도는 서비스업과 정보 산업(IT)에 강하다. 중국은 하드웨어에 강하고, 인도는 소프트웨어에 강하다. 그리고 중국은 제조업에 강하고, 인도는 금융 산업에 강하다. 두 나라는 역사적으로도 관계가 깊다. 인도에서 중국

르기도 한다.

가난하고 무기력한 나라에서 차기 경제 강국으로 새롭게 떠오르는 나라라는 인도에 대한 이미지의 변화가 생기기 시작한 것은 1990년대 후반부터였다. 1997년 8월 12일 자 《경향신문》 기사는 인도의 역동적인 경제 발전상과 인도 경제의 잠재력을 다음과 같이 표현하고 있다.

명상의 나라 인도가 역동적인 경제 시장으로 변신하고 있다. 91년 경제 개방에 나선 인도는 2020년까지 세계 4대 경제 대국으로 발돋움한다는 야심 찬 성장 전략을 세웠다. 외국 투자자들의 발걸음도 빨라지고 있다. 그러나 인도의 경제는 정치·사회적 현실만큼이나 복잡하다. 인도의 거대한 잠재력은 일단 매력적이다. 10억 명에 육박하는 인구²⁰¹⁰년 인도 인구

<small>는 12억 명에 이르렀으며, 2030년에는 중국을 제치고 세계 최고의 인구 대국이 될 것으로 추정</small>

됨와 1억~2억 명으로 추산되는 중산층의 구매력은 연 7%의 경제 성장률과 맞물려 시장의 가치를 높여준다. 높은 교육 수준에 영어 소통이 가능한 양질의 노동력도 값싸고 풍부하다. …… 인도의 경제 성장 전략은 독특하다. …… 인도가 세운 성장 전략의 핵심은 노동 집약 산업이 아니

으로 전파된 불교나 무역 거래에 사용된 비단길이 그 예이다.

그러나 중국과 인도의 상호보완적인 관계에 의문을 제기하는 사람도 적지 않다. 중국과 인도 사이에는 차이가 엄연히 존재한다. 1962년의 인도-중국 간 국경 분쟁이 말해주듯, 이 두 나라 사이의 관계는 서로 조심스럽고 아직은 그다지 좋지 않다. 또, 중국은 온대 기후의 대륙 국가지만, 인도는 인도 반도에 갇힌 열대 기후의 국가다. 문화적으로도 중국은 한국이나 일본 같은 동아시아의 문화와 강한 유대를 갖고 발전해왔다. 반면 인도는 문화적으로 중국 등 동아시아와는 거리가 있으며 오히려 중동이나 유럽과의 유대 관계가 강하다. 중국과 인도는 정치체제도 다르다. 중국은 공산당이 지배하는 일당국가지만, 인도는 세계에서 가장 많은 유권자가 투표하는 다양한 정치세력이 공존하는 국가다. 또한, 최근 들어 수년간 중국의 서비스 분야의 급속한 성장과 인도의 제조업 분야의 급속한 성장으로 중국-인도 경제의 상호 보완적인 관계가 의문시되고 있기도 하다.

라 컴퓨터 · 전자 · 우주항공 등 첨단 산업 육성이다. 인도의 실리콘밸리로 불리는 남부 카르나카 주 벵골로르의 첨단 산업 기지는 전략 거점. '사우디에 석유가 있다면 인도에는 소프트웨어가 있다'고 자랑한다. 연 60%의 증가율을 보이는 소프트웨어 수출은 지난해 6억 5천만 달러에서 98년 10억 달러에 이를 것으로 추산된다.

인도의 변화는 주로 1991년의 경제 개방 정책을 취한 이후부터 시작되었다. 그 이전까지 인도는 폐쇄적인 자립 경제를 지향하고 있었다. 그러나 20세기 후반 개방화와 세계화가 시대적 흐름으로 자리 잡게 되면서 인도 또한 이를 외면할 수 없었고, 개방 정책을 적극 펴면서 인도의 경제적 위상이 크게 변화했던 것이다. 그러나 인도는 외국 자본을 끌어들이고 시장을 여는 개방 정책을 펴면서도 가능한 외부의 자본이나 기술에 의존하기보다는 국내의 자원을 최대한 개발하려 한다. 특히 소비재 부문에 대해서는 외국의 투자를 부정적으로 보고 있다. 인도가 이런 입장을 가지게 된 데는 나름대로 이유가 있다. 그것은 영국의 식민지 경험으로부터 얻은 교훈 때문이라고 볼 수 있을 것이다.

인도는 오랜 기간에 걸쳐 영국의 침략과 지배를 경험했다. 영국의 침략이 시작되면서 인도에서는 엄청난 부가 빠져나갔다. 영국은 무역 형태를 띠었다고 말하지만, 정말이지 '그냥 실어갔다'는 표현이 어울릴 정도로 영국의 인도에 대한 수탈은 극심했다. 영국과 유럽 국가들의 수탈로 인도 농민은 대기근을 세 번씩이나 겪어야 했고, 수백만 명의 민중이 굶어 죽는 참상을 겪어야 했다. 특히 18세기 중반과 중후반에 닥친 기근은 말 그대로 '재앙' 그 자체였다. 인도에서 퍼간 재부財富

는 영국 산업 혁명의 밑거름이 되어 영국 자본주의 발전의 원동력이 되었으나 인도에는 재앙이었다. 영국의 부흥과는 반대로 인도는 농업과 수공업이 파괴되고 산업의 원천이 고갈되면서 빈곤의 나락으로 빠져들게 되었다.

식민 통치는 영국과 유럽에는 영광을 가져다주었지만, 인도 민중에게는 참혹한 고통을 안겨주었던 것이다. 식민지 시대의 가혹한 수탈 경험은 인도가 독립한 후에도 경제 개발에서 외국 자본을 철저히 배제하게 했고, 인도는 한동안 폐쇄적인 경제 정책을 고수했다. 그리고 20세기 후반, 개방 정책을 펴면서도 전략적 산업을 제외하고는 이런 원칙을 지키고 있다. 그들의 역사적 경험에서 나온 결과라고 할 수 있을 것이다.

영국의 식민지 지배와 분할 통치

영국의 인도 지배는 어떻게 시작되었고, 그것은 어떤 결과를 낳았을까? 또 인도인들은 영국의 침략과 지배에 어떻게 저항했을까?

영국은 어떻게 영토와 인구의 면에서 압도적인 인도를 식민지로 삼았을까? 인도는 거의 250년 동안 영국의 침략과 식민지 지배에 시달린 나라다. 아무리 영국이 강대국이라지만 어떻게 인도 같은 큰 나라가 그런 수난을 당했을까? 먼저 결론부터 말한다면, 영국은 인도를 침략하면서 제국주의가 취할 수 있는 온갖 수단을 다 동원했고, 그것이 영국의 인도 지배를 가능하게 했다. 그러니까 영국의 인도 경영은 '제국주의 침략의 전형이며 하나의 모범'이 되고 있는데, 이것은 제국주의가 식민지 민중의 저항을 억누르고 무마시키기 위해 얼마나 추악한 방법을 사용하는가를 유감없이 보여주는 것이다.

영국은 인도를 침략하면서 철저히 '분할 통치' 수법을 사용했다. 영국은 인도를 처음부터 단번에 통째로 집어삼키지 않았다. 영국은 처음 벵골에서 시작하여 백 년에 걸쳐 단계적으로 인도에 대한 지배를 확대해 나갔고, 마침내 1857~1858년 '세포이의 항쟁'으로 불리는 인도의 민중 반란을 진압한 다음, 인도 전체를 직접 지배하게 되었다. 그러나 영국이 인도 전체를 손아귀에 넣어 직접 통치하는 단계에서도 수백 개에 달하는 봉건 토후국에 대해서는 간접 통치를 시행했다. 영국은 이와 같은 분할 통치 방식으로 인도의 통일을 저지하고, 반영 항쟁의 힘을 분산시키는 효과를 거두었던 것이다.

네루는 영국인들의 분할 통치를 두고 "당시 유럽에서 가장 발전한 국민이었던 영국인은 인도에서 가장 뒤떨어진 보수적인 계급과 결탁했다."고 표현했다. 영국은 인도를 지배하기 위해 몰락해 가는 봉건 계급을 '안아 일으켜' 지주로 만들고, 수백 명에 달하는 반半봉건 예속 영주들과 손잡고 인도의 식민통치를 수행했다. 영국의 분열 공작에 놀아난 인도의 봉건세력은 제국주의의 앞잡이가 되어 인도 민중을 탄압했던 것이다. 그래서 네루는 "영국인들이 우리 내부의 불화를 이용한다면 서로 싸우는 우리가 나쁜 것이다."라고 자탄했다.

'분할 통치'와 '단계적 지배'. 이것이야말로 영국이 거대한 인도를 집어삼킬 수 있던 비결이었다. 이러한 수법은 제국주의의 통상적인 지배 방식이라 할 수 있다. 일본도 영국의 이런 수법을 배워 아시아를 침략하는 데 이용했다. 일본은 먼저 조선을 식민지로 만들고, 다음에 만주 지역을 집어삼켰으며, 이를 발판으로 중국 본토와 동남아시아 침략에 나섰다. 영국은 제국주의 일본의 스승이었다. 아니, 모든 제국주의 국가들의 선구자였던 셈이다.

영국이 인도에 대한 지배권을 마련한 것은 1757년에 있었던 '플라시 전투Battle of Plassey'에서였다. 영국은 17세기부터 인도에 진출하기 시작하지만, 초기에는 포르투갈이나 네덜란드에 뒤졌다. 그러나 18세기에 들어서면서 영국은 이들 나라를 누르고 인도와의 무역에서 우위를 차지했다. 영국은 주로 벵골Bengal 지방*을 중심으로 자신들의 세력을 넓히고 있었는데, 남부 지방에서 영향력을 확보하고 있던 프랑스와 계속 대립했다. 각축을 벌이던 영국과 프랑스는 7년 전쟁을 벌이게 되었고, 그 전쟁에서 프랑스가 패배함으로써 영국이 인도의 해상 무역을 석권하기에 이르렀다.

1757년 영국은 프랑스와의 7년 전쟁에서 승리했으며 또한 벵골 토후 시라즈 웃다울라와의 플라시Plassey 전투에서도 승리를 거두었다. 플라시 전투는 영국군 8백 명과 인도인 용병 세포이 2천 2백 명이 벵골 토후군 5만 명과 싸운 전쟁으로 그 규모는 크지 않았으나 '결과는

---

* 벵골 또는 벵갈은 인도의 동북부 지방을 부르는 이름이다. 현재는 방글라데시(동벵골)와 인도의 서벵골주로 나뉘어 있다. 이 지역의 인구는 2억 4천만 명으로 방글라데시 1억 5천만 명, 서벵골주 9천 2백만 명이 넘으며, 주민은 대부분 벵골어를 사용하는 벵골인이다. 이 지역의 인구밀도는 제곱킬로미터당 1020명에 달하고, 도시국가들을 제외하면 인도네시아 자와섬과 함께 지구상에서 인구밀도가 가장 높은 곳 중 하나이다. 주민의 대부분은 갠지스 강과 브라마푸트라강 하구의 삼각주에 산다. 과거 영국령 인도제국의 벵골주였다가, 영국의 벵골 분할령으로 인해 동벵골과 서벵골로 분할되었다. 인도가 독립한 1947년에 이슬람교도가 많은 동벵골은 파키스탄의 일부인 동파키스탄이 되고, 서벵골은 인도의 주가 되었다. 1971년 방글라데시 독립 전쟁(제3차 인도-파키스탄 전쟁)의 결과, 동파키스탄이 파키스탄으로부터 독립하여 방글라데시 인민 공화국이 수립되었다. 방글라데시는 벵골어로 '벵골의 땅', '벵골의 나라'라는 뜻이다. (위키 백과 참고)

매우 엄청난 것'이었다. 네루의 말을 들어보자.

> 프랑스 세력이 인도에서 쇠퇴하고 유럽의 여러 세력을 제압한 영국은
> 이제 종래의 무역 활동에서 벗어나 인도 경영으로 나아가는 계기가 되
> 었다. 이 사건은 단지 벵골의 지배뿐만 아니라 영국이 인도 대륙을 지배
> 하게 되는 첫 발판이 되었다. 영국은 지금까지의 평화적인 무역만을 추
> 구하던 소극적인 태도에서 한 발자국 전진하여 그들의 상업적 이익을
> 확보하기 위해서는 인도의 원주민 세력과도 실력으로 대결한다는 적극
> 적인 강경책을 취하게 되었다. 동인도 회사는 이제부터 인도와의 관계
> 에 회유책과 억압책을 그들의 실리와 그때의 정세에 따라 사용하게 되
> 었다.

플라시 전투에서 승리한 영국은 벵골 태수를 살해하고 미르 자파
르Mir Jafar를 꼭두각시로 앉힌 다음, 벵골의 징세권과 군 통수권을 직접
장악했다. 또한 경찰권과 사법권은 대리자를 통해 간접적으로 통제했
다. 영국의 이런 통치 수법은 인도에 이중의 행정체제를 낳았는데 식
민지 지배의 한 방법으로 이용되었다. 영국은 벵골 지역의 지배력을
바탕으로 점차 그 지배력을 인도 전역으로 확대해갔다.

1774년 초대 벵골 총독으로 부임한 워런 헤이스팅스Warren Hastings
는 경제적 지배를 확장하면서 토후 세력들 사이의 미묘한 역학 관계
를 충분히 이용했다. 그는 토후 세력 사이의 갈등을 조장하여 전쟁을
유발하는 방법을 썼다. 그리하여 '콘월리스 시스템'이라는 총독 권한
강화와 사법제도 정비를 내용으로 하는 통치체계를 만든 장본인인 제

2대 총독 찰스 콘월리스Charles Cornwallis에 이르러 영국은 남부 지역을 사실상 손에 넣었을 수 있게 되었다. 당시 인도는 여러 세력으로 분열되었지만 각 세력 나름대로 영국과 대항할 수 있는 충분한 군사력을 가지고 있었다. 하지만 이들은 더 넓은 시야를 갖지 못하고 자기들끼리 분열과 대립을 계속하면서 영국에 이용당하여 하나씩 각개 격파당하고 말았다.

제4대 총독 웰리슬리는 삼면 외교 정책으로 인도 전체를 장악하기 위한 기반을 닦았다. 삼면 외교란 영국이 인도를 장악해가기 위해 취한 세 가지의 정책을 말한다.

첫째, 독립 토후는 동맹 관계를 맺거나 보호조약 아래 두었다. 보호조약으로 영국은 대규모의 군대를 인도의 비용으로 주둔시킬 수 있었던 반면, 인도는 독립적인 군사력을 잃어버림으로써 사실상 주권을 상실하고 말았다. 이와 같은 방법으로 영국은 1801년에는 북부 인도로 정치·경제적 지배력을 확대했다. 둘째, 토후국에 예속된 작은 군주의 영토는 영국령에 직접 편입시켰다. 또한 토후가 후사를 남기지 못할 때도 영국령으로 병합해버렸다. 셋째, 적대적인 토후 세력은 무력으로 토벌하여 병합했다. 헤이스팅스 총독은 마라타 전쟁Maratha Wars[*]으로 인도를 완전히 병합하는 길을 열었으며, 달하우시 총독은 1845~46년에 1차 전쟁을 치르고 1849년 제2차로 벌인 시크 전쟁을 통해 시크 왕국을 무력으로 정복함으로써 실질적인 반발 세력을 모두 제압했다. 이런

---

[*] 데칸 지방의 마라타 동맹세력과 영국 동인도회사 사이에 벌어진 3차에 걸친 전쟁이다. 여기서는 제1차 전쟁 1775~1782년을 말함. 2차 전쟁은 1802~1805년에, 3차는 1817~1818년에 일어났다.

과정을 거쳐 1856년경에는 영국은 인도를 완전히 장악하기에 이르렀다.

세포이의 반란과 민중 항쟁

1백 년간에 걸친 영국의 인도 지배가 마지막 단계에 이른 1857년 인도에서 대폭동이 일어났다.

흔히 '세포이의 반란Sepoy Mutiny' 혹은 '세포이의 항쟁'으로 불리는 사건이다. '세포이sepoy'란 '시파히sipahi, 병사'에서 온 말로 영국이나 프랑스가 인도에 들어오면서 양성한 인도인 용병을 말하는데, 이들은 약 1백 년 전에 영국군과 한패가 되어 플라시 전투에 참가해 영국의 인도 지배를 도왔다. 세포이는 인도인 일반에 비해서는 대우를 받는 편이었으나 영국인들에 비해서는 심한 차별 대우를 받았다.

세포이에 대한 차별 대우와 종교적 모독이 발단이 되어 일어난 반란 사건은 일반 민중의 불만과 결합하여 인도 북부 지방 전체를 반란의 소용돌이 속으로 몰아넣었다. 이들의 항쟁은 1857년 5월에 시작되어 다음 해 5월까지 1년여에 걸쳐 진행되었지만 결국 실패로 끝나고 말았다.

세포이의 반란은 처음부터 조직적인 준비와 계획을 갖고 시작된 것은 아니었다. 사건의 발단은 단순했지만, 종교적인 문제로 비화하면서 폭발성을 띠게 되었다. 단순한 요구에서 시작된 용병들의 불만이 폭동으로 비화했고, 용병들의 폭동은 영국의 식민지 지배에 반대하는 민중 항쟁과 결합하면서 사건이 새로운 방향으로 발전하기 시작햇다. 하지만 이것을 지속해서 이끌어 갈 지도자와 이념이 나타나지 않음으로써

영국 동인도 회사 세포이들의 모습

조직적인 민중 항쟁으로 발전하지는 못했다.

폭동의 발단이 된 것은 탄약통 사건이었다. 세포이에게 지급되는 새로운 총의 탄약통에 소와 돼지의 기름이 칠해졌다는 소문이 퍼지자 세포이들은 새로운 탄약의 사용을 거부했다. 소는 힌두교도가 신성시하는 동물이었고, 무슬림은 돼지고기를 먹지 않았다. 세포이는 대부분 힌두교도와 무슬림이었기 때문에 그들은 이 일이 기독교도인 영국인들이 자신들의 종교를 얕잡아 보아서 생긴 처사라고 분개했다. 영국군 장교들은 소문은 사실이 아니라고 부인했지만, 세포이는 전혀 믿으려 하지 않았다.

델리 부근의 미루트에서는 끝까지 새 탄약 사용을 거부하는 세포이를 군법회의에 넘겼다. 10년형을 선고받은 이들은 다른 세포이가 보는 앞에서 쇠고랑을 차고 끌려갔다. 세포이의 분노가 참을 수 없는 단

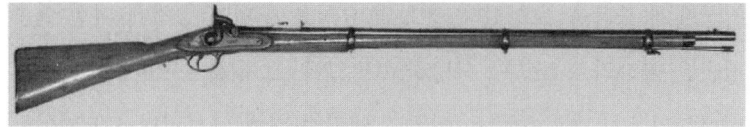

세포이 항쟁의 발단이 된 1853년식 엔필드 머스켓

계에 이른 것이다. 1857년 5월 10일 저녁 미루트의 세포이 3개 연대가 봉기했다. 이들은 영국인 장교를 사살하고 감옥에 있던 동료를 구출했다. 반란을 일으킨 세포이는 미루트를 그대로 둔 채 무굴 제국의 수도 델리로 진격했다. 델리에 있던 다른 인도 군인들은 문을 열고 반란군을 맞아들였다. 델리에는 영국군 부대가 없었다. 반란군은 세포이 부대의 영국군 장교들을 사살하고 델리를 완전히 장악했고, 감금된 무굴 제국의 '바 하두르 샤'를 황제로 추대했다. 이제 이들의 반란은 반영 독립 항쟁으로 발전하고 있었다.

폭동은 삽시간에 인도의 북부 지방과 중부 지방으로 확산했다. 아요디 지방과 로힐칸드, 그리고 그 주변이 반란 세력의 수중에 들어갔으며, 마라타 동맹의 일원으로 인도 북부를 다스린 왕족인 신디아의 그왈리오와 락크나우, 카운뿌르, 바라나시 등이 폭동에 휩싸였다. 반란에는 세포이뿐만 아니라 몰락한 농민들과 일자리를 잃은 수공업자, 일부 상인들까지 가세했다. 민중은 비참한 인도의 현실이 영국의 지배 정책 때문이라 생각하고 있었다. 폭동이 거세게 확산되자 영국은 유럽에서 지원군을 보내기로 했다. 그러나 지원군이 도착하기까지는 시간이 오래 걸렸다.

찰스 캐닝 총독은 우선 델리라도 회복하는 것이 영국의 위신을 되찾고 영국군의 사기를 돋우는 길이라 판단하고, 군 최고사령관 앤슨 장군에게 도움을 요청했다. 총독의 요청으로 델리 공격에 나선 앤슨 장군은 콜레라로 도중에 사망하고 말았다. 그 뒤를 이어 사령관이 된 버나드가 5천 명의 병력을 이끌고 델리 공격에 나섰지만 3만 명이나 되는 반란군에 포위되고 말았다. 결국 버나드도 7월 초에 사망했다. 그 뒤를 이은 니컬슨 준장은 9월 초 시크족이 포함된 펀자브 지역의 주둔군을 이끌고 델리 공격에 나섰다.

9월 14일부터 6일간에 걸친 처절한 전투 끝에 영국군은 델리를 함락시킬 수 있었다. 그러나 공방전 과정에서 영국군은 전체 병력의 4분의 1을 잃었고, 니컬슨 준장도 시가전에서 치명상을 입고 전사하고 말았다. 영국군은 왕궁을 접수하고 무굴 제국^{Mughul}의 마지막 황제 바 하두르 샤 2세$^{Ba hadur Shah II, 1775~1862}$를 체포하여 미얀마의 랭군으로 유

---

* 16세기 초부터 19세기 중반까지 오늘날의 인도 북부와 파키스탄, 아프가니스탄에 이르는 지역을 지배한 이슬람 왕조이다. 무굴 제국은 티무르 왕조에 속한 바부르로부터 시작되었다. 바부르는 원래 인도보다 사마르칸트 지역을 차지함으로써 티무르의 옛 영광을 되찾고 싶어 했다. 하지만, 두 번에 걸친 시도에서 오히려 고향까지 잃어버린 바부르는 차선책으로 파니파트 전쟁을 통해 당시 쇠락한 델리의 로디 왕조를 멸망시키고 무굴 제국을 세웠다. 그의 뒤를 이은 후마윤은 강력한 저항 세력인 아프가니스탄계를 물리치고 영토 확장을 꾀하지만 오히려 그들에 쫓겨 아프가니스탄을 거쳐 이란으로 도망갔다. 그 사이 델리는 후마윤을 물리친 쉐르 샤가 수르 왕조를 세웠다. 하지만 수르 왕조는 겨우 15년 만을 유지한 채 이란의 도움을 받은 후마윤에 의해 멸망당했다.
후마윤의 뒤를 이은 악바르는 북인도 전역을 차지한 뒤 남부 데칸 지역까지 차지하면서 마우리아 왕조 이후 가장 넓은 지역을 차지하는 국가를 이루었다. 악바르는 영토 확장뿐만 아니라 정치, 경제, 사회의 전 분야에서도 무굴 제국의 확고한 토대를 마련했고 종교적으로도 이슬람교 이외의 종교를 포용하고자 인두세를 폐지하는 등 융화책을 취했다. 종교적 융화책은 자항기르와 샤 자한까지 이어지지만 6대 아우랑제브가 다시 인두세를 부활시키는 등 종교적 억압책을 실시하면서 제국의 분열이 심화되기 시작했다.
한편, 무굴 제국 시기에 포르투갈을 비롯한 유럽 열강의 본격적인 인도 침입이 시작되었고, 네덜란드를 거쳐 영국이 인도를 차지함으로써 1858년 무굴 제국은 멸망했다. 무굴 제국 시기에 형성된 문화는 인도 역사에서 황금기를 누렸다. 특히 건축, 문학, 음악 등은 힌두 문화와 터키-페르시아계 문화의 융합으로 오늘날 인도에 상당한 영향을 미치고 있다.

배를 보내고, 그의 두 아들과 손자는 살해했다.

이후부터 영국군의 잔인한 진압이 시작되었다. 닐 장군은 카운푸르에서 라크나우로 진격하면서 수많은 양민을 학살하고 마을에 불을 질렀다. 그는 가로수마다 포로건 양민이건 가리지 않고 시체를 매달았는데 "교수대로 변하지 않은 나무가 한 그루도 없을 정도"였다. 영국인들은 콘푸르현재의 칸푸르 또는 칸포르에서 행해진 반란군들의 학살을 들어 폭도들의 잔학성을 말하지만, 영국군은 그것보다 '백 배, 천 배 더 악랄한 방법으로' 앙갚음했다. 네루는 당시의 정황을 이렇게 말하고 있다.

인정사정없이 사살당한 자가 부지기수였다. 수많은 사람이 대포의 포구에서 포탄 대신 발사되어 산산이 찢겨 나가고, 몇천 구의 시체가 길가의 나무에 매달렸다. …… 부유한 마을은 약탈당하고 파괴당했다. 그것은 피비린내 나는, 듣기만 해도 온몸에 소름이 끼치는 이야기였다. …… 장교나 지휘관 없이 폭도화한 인도인 병사들이 잔혹하고 난폭한 행위를 저질렀다면, 훈련된 영국 군인들은 그 잔학과 야만성에서 그들을 훨씬 능가하고 남았다. 나는 양자를 비교할 생각은 없다. 그것은 어느 쪽이든 자랑스러운 이야기가 못 된다. 그러나 사리에 어긋난 현대 역사는 인도 측의 악덕과 잔혹에 대해서는 지루할 정도로 기술하면서도 반대 측의 행위에 대해서는 거의 언급하지 않는다. 동시에 명기해두고 싶은 것은 폭도의 잔학성 따위는 폭도와 같은 행동을 취하기 시작한 정부의 잔학성과는 비교도 안 된다는 사실이다. 오늘날 우리 주의 수많은 마을에 가보면 이 반란 진압 기간에 그들이 겪은 무섭고 처참했던 기억이 아직 많은 사람의 가슴에 생생하게 살아 있다는 것을 알게 될 것이다.

락슈미 바이

　인도인들이 항쟁은 거셌으나 이를 진압하는 영국군의 공세도 필사
적이었다. 1858년 3월 한 달 동안에 걸친 전투 끝에 러크나우가 점령
되자 2주간에 걸친 영국군의 약탈과 살육이 자행되었다. 5월에는 로
힐칸드의 바레일리가 영국군에 점령됨으로써 사실상 반란은 진압되
었다. 반란은 끝났지만, 인도인들의 가슴에는 영원히 지워지지 않을
상처과 함께 영웅의 신화들을 남겼다. 그 가운데 잔시Jhansi*의 여왕 락슈
미 바이Rani Lakshmibai, 1835~ 1858년**가 있다. 락슈미 바이는 영국이 잔시

　＊　　데칸 고원과 힌두스탄 평야에 위치한 교통요지.
　＊＊　토후국 잔시 왕국의 왕이자 인도의 독립 전쟁을 이끌었던 독립운동가이다. 흔히 라니 락슈
　　　　미바이, 즉 락슈미 바이 여왕이라 알려져 있다. 그녀는 1835년 11월 19일에 태어났는데,
　　　　인도의 델리 동남부 지역에 있는 작은 토후국 잔시의 왕비였다. 1853년에 락슈미 바이의
　　　　남편이 죽자, 영국 동인도 회사는 대를 이을 자식이 없다는 이유로 잔시를 강제 병합했다.
　　　　락슈미 바이는 이러한 영국 동인도 회사의 조치에 저항하여 스스로를 여왕이라 부르며 주

를 병합한 것에 분개하고 있었는데, 반란이 일어나자 대영 투쟁의 선두에 서서 영웅적으로 싸웠다. 남장을 하고 기병으로 용감히 싸우던 락슈미 바이는 숱한 이야기와 신화를 남긴 채 1858년 6월 전사했다. 이 전투를 진압한 영국의 휴 헨리 로즈 장군은 그녀를 "반도叛徒 중에서 가장 훌륭하고 가장 용감한 지도자"라고 평가했다. 아마도 이 반란이 성공했다면 그녀는 '인도의 잔 다르크'가 되었을 것임이 틀림없다.

어쨌든 반란은 실패로 끝났고, 그 결과 영국의 인도 지배는 더욱 견고해졌다. 철저한 계획과 준비도 없이 시작된 반란은 그 실패가 애초부터 예견된 것인지도 모른다. 네루는 실패한 원인을 이렇게 말하고 있다.

반란은 그 자체 내에 실패의 씨앗을 품고 있었다. 즉 이들은 봉건 질서라는 사라진 목표를 위해 싸웠던 것이다. 훌륭한 지도력이 없었고, 조직은 엉성했으며, 줄곧 내부 분열이 그치지 않았다. 그리고 어떤 자는 참혹한 방법으로 영국인을 살해하여 정의로운 전쟁의 명분을 흐리게 했다.

민들을 이끌었다. 1857년에 영국 동인도 회사의 고용 용병인 세포이들의 봉기로 시작된 세포이 항쟁이 인도 북부 전역으로 확대되자, 이 전쟁에도 합류하여 적극적으로 참여하게 되었다. 1858년에 휴 로즈가 이끄는 영국군이 잔시를 점령하자, 락슈미 바이는 인도 북부에서 독립운동을 이끌고 있던 세포이 세력인 탄트야 포트와 손을 잡고, 줌나강 남쪽 일대를 차지하여 많은 전과를 거두어 영국군 사이에서도 이름이 알려졌다. 1858년 6월 17일에 괄리오르에서 영국군과 싸우다가, 총탄에 맞아 전사했다.

영국의 인도 지배가 낳은 결과

1857년의 폭동이 인도의 북부와 중부의 전역으로 그렇게 급속하게 확대되었던 것은 영국의 인도 인민에 대한 수탈이 극심했던 때문이었다. 이것은 반란에 농민과 수공업자가 손쉽게 가담하고 영국군을 괴롭힌 게릴라 항쟁이 주로 농민들에 의해 이루어졌다는 사실에서도 쉽게 확인되고 있다. 백 년에 걸친 영국의 인도 지배로 인도 민중의 삶은 완전히 망가져버렸던 것이다. 영국인이 인도에 처음 발을 들여놓았을 때 인도의 낡은 봉건 질서는 이미 파산하고 있었다. 무굴 제국이 붕괴하면서 인도의 많은 지방에 정치적 혼란과 무질서 상태가 초래되었다. 그러나 "18세기 인도는 대공업국인 동시에 대농업국"이었고, "인도의 수동 베틀은 아시아와 유럽 시장의 옷감 수요를 충족"시켜주었다.

영국이 발을 들여놓을 당시 인도는 바야흐로 전환점에 서 있었다. 수공업이 발전하고 자본가 계급이 생겨나면서 자본주의의 기초가 마련되고 있었다. 그런데 이때 영국이 들어오면서 인도 산업에 치명적인 타격을 주었다. 인도의 섬유 산업은 기술력이 뛰어났기 때문에 처음에는 영국의 기계공업도 그다지 큰 힘을 발휘하지 못했다. 그러나 영국이 인도를 지배하면서 상황은 역전되었다. 수백 년 동안 '동방의 랭카셔'였으며 18세기까지도 유럽에 대규모로 면제품을 수출하던 인도는 영국 제품의 소비시장으로 전락하고 말았다. 인도 제품을 싣고 외국에 나가 금과 은을 싣고 돌아오던 것이 이제는 뒤바뀌어 외국 제품이 인도로 들어왔고, 대신 인도의 금과 은이 외국으로 유출되었다.

영국이 들어오면서 처음에 타격을 입은 것은 인도의 섬유 산업이었다. 그러나 영국의 기계공업이 발달함에 따라 인도의 다른 공업도 섬유 산업과 똑같은 운명에 처하게 되었다. 조선업이 쓰러지고, 야금업이 망하고, 제지업과 유리업도 사라졌다. 영국의 식민지 지배로 인도는 성장하고 있던 모든 산업이 깡그리 짓밟혔다. 영국은 이런 인도의 산업을 파괴하기 위하여 온갖 방법을 다 동원했고, 인도의 부는 영국으로 마구 빠져나갔다. 그리고 그것은 인도 민중에게 기근과 참상을 안겨 주었다. 네루의 이야기를 다시 들어보자.

동인도 회사 직원들의 재물을 빼앗기 위한 지극히 뻔뻔스러운 싸움, 그 탐욕과 두꺼운 얼굴은 그야말로 후안무치 그대로였다. 영국인은 벵골 태수의 제조자가 되어 제멋대로 태수를 갈아 치웠다. 그래서 태수가 바뀔 때마다 뇌물이나 거액의 선물이 수수되었다. …… 이 지방에서 착취하고 있던 전리품에 아직도 만족하지 못한 그들은 새로운 돈벌이 방법을 고안하는데 착수했다. …… 그러나 샤일록 같은 그들은 인도의 국산품을 취급하는 상인들은 모두 내야 하는 화물 통과세를 내지 않고 강압적으로 국내 상업을 경영하기 시작했다. 이것은 인도의 제조업 및 상업에 대해 영국인이 처음으로 가한 큰 타격이었다. 북부 인도에서의 영국인의 지위는 이렇게 해서 부와 권력의 상징적인 존재가 되었던 것이다. 동인도 회사의 투기 상인들은 건전한 거래나 부정한 거래나 순수한 약탈을 가리지 않고 돈벌이라면 마구 해댔다. 이때가 넘치는 인도의 돈을 가지고 본국으로 돌아간 영국인들이 '태수18~19세기경 인도에서 돈을 벌어 영국으로 돌아간 큰 부자'라고 일컬어진 바로 그 시대였다.

네루의 이야기는 계속된다.

…… 정치적 불안과 강우량의 부족, 영국인의 약탈 정책, 이런 것들 모두가 하나로 결부되어 1770년 벵골과 비하르에 몸서리치는 무서운 기근의 참상을 불러일으켰다. 이들 지역 주민의 3분의 1 이상은 굶어 죽었다고 전해지고 있다. …… 사람의 그림자가 사라졌으며, 일구어진 논밭이나 마을은 무성한 정글에 파묻혀버렸다. 누구 하나 굶주려 죽어가는 사람들에게 구제의 손을 뻗치는 사람이라고는 없었다. 태수는 그렇게 할 만한 힘도 권위도 없고 또한 의지도 없었다. 동인도 회사는 그렇게 할 만한 힘과 권위도 갖고 있었지만, 그들은 조금도 구제의 책임과 의욕을 느끼지 않았다. 그들의 임무는 단지 돈을 모으는 것과 수입을 도모하는 것뿐이었다. …… 대재앙이 한창일 때 불쌍하게 굶주리고 있는 생존자로부터 폭력과 강제로 착취하는 비인도성은 상상조차 할 수 없을 만큼 잔인무도한 것이었다.

영국은 초기에 주로 동인도 회사를 통해 인도를 경영했다. 동인도 회사는 무역을 빙자해 사기와 협잡으로 인도의 부를 일방적으로 영국으로 실어 날랐다. 경제학 용어로 이른바 '대외 무역을 통한 자본의 원시적 축적'이라는 것인데, 그것이 바로 영국 산업 혁명의 기반이 되었다. 영국의 번영은 인도에서 시작된 셈이다. 이와 같은 영국의 무자비한 수탈로 중세까지 중국과 더불어 세계에서 가장 부유하고 발전한 나라였던 인도는 19세기부터는 가난한 나라로 전락하고 말았다. 그것은 인도 수공업자의 몰락에서 잘 드러난다.

영국 면제품이 인도에 들어오면서 인도의 수공업은 완전히 무너졌다. 그러자 일자리를 잃은 직인과 수공업자들이 길거리로 내몰렸다. 인도에는 그들이 취업할 만한 다른 산업이 없었다. 결국 그들은 주린 배를 움켜쥐고 시골로 돌아가 땅에 매달렸다. 그러나 땅마저 그들을 환영해주지 않았다. 그곳에도 이미 남아돌 만큼 사람이 많았다. 몰락한 수공업자 가운데 일부는 농민이 되기도 했으나 대다수는 일할 곳을 찾아 헤매는 떠돌이 신세가 되었다. 그리고 그들을 기다리고 있는 것은 굶주림뿐이었다. 숱한 사람들이 굶어 죽었다. 1834년 인도 총독 윌리엄 벤팅크William Bentinck 는 "이것은 경제사상 미증유의 참상이다. 직조공들의 뼈는 인도 광야를 백색으로 뒤덮고 있다."고 보고했을 정도이다.

이런 고통은 수공업자에게만 찾아온 것은 아니었다. 인구의 절대다수를 차지하고 있던 농민들이라고 예외가 아니었다. 영국의 식민지 지배로 도로와 철도가 발전하자 인도의 촌락은 해체되어 급속도로 몰락의 길로 들어서고 말았다. '한 마을의 물가는 곧 다른 마을로 운반'되었기 때문이다. 또한 세계적으로 교통망이 발달하면서 "캐나다와 미국의 밀값이 인도의 밀값에 영향을 미치게" 되었고, 인도 농촌도 '세계 물가의 영역 안으로' 빨려 들어가지 않을 수 없었다.

촌락의 낡은 경제 질서가 산산조각이 났다. 농민들은 자기 마을의 시장을 위해서 식량과 물자를 내놓는 것이 아니라 세계 시장에 내놓은

---

* 인도 총독으로서 1828~1835년의 재임기간 동안 인도의 재정을 개혁하고 인도인들에게 행정·사법 관직의 문을 개방했으며, 도적떼들이 저질러온 '서기(thuggee)'라는 종교의식적 살인행위를 금지시켰다. 또한 그의 재임 중 과부의 순사를 금지하고 인도인을 요직에 등용했으며 영어를 보급했다.

셈이 되었다. 농민들은 세계의 생산과 세계 물가의 소용돌이에 말려들어 끝없이 몰락의 길을 걸었다. 옛날에는 기근이 들면 다른 곳에서 식량을 수송할 적당한 수단이 없어서 식량이 바닥났지만, 이제는 풍작이 들거나 식량을 얻을 방법이 뻔히 있는데도 굶주려야 했다. 식량은 있었지만, 그것을 살 돈이 없었던 것이다.

이와 같은 가혹한 수탈로 인도는 2백 년 동안에 '가장 부유한 나라'에서 '가장 못사는 나라 가운데 하나'로 전락하고 말았다. 물론 인도가 몰락하게 된 원인을 모두 영국에 돌릴 수는 없다. 그 일차적 책임은 자기 나라를 지키지 못한 인도 위정자들과 국민에게 있다. 그래서 네루는 "이러한 사태가 벌어진 것은 대체 누구의 죄였겠느냐? 그것은 우리가 무지하고 약하기 때문이 아니겠느냐? 나약함과 어리석음은 반드시 압제를 불러들이기 마련이다."라고 하지 않았던가. 그러나 그렇다고 해서 영국의 원죄가 탕감되는 것은 아니다. 그 어떤 변명을 늘어놓더라도 영국의 식민지 지배는 결코 미화될 수 없는 죄악임이 분명하기 때문이다.

수천 년 전, 가장 발달한 물질 문명과 가장 높은 수준의 철학과 정신 세계를 열었던 인도. 중세기까지도 가장 발전된 물질 문명을 지녔던 부유한 국가 인도. 그러나 제국주의 시대 자본의 포로 영국의 식민지가 되면서 그 영광과 빛이 꺼지고 말았다. 그러나 지금 인도는 다시 일어서고 있다. 그 나라가 다시 깨어나고 있는 것이다.

9. 콩고강 탐험

아프리카의 비극이 시작되다

리빙스턴 박사를 찾아라

"리빙스턴 박사님이시죠?" 1871년 가을, 스탠리가 리빙스턴을 만났을 때 처음 건넨 인사말은 이랬다. 스탠리는 리빙스턴을 찾기 위해 원정대를 꾸려 8개월을 헤맨 끝에 드디어 만난 것이다. 왜 스탠리는 리빙스턴을 찾으려 했던 것일까?

데이비드 리빙스턴David Livingstone, 1813~1873년은 영국 출신의 유명한 아프리카 탐험가였다. 그는 의사면서 선교사로, 아프리카에 파견되어 1841년부터 30여 년 동안 아프리카를 탐험했다. 1849년 누가미호湖를 발견하여 영국 왕립 지리학회로부터 금메달을 받았고, 1850부터 1856년까지 잠베지강Zambezi River*상류에서 대서양 연안에 이르는 지

---

*   아프리카 남부를 홀러 인도양에 이르는 큰 강으로, 전체 길이 2천 574킬로미터에 이르며, 아프리카에서 4번째로 긴 강이다. 잠베지강은 잠비아에 수원이 있으며 앙골라를 통과하여,나미비아,보츠와나,잠비아,짐바브웨의 국경을 따라 흐르며 강의 물이 인도양 속으로 비워지는 곳인 모잠비크까지 흐른다. 잠베지강의 가장 장관인 풍경은 세계에서 가장 큰, 아름다운 빅토리아 폭포이다. 다른 유명한 폭포는 잠비아와 앙골라 사이 국경에 차붐마

실종된 리빙스턴을 찾기 위해 《뉴욕 헤럴드》에 고용되어 아프리카로 떠난 스탠리

역을 탐험해 탐험가로서 명성을 날리게 되었다. 그는 아프리카 서해안에서 동쪽으로 내륙을 횡단한 최초의 백인이었다. 리빙스턴보다 반세기 앞서서 혼혈 노예상인 페드루 바티스타와 아나스타시오 호세가 중앙아프리카를 최초로 횡단했지만, 스탠리를 비롯한 백인 탐험가들 대부분은 그 사실을 인정하지 않았다.

리빙스턴은 빅토리아 폭포도 발견했고, 아프리카의 그 많은 광물질 탐사에도 열을 올렸다. 그의 아프리카 사랑은 대단했다. 그는 아프리카에 남아 있던 노예제도를 비난하고, 그 해결 대안으로 아프리카에 기독교 복음을 전파하고자 노력했다.*

폭포(Chavuma Falls)와 서잠비아 시오마 지역에 가까이 위치한 응곤에 폭포(Ngonye Falls)이다.

* 30년간 남부 · 중앙 · 동부 아프리카에서 펼친 리빙스턴의 여행과 그리스도교 선교 활동은 아프리카에 대한 서구의 태도에 전례없이 큰 영향을 주었다. 그가 탐험한 지역은 유럽인의 발길이 한 번도 닿지 않은 곳도 많이 있었다. 그의 지리적 · 기술적 · 의학적 · 사회적 발견은 다양한 지식을 제공해 아직도 그에 대한 많은 연구가 이루어지고 있다. 그는 가족주의와 영국 빅토리아조 풍의 편견을 가지고 있었음에도 불구하고, 진정으로 아프리카가 근대 사회로 발전할 능력을 가지고 있음을 믿고 있었다. 그런 의미에서 리빙스턴은 아프리카에

1866년 그는 다시 나일 강의 발원지를 찾기 위한 장기 원정에 나섰으나 여러 해가 지나도록 돌아오지 않았다. 소식이 끊기자 세상 사람들은 그의 생사를 궁금해 했고, 마침내 특종 기회를 노린 《뉴욕 헤럴드》의 발행인 제임스 고든 베넷1795~1872년의 제안을 받은 신문기자 헨리 모턴 스탠리Henry Morton Stanley, 1841~1904년가 리빙스턴을 찾아 떠났던 것이다. 1871년 봄, 스탠리는 모두 190명으로 구성된, 그때까지 가장 규모가 큰 탐험 원정대를 이끌고 리빙스턴을 찾기 위해 아프리카 동해안에서 내륙 지역으로 출발했다. 스탠리는 출발하면서 이렇게 말했다. "리빙스턴이 어디 있든지 포기하지 않고 끝까지 추적하겠다. 그가 살아 있다면 그의 말을 여러분에게 전해줄 것이다. 죽었다면 그의 뼈라도 찾아내어 가져오겠다." 스탠리는 8개월 이상 힘든 여행을 한 끝에 마침내 탕가니카호수Lake Tanganyika*부근에서 리빙스턴을 찾아냈다.

처음 만난 뒤 리빙스턴과 스탠리는 28년이라는 많은 나이 차이에도 '친구'가 되었다. 두 사람은 몇 달 동안 함께 탐험했다. 그들은 나일 강의 수원을 찾기 위해 탕가니카호 북쪽 끝을 탐색했으나 실패했다. 스탠리는 리빙스턴과 함께 여행하면서 '인생의 탐험과 지혜'를 배웠다. 그러나 그들의 만남은 5개월이라는 짧은 기간으로 영원히 끝났다. 스탠리의 귀국 권유에도 리빙스턴은 아프리카에 그대로 남았고, 얼마 뒤

서의 유럽 제국주의뿐만 아니라 아프리카 민족주의에서도 선구자였다고 평가될 수 있는 측면이 있다. (브리태니커 백과사전 참고)
* 중앙 아프리카의 큰 호수이다. 부피로 따질 때와 깊이로 따질 때 세계에서 두 번째로 큰 담수 호수이다. 제일 큰 호수는 시베리아의 바이칼호이다. 탕가니카호수는 4개의 나라에 걸쳐 있는데, 그 나라들은 부룬디, 잠비아, 콩고 민주 공화국, 탄자니아이며, 콩고(45%)와 탄자니아(41%)에 속한 영역이 가장 크다. 이 호수의 물은 콩고강으로 흘러 들어가 대서양으로 나간다. 길이가 660킬로미터나 되는 세계에서 가장 긴 호수로도 유명하다.

1873년 사망했던 것이다. 그 둘 사이에 있었던 일을 이야기할 수 있는 사람은 스탠리밖에 남지 않았다. 리빙스턴의 소식을 갖고 돌아온 스탠리는 일약 유명 인사가 되었다. 그가 유럽으로 돌아왔을 때, 프랑스 언론은 그가 리빙스턴을 찾은 일을 한니발과 나폴레옹의 알프스 횡단과 비교했을 정도였다.

스탠리는 아프리카 탐험을 과장해서 이야기했다. 그는 기고만장해서 '사람을 마음대로 쏴 죽인' 여행 경험도 자랑스럽게 이야기했다. 사실 리빙스턴이 중무장한 수행원 없이 혼자 여행하는 평화적이고 온정에 넘치는 탐험가였다면, 스탠리는 난폭하고 냉혹한 지배자였다. 리빙스턴은 탐사 도중 포르투갈의 노예사냥 실태를 폭로하여 영국과 포르투갈이 외교적 마찰을 빚기도 했지만, 그에 반해 스탠리는 여행하는 동안 수행원들을 "언덕 위로, 늪지 너머로, 수풀 속으로 몰아대며 끊임없이 다그쳤다. 그는 부하들이 빨리 움직이지 않는다고 채찍으로 등을 휘갈겼고, 그 때문에 원정대가 지나가는 마을의 주민은 그들을 노예 카라반대상[隊商]으로 착각했을 지경"이었다.

아프리카에서 돌아온 스탠리는 강연과 기고, 저술 활동을 하느라 정신이 없었다. 명예와 함께 돈도 단단히 거머쥐었다. 그러나 스탠리는 영국으로부터는 그다지 환영받지 못했다. 뒤늦게 리빙스턴을 찾기 위한 원정대를 보낸 왕립 지리학회는 의기양양하게 돌아오던 스탠리와 만났고, 그에게 적대감까지 내보였다. 그곳의 관리들은 리빙스턴이 진정한 탐험가도 아니고 진정한 영국인도 아닌, 미국의 황색 언론에 글을 쓰는 '삼류 문인'에 의해 발견되었다는 사실에 분개했다. 스탠리는 영국 상류층 인사들로부터 배척당했던 것이다.

스탠리는 상처받은 자존심을 위로받기 위해서 다시 아프리카를 찾게 되었고, 그때부터 아프리카 탐험은 그의 평생의 일이 되었다. 스탠리는 탐험의 성공으로 커다란 명성과 부를 얻게 되었을 뿐만 아니라, 그의 탐험 성과는 유럽의 여러 나라가 아프리카 내륙으로 진출하는 통로로 제공되었다. 그것은 유럽과 서구에는 호기심과 열정이 넘치는 탐험이었을지 모르지만, 아프리카인들에게는 엄청난 재앙이었다.

스탠리, 콩고강을 탐험하다

1874년은 스탠리가 다시 아프리카 탐험에 나선 해이다. 경비대와 짐꾼으로 구성된 대규모 원정대는 아프리카 동해안에서 그 당시까지 가장 큰 공지空地로 남아있던 내륙을 향해 출발했다. 그곳은 지금의 콩고민주공화국이 위치한 곳으로서 그때까지 어떤 유럽인도 발을 딛지 못한 적도상에 있는 아프리카 중심 지역이었다. 스탠리의 계획은 이미 알려진 동부 아프리카의 몇몇 호수들을 측량하고, 나일강이나 콩고강의 발원지일지도 모를 서쪽의 커다란 강을 탐험한다는 것이었다.

1877년 9월, 스탠리 일행은 아프리카 서해안에서 약 80킬로미터 가량 떨어진 콩고강 북쪽 물가의 보마 마을에 도착했다. 동해안의 잔지바르Zanzibar*를 떠난 지 2년 반 만이었다. 그동안 그들이 여행한 거리는 자그마치 1만 1천 킬로미터가 넘는 긴 여정이었다. 원정대의 이름이

---

*   페르시아어로 '검은 해안'이라는 뜻을 지닌 아라비아 반도와 아프리카 동쪽 해안의 무역중계지. 잔지바르는 노예무역이 성행하던 시기 노예무역의 중계지로서도 유명했다.

'앵글로-아메리칸'이라는 데서 볼 수 있듯이 야심적인 그 탐험은 영국과 미국의 두 언론사, 즉 제임스 고든 베넷의 《뉴욕 헤럴드》와 레비-로슨의 《런던 데일리 텔레그래프》가 합동으로 모든 재정을 지원한 사업이었다. 따라서 원정이 진행되는 동안 스탠리가 보낸 기사들은 모두이 두 신문에 실렸고, 아프리카를 횡단하는 동안 만난 여러 지형물에이들의 이름이 붙여졌다. 고든-베넷 산, 고든-베넷강, 레비 언덕, 로슨산 같은 식으로 말이다.

스탠리는 아프리카 대륙 중심부에 있는 폭포에 자신의 이름을 따서 '스탠리 폴스'라는 명칭을 붙였고, 그로부터 1천 6백 킬로미터 하류로 내려온 지점에 있는 바다처럼 넓고 거대한 물웅덩이에 '스탠리 풀*이라는 이름을 부여했다. 원정대의 주요 운송 수단은 스탠리의 약혼자이름을 붙인 '레이디 앨리스' 호와 여러 대의 카누였다. 레이디 앨리스호는 스페인 삼나무로 만든 길이 12미터의 배로, 다섯 부분으로 분리할 수 있었다. 이것은 육지에서는 분리하여 짐꾼들이 걸머지고 수백킬로미터씩 운반했고, 호수와 강을 만나면 다시 짜 맞추어 배로 사용할 수 있었다. 그 밖에도 20여 척의 카누가 더 동원되었다.

원정대는 스탠리를 포함하여 1천 2백 명의 지원자 가운데서 뽑은세 사람의 백인이 주축이 되었다. 그들의 전체 인원은 356명으로 이는리빙스턴 탐색대의 2배나 되는 규모였다. 7톤의 무기와 장비, 언제라도 식량과 교환할 수 있는 상품들을 운반하는 원정대 대열은 8백 미터에 달할 정도로 대단한 규모였다. 엄청난 짐에다 여러 달 동안이나 쉬

---

*   콩고강 하류 부근에 강폭이 혹처럼 불거져 나온 부분. 폭과 길이가 30킬로미터에 이름.

지도 못하고 계속 걷다 보니 불만이 고조되었다. 원정대의 짐꾼들이 난동을 일으키거나 물자를 훔쳐 도망치는 일들이 일어났다. 그때마다 스탠리는 채찍질과 쇠사슬에 묶는 형벌로 단호하게 제재했다. 스탠리는 사소한 일에도 노골적인 적대감을 드러냈다.

원정대가 지날 때면 많은 원주민 마을이 파괴되고 원주민들이 살해되었다. 그들은 미국기와 영국기를 휘날리며 원주민을 향해 사정없이 총을 쏘아댄 것이다. 스탠리는 일기장에 "우리는 큰 마을 28곳과 작은 마을 60~80여 곳을 공격하고 파괴했다."고 썼다. 여행 초기 몇 달 동안 그와 같은 소식은 배달부를 통해 영국과 미국의 신문사에 보내져 보도되었고, 스탠리의 원정대는 원주민 보호협회나 노예제도 반대협회 같은 인도주의 단체들로부터 분노의 표적이 되었다.

스탠리는 몇 년 전 리빙스턴을 찾았던 탕가니카호수에서 서쪽 내륙으로 들어가 마침내 콩고강의 상류를 발견했다. 그때부터 스탠리는 콩고강을 따라서 서부로 가는 내륙 탐사에 착수했다. 이 과정에서 스탠리는 콩고강의 지리적 신비를 풀게 된다.

콩고강은 적도 이남에서 시작되어 적도 이남에서 끝난다. 그러나 강의 궤적은 적도 위로 커다란 반원을 그리며 흐른다. 중앙아프리카에서 적도는 건기와 우기를 나누는 선이다. 적도 위쪽이 건기일 때는 적도 아래쪽은 우기가 된다. 그래서 어느 때든 콩고강의 일부 수로는 건기 지역으로 흐르고, 일부 수로는 우기 지역을 흐른다. 이 때문에 이 강은 다른 열대 지역의 강들보다 수량의 변화가 거의 없는 편이다.

원정대는 강을 따라 내려가면서 강가 주민으로부터 닥치는 대로 물건을 약탈했다. 활과 구식 총으로 맞서는 원주민들은 애초부터 원정대의 상대가 되지 않았다. 스탠리는 콩고강을 따라가면서 잔지바르 출발점에서 수천 킬로미터 떨어진 하류 지역에서 급류를 만났다. 바다 같은 호수인 스탠리 풀까지 1천 6백 킬로미터의 여정은 비교적 순탄했다.

스탠리 풀에는 약 4천여 개의 섬이 흩어져 있었고, 그 가운데 많은 섬에서 사람이 살고 있었다. 그곳의 주민은 많은 지류를 가진 그 강이 마치 모든 강을 삼키는 것 같다고 하여 '음자디' 또는 '음제레'로 불렀다. 포르투갈어로 와전된 이 말이 '자이르Zaire'이고, 20세기 후반 콩고의 독재자 모부투 세세 세코Mobutu Sese Seko, 1930~1997년가 1971년 나라 이름을 바꿀 때 그 명칭을 사용하기도 했다.

스탠리 풀에서부터는 다시 급류가 시작되었다. 어떤 곳은 시속 50킬로미터에 달해 도저히 배를 타고 갈 수가 없었다. 나중에 조사해보니 급류의 총 거리는 350킬로미터에 이르렀다. 그러나 당시에 그런 사실을 몰랐던 스탠리는 배와 카누들을 육지로 끌고 가려 했다. 가장 큰 카누는 길이 16미터에 무게가 3톤이었다. '레이디 앨리스' 호는 분해해서 운반할 수 있었지만, 카누는 그게 불가능했다. 지금까지 여러 달 동안 엄청난 고생 끝에 카누를 메거나 끌거나 하면서 왔지만, 이곳에 당도해보니 그것들을 버리지 않을 수 없었다. 결국, 굶주림과 병마에 시달리며 원정대는 스탠리 풀에서 보마 항까지 약 4백 킬로미터의 거리를 4개월 동안 죽을힘을 다해 걸었다.

스탠리가 이끄는 원정대는 2년 반 동안 아프리카의 동해안에서 서해안까지 1만 1천 킬로미터가 넘는 내륙을 횡단하는 데 성공했다. 그것은 1934년부터 1935년 사이 1년 1개월에 걸쳐 중국을 가로지르며 1만 2천 킬로미터를 걸었던 홍군의 대장정과 맞먹는 거리였다. 하나는 제국주의 침략을 위한 것이고, 다른 하나는 제국주의 침략에 저항하기 위한 것으로 둘 사이에는 근본적인 차이가 있긴 하지만, 그들이 걸은 거리는 비슷했다.

이 원정 과정에서 수많은 사람이 죽었다. 농창膿瘡*과 이질, 천연두, 발진티푸스**로 많은 사람이 사경에서 헤매었다. 그럼에도 스탠리는 천연두에 걸린 짐꾼들이 뒤에 남아 회복할 시간을 준다거나 심지어 숲으로 들어가 죽는 것조차도 허락하지 않았다. 그들이 쓰러져 죽을 때까지 짐을 운반하게 했다. 식수의 부족, 야생 짐승의 공격, 독초와 독충으로 인한 고통……. 가파르고 험준한 길에서 죽음의 고비를 넘나들면서 많은 사람이 목숨을 잃었고, 살아남은 사람들도 '외상 후 스트레스 증후군PSD'이라는 증상으로 시달려야 했으며, 또 고향을 그리면서 시름시름 앓다가 죽은 사람들도 있었다.

스탠리가 처음 출발지인 잔지바르로 돌아왔을 때 그의 탐사 소식을 전해들은 사람들이 그를 칭송하기 시작했다. 그는 이제 유명 인사를 넘어 '진정한 영웅'으로 거듭나 있었다. 미국 의회는 상하원 합동 결의로 그에게 축하 전문을 보냈고, 동료 탐험가들은 그의 콩고강 탐험을 '금세기의 가장 위대한 업적'이라고 추켜세웠다. 다만 그 사이에 그의 약혼녀가 다른 사람과 결혼했다는 충격적인 소식이 그를 기다리고 있었다. 스탠리를 괄시했던 영국도 이번에는 푸대접하지 않았다. 스탠리는 런던으로 갔다. 영국 정부는 그에게 훈장을 주며 영웅 대접을 해주

---

*　종기 따위가 오래되어 살 속 깊이 헐고 표면에는 고름이 고이거나 딱지가 앉는 부스럼. '삼 농가진'이라고도 함.

**　이에 의해 전염되는 급성 전염병.

었다. 그는 환영 연회와 뒤이어진 만찬에서 콩고강이 흐르는 땅에 영국기가 휘날려야 한다고 열변을 토했고, 영국이 콩고 분지에 관심을 두기를 바란다고 했다. 그는 영국 왕세자에게도 이 말을 정중하게 전했다.

그러나 영국은 콩고에 관심이 없었다. 세계 곳곳에 있는 식민지와 보호령, 자치령에서 시도 때도 없이 반란과 소요가 일어나 그걸 진압하느라 정신이 없었기 때문이다. 영국은 이집트와 수단 북부 지역, 케이프타운을 비롯한 남아프리카 지역에만 관심이 있었을 뿐, 급류가 가로막고 있어 물품 수송로가 험난한 아프리카 오지까지는 아직 신경을 쓸 여유가 없었던 것이다. 스탠리가 국적을 둔 미국 역시 콩고 지역에 큰 관심이 없었다. 미국은 이제 막 내부의 영토 확장을 끝내고 카리브해와 라틴아메리카, 태평양으로 눈을 돌리고 있을 때여서 아프리카 오지에는 신경 쓸 겨를이 없었던 것이다. 다만 스탠리의 아프리카 오지 탐험을 일찍부터 매우 흥미 있게 지켜보고 있던 사람이 있었으니, 그가 바로 벨기에의 국왕 레오폴트 2세^{Leopold II}였다.

레오폴트 2세, 콩고를 집어 삼키다

1878년 6월 10일, 스탠리를 태운 증기선이 영국 해협을 가로질러 벨기에로 향했다. 벨기에 국왕 레오폴트 2세^{1865~1909년 재위}와의 면담을 위해서였다. 레오폴트 2세는 1871년 스탠리가 리빙스턴을 찾았다는 소식을 들었을 때부터 그의 동정을 자세히 살피고 있었다. 그러다가 1874년 스탠리가 콩고강 유역을 성공리에 탐험했다는 소식을 전해 듣고는 여러 차례 부탁 끝에 마침내 그와의 만남 약속이 성사된 것이었다.

레오폴트는 어떤 인물이기에 왜 이처럼 애타게 스탠리를 찾았던 것일까? 중세 시대 스페인, 오스트리아, 프랑스, 네덜란드의 지배를 받았던 벨기에는 1830년 독립하여 독일의 작센 코부르크 가의 레오폴트 1세영국 빅토리아 여왕의 아저씨뻘를 국왕으로 맞아들였다. 1865년, 벨기에의 초대 국왕 레오폴트 1세의 뒤를 이어 왕이 된 사람이 바로 스탠리가 만나러 가는 레오폴트 2세였다.

레오폴트 2세는, 그의 부왕이 말한 표현에 따르면 "개울을 건너는 여우처럼 조심스럽고 음흉하며 교활한 인물"이었다. 그는 일찍부터 식민지에 대한 욕심을 키워왔다. 그러나 벨기에처럼 작은 나라가 유럽 강국들과 어깨를 나란히 하면서 식민지를 확보한다는 것은 어려운 일이었다. 그 때문에 레오폴트 2세는 유럽 강국들이 신경을 쓰지 않는 아프리카의 오지와 내륙에 촉각을 곤두세우고 있었다. 그런 그에게 스탠리의 콩고강 탐험 성공은 가뭄 끝에 단비나 마찬가지였다. 그는 어떻게 해서든 스탠리와 손잡고 아프리카에 대한 자신의 야심을 실현해보고자 했던 것이다.

그렇게 스탠리와 레오폴트의 만남이 이루어졌다. 당시 레오폴트는 43세, 스탠리는 37세였다. 두 사람은 첫 만남에서 의기투합했다. 레오폴트는 첫 만남에서 "스탠리의 집념과 힘든 일을 해내는 굉장한 능력, 칭찬받고 싶은 욕구, 후원자의 필요성"을 간파했다. 반면 영국의 처사에 실망한 스탠리는 자신이 한 일을 알아본 스폰서를 만나 기뻤다. 그

해가 가기 전 두 사람은 계약에 합의했다. 계약 기간은 5년으로 하고, 스탠리가 유럽에 있을 때는 연간 2만 5천 프랑을, 아프리카에 있을 때는 연간 5만 프랑을 지급하기로 했다. 스탠리와 동행하는 원정대의 경비도 레오폴트가 부담하기로 했다. 두 사람은 스탠리가 콩고강 하구 근처에 첫 번째 기지를 세운다는 것과 철도 개설을 위한 예비 단계로 급류 주변의 험준한 산맥을 관통하는 도로를 건설한다는 데 합의했다. 또 콩고강의 본류를 따라 교역 기지를 세운다는 계획도 세웠다.

1879년 2월, 헨리 M. 스탠리라는 이름의 증기선 한 척이 아프리카를 향해 떠났다. 그리고 2년 뒤, 수정산맥을 관통하는 길이 만들어졌고, 작은 증기선 두 척이 콩고강의 급류가 시작되는 지점에서 조립되었다. 이어서 급류 위쪽 상류 지역의 강둑에도 기지들이 하나둘 세워졌다. 레오폴트 빌^{지금의 킨샤사} 빌이 건설되고, 레오폴트 힐이 솟아올랐다. 지도 상에 레오폴트호수와 레오폴트강이 등장했다. 콩고를 식민지로 만들기 위한 거대한 계획이 실행에 옮겨지기 시작한 것이다.

그러나 레오폴트는 그 사업이 영토 확장이 아닌, 단순한 자선사업인 것처럼 위장했다. '국제 아프리카 협회'라든지 '콩고강 상류 지역 연구위원회', '국제 콩고 협회' 같은 위장 단체들이 그런 것들이었다. 레오폴트는 이와 같은 위장 조직을 만들어 자신의 약탈 행위를 감추고자 했다. 레오폴트는 콩고강 유역에 사는 각 부족의 족장들과 조약을 체결하는 형식을 빌려 그들의 땅을 차지했다. 레오폴트를 대신한 스탠리는 족장들에게 옷감이나 외투, 또는 금속 장식이 달린 제복, 몇 병의 술 따위를 주고는 땅을 넘겨받았다. 스탠리는 각 부족의 족장 450명 이상과 조약을 체결했다고 보고했다.

그러나 그것은 사기였다. 대부분의 원주민 족장들은 서명의 의미를 알지 못했다. 그들은 두 부족 사이 혹은 마을 사이의 친선조약이라는 개념은 있었지만, 계약서에 서명해서 그들의 영토를 다른 해양 너머에 사는 사람인 레오폴트에게 넘겨준다는 것은 상상도 못할 일이었다. 아메리카 인디언들이 그랬던 것처럼 아프리카인들에게도 땅은 개인의 소유가 될 수 없었다. 땅은 그곳에 사는 사람들 모두의 것, 그러니까 공동체의 소유였다. 하지만 탐욕스런 레오폴트 왕과 그의 현지 대리인 스탠리는 온갖 수단과 방법을 다 동원하여 그 땅을 차지했다. 그들에게 문서는 그것이 자신의 것임을 증명하는 일차적인 증거물이었고, 물리적 지배력은 그것을 현실화하는 수단이었다.

1884년 4월 1일, 서명한 대가로 즉시 옷을 선물 받고, 한 달에 옷감 한 필씩을 받기로 한 응곰비와 마펠라의 족장이 합의한 계약서 내용은 다음과 같은 것이었다.

자발적으로 그들의 상속권과 계승권을 당 협회에 양도하고, 그들의 영토에 대한 모든 주권과 통치권을 영원히 포기한다. …… 영토의 어느 지역에서든 당 협회가 시행하는 모든 작업, 원정 사업에 언제라도 노동력이나 기타 수단을 지원한다. 이 나라를 관통하는 모든 도로와 수로의 통행료 징수권, 모든 수렵, 어업, 광산, 삼림 개발권은 당 협회가 절대적인 소유권을 가진다.

과연 이들이 그 의미를 알고 있었을까? 스탠리는 옷감 몇 필, 술 몇 병으로 땅뿐 아니라 노동력까지 샀다. 그 계약은 맨해튼을 양도한 인디언들의 조약보다 훨씬 조건이 나빴던 셈이다.

1884년 6월, 스탠리는 조약문서 뭉치를 갖고 유럽으로 돌아왔다. 이때 둘 사이에는 갈등이 있었는지 스탠리는 레오폴트가 "불과 청어 한 마리를 제대로 삼키지 못하는 입으로 수백만 제곱마일을 삼켰다." 고 불평했다. 하지만 그걸 만들어 준 것은 정작 스탠리 자신이었다는 사실은 말하지 않았다. 스탠리의 도움으로 레오폴트는 벨기에 땅의 80배가 넘는 거대한 땅을 개인의 식민지로 만들 수 있었다. 형식은 앞에서 말했듯 '국제 아프리카 협회'니 '국제 콩고 협회' 따위였지만, 그것은 포장에 불과했을 뿐이다.

유럽과 아프리카의 불행한 만남

유럽에서 가장 먼저 아프리카에 발걸음을 내디딘 나라는 포르투갈이다. 포르투갈의 항해왕자 동 엔리케는 포르투갈 남서부 지방에 근거지를 두고 항해가, 지도 제작자, 조선 기술자들을 모았다. 그곳에서 유럽의 선박들이 새롭게 개선되었고, 항해 도구와 기술이 개발되고 향상되었다. 포르투갈은 앞선 항해 기술을 바탕으로 유럽에서도 가장 일찍부터 탐험과 식민지 개척을 위한 원정에 나서게 되었다.

포르투갈은 1415년 모로코 연안의 세우타Ceuta, 1580년부터는 스페인령를 점령하고, 아프리카에서 황금 무역을 장악하려 했으나 실패했다. 이후 포르투갈 선원들은 금맥을 찾아서 서아프리카 연안을 탐색하며 내려갔다. 그들은 1471년에는 아프리카의 황금 해안까지 내려갔고, 1482년

엘미나Elmina*에 유럽인으로서는 처음으로 요새를 지었다. 그 덕분에 포르투갈은 서아프리카에서 수출되는 금 대부분을 가져갈 수 있었다. 이 금의 양은 포르투갈 국왕의 수입 가운데 약 4분의 1을 차지할 정도로 막대한 것이었다.

1506년을 기점으로 그 비율은 줄어들었지만, 노예가 가장 가치 있는 수출품이 되는 1700년까지도 여전히 금의 비중은 컸다. 포르투갈 상인들은 금의 대가로 처음에는 화기와 총기를 팔았으나, 교황은 이런 무기가 '호전적인(?)' 이슬람의 손에 들어갈까 염려하여 무기 판매를 금지했다. 그러자 아프리카의 다른 지역에서 생산된 직물이나 유럽에서 생산된 금속, 그리고 다른 지역에서 사들인 노예를 팔았다.

포르투갈 상인들은 아시아에서 그랬던 것처럼 아프리카 무역에서도 해상 중개인 노릇을 했다. 초기 무역에서 콩고Congo는 포르투갈의 매우 중요한 무역 파트너였는데, 그 주요 내용이 바로 노예무역Slave Trade이었다. 포르투갈이 콩고와 첫 인연을 맺은 것은 1482년 디오고 카웅Diogo Cão이 항해를 잘못해 콩고 강하구에 도착하면서부터였다. 그 뒤 1491년 포르투갈의 사제들과 사절들로 구성된 원정대가 콩고 왕국에 도착하면서 본격적인 관계가 시작되었다.

콩고 왕국은 포르투갈인이 도착하기 1백 년 전부터 있었으며 노예제도가 유지되고 있었다. 노예는 대부분 전쟁에서 붙잡힌 포로들이었다. 범죄자나 채무자 또는 가족들이 결혼 지참금의 일부로 내놓아 노예가 된 일도 있었다. 그러나 이 노예제도는 유럽인이 아메리카 신대

---

* 그러나 그 소유권은 1637년 네덜란드로, 1872년에는 영국으로 넘어갔다.

류에서 세우게 될 노예제도보다는 훨씬 유연하고 관대했다. 한두 세대가 지나면 자유를 얻을 수 있었고, 노예는 자유민과 결혼하기도 했다.

그러나 인간을 물품으로 거래하는 관행이 아프리카에 존재했다는 사실이 아프리카 인들에게는 커다란 재앙이었다. 포르투갈인들이 노예를 사갈 준비를 하고 이곳에 나타났을 때, 이곳의 족장들은 기꺼이 사람을 팔 의사가 있었던 것이다. 콩고 왕국에서 족장들이 노예 거래에 호의적이라는 게 알려지자 유럽의 많은 노예상들이 나타나기 시작했다. 처음에는 소수가 왔지만, 신대륙이 발견되면서 홍수처럼 밀려들었다.

포르투갈의 식민지였던 브라질은 아프리카의 노예들이 가장 많이 실려 간 곳이었다. 수백만 명의 아프리카 노예들이 브라질의 사탕수수와 커피 농장에 보내졌다. 또 수백만 명의 아프리카 노예들은 카리브해의 섬들로 끌려갔다. 이제 아프리카는 거대하고 수익성 높은 노예무역 시장이 되었다. 유럽인들은 노예무역에 맛을 들이면서 그 열병에 시달렸다. 아무도 일을 하려 하지 않았다. 노예를 호송해 노예 수송선 선장에게 넘기면 큰돈을 벌 수 있었던 것이다. 노예무역이라는 돈벌이는 신성해야 할 사제들까지 탐욕으로 눈멀게 했다.

당시 라틴아메리카에서는 혹심한 노동으로 원주민들이 사망하거나 도망쳐 노동력이 절대적으로 부족했다. 16세기 초 스페인 정부는 선교사 라스 카사스Las Casas*의 건의를 수용, 강건하고 값이 싼 흑인들을

---

* 처음 다른 선교사와 마찬가지로 스페인의 식민지 지배를 당연하게 받아들였다. 하지만 그는 라틴아메리카에서의 스페인의 잔혹 행위를 보고 생각을 바꾸게 된다. 그는 비인간적인 노예제도와 스페인의 가혹한 원주민 탄압 정책을 비판하면서 그들의 삶을 개선하기 위해 노력했다. 그는 영화 〈미션〉에서 로버트 드 니로가 연기한 '멘도자'와 제레미 아이언스가 연기한 '가브리엘' 신부를 합쳐놓은 것과 같은 인물이다.

노예로 사용하게 되었다. 아프리카 서안을 먼저 개척한 포르투갈이 흑인들을 사로잡아 본격적인 노예무역이 이루어졌다. 교회도 이교도 또는 '야만인(?)'에게 자행된 이 노예무역을 인정했고 일반인들도 그다지 비난하지 않았다.

1530년대부터 콩고의 항구에서는 해마다 5천 명 이상의 노예들이 대서양 너머로 실려 나갔다. 17세기에는 콩고 왕국 전체에서 1년에 1만 5천 명의 노예가 수출되었다. 콩고강 하구에서 배에 실린 노예의 대부분은 이곳 출신이었다. 그밖에는 아프리카 노예상들이 1천 킬로미터 이상 내륙으로 들어가 잡아온 사람들이거나 지방 족장들로부터 사들인 사람들이었다. 처음에는 이들 노예 대부분은 아프리카에서 비교적 가까운 브라질로 보내졌으나, 17세기부터는 노예의 수요가 늘어나면서 북아메리카의 영국 식민지에까지 보내졌다.

노예무역이 성행하면서 콩고 왕국은 그야말로 재앙을 맞게 된다. 인구가 나날이 격감했던 것이다. 1526년 아폰소 1세기독교로 개종한 콩고의 왕는 포르투갈의 주앙 3세에게 이런 편지를 보냈다.

매일 상인들이 우리 백성을 납치하고 있습니다. 이 나라의 어린이, 귀족과 신하의 아들, 심지어 왕실 가조家祖, 한집안의 어른까지 붙잡아 갑니다. …… 이런 부패와 악행이 너무 만연하여 우리 땅에는 인구가 많이 줄어들고 있습니다. …… 우리에게는 오직 사제들과 교사들만이 필요합니다. 미사용 포도주와 밀가루를 제외하고 그 어떤 상품도 필요 없습니다. …… 이 왕국이 노예를 거래하거나 운송하는 장소가 되지 않기를 바랍니다.

그러나 소용없었다. 포르투갈은 이 호소에 전혀 귀를 기울이지 않았다. 그리고 노예무역으로 부를 축적한 족장들도 콩고 왕실에 더 이상 충성을 바치지 않았다. 16세기 말부터 포르투갈뿐만 아니라 유럽의 다른 국가들도 노예무역에 합류하기 시작했다. 영국, 프랑스, 네덜란드의 배들이 인간 화물을 찾아 아프리카 해안을 휘젓고 다녔으며, 노예 사냥꾼들은 아프리카의 내륙까지 돌아다녔다. 노예무역은 콩고뿐만 아니라 아프리카 전역에서 행해졌다. 노예무역은 아프리카의 재앙이었다. 그것이 준 경제적 충격이 어떠한 것이었는지, 아프리카에서 얼마나 많은 수의 노예들이 실려 나갔는지는 아무도 정확하게 모른다. 하지만 리빙스턴조차도 노예무역으로 인한 아프리카의 황폐화가 얼마나 심각했는지 '지옥에 있는 느낌'을 받았다고 말할 정도였다.

인구 문제를 연구한 한 학자는 대체로 "1천 2백만 명 정도가 아프리카에서 빠져나갔을 것"이라고 추정한다. 반면 또 어떤 학자는 "노예무역이 없었더라면 1850년 사하라 이남의 아프리카 인구가 1억 명이 되었을 텐데, 5천만 명밖에 되지 않았다."고 했다. 그에 따르면 사실상 아프리카의 인구 손실이 5천만 명에 달한다는 이야기이다. 물론 이에 대한 반론도 있다. 인구 증가율을 그 당시 가장 문명이 앞섰던 아시아와 똑같이 잡은 것은 잘못이라고 주장한다. 그러나 그 수치의 정확성과 상관없이 아프리카에서 엄청난 노동력 유출이 있었고, 그것이 아프리카의 발전에 가장 큰 장애가 되었다는 점은 분명하다.

아프리카 분할이 완료되다

유럽은 아프리카에서 수많은 노예를 잡아다 팔아넘기며 엄청난 이익을 챙겼지만, 아프리카 자체에 대해서는 오랫동안 관심을 두지 않았다. 사하라 이남의 아프리카 지역, 특히 콩고 분지가 있는 중앙아프리카 지역은 유럽인들이 접근하기에는 너무 험난한 곳이었다. 그래서 오랫동안 유럽인들에게 아프리카는 금과 상아, 노예의 공급처였을 뿐, 그 외에는 정체가 밝혀지지 않은 그런 곳이었다. 아프리카를 묘사할 때 자주 쓰이는 '검은 대륙'이란 말도 결국 이런 데서 나온 말이었다. 유럽인들에게 아프리카는 텅 비어 있으면서도 파헤쳐져야 하는, 암흑에 묻혀 비밀에 휩싸인 곳일 수밖에 없었던 것이다.

미지의 땅 '검은 대륙' 아프리카가 유럽인들에게 본격적으로 다가오기 시작한 것은 19세기 중반 이후부터였다. 그때까지만 하더라도 북부 아프리카에서 알제리와 튀니지에 프랑스가 진출했고, 이집트에 프랑스와 영국이 조금씩 관심을 기울이기 시작한 정도였다. 또 남아프리카에서 영국이 케이프 지역을 중심으로 영향력을 확대하고 있었다. 그밖에는 서부 연안의 무역 기지와 군사 주둔지, 동부의 마다가스카르 섬과 잔지바르섬, 그리고 동부 연안 지역의 일부를 점령한 정도가 전부였다. 그것은 아프리카 대륙 전체 면적의 10%에도 채 미치지 못하는 수준이었다. 1870년대까지도 아프리카 땅의 80%는 여전히 토착민 족장들이 지배하고 있었다.

그러나 리빙스턴과 그의 뒤를 이은 스탠리의 원정으로 유럽인들의 아프리카 탐험 열풍이 불었고, 그것은 곧 유럽 국가들의 아프리카 식민지 확보 경쟁으로 이어졌다. 1869년 이집트에서 수에즈 운하가 개통되면서 영국이 인도로 가는 생명선인 수에즈 운하와 나일 강 원류 지역을 보호하기 위해 수단과 그 아래 지역까지 확보하려고 나섰고, 그로 인해 식민지 경쟁은 더욱 치열해졌다. 영국은 남아프리카의 보어인Boer*이 살던 지역에서 다이아몬드 광산과 대규모 금광이 발굴되자 이 지역에 대해서도 손길을 뻗쳤다. 그리고 이집트에 이어 수단에도 진출하기 시작했다. 프랑스도 이에 질세라 아프리카 서부 연안에서 내륙 지역으로 영향력을 확대하고 있었다.

특히 스탠리가 아프리카에서 돌아와 영국에 자리 잡고 여행기를 쓰고 있을 즈음인 1880년 중반, 유럽은 아프리카에 대해 눈을 새롭게 뜨고 있었다. 스탠리가 콩고강을 처음 탐험했을 때와는 달리 불과 5~6년 사이에 상황이 달라져 있었다. 영국과 프랑스가 차지하고 있던 북서 아프리카와 남부 아프리카뿐만 아니라 그동안 관심 밖이었던 중앙아프리카 지역에도 여러 유럽 국가가 덤벼들고 있었다.

콩고의 넓은 지역은 벨기에의 레오폴트가 선수를 쳐 차지했고, 콩고강 북서쪽 연안은 프랑스가 차지했다. 또 하류 지역에서는 포르투갈이 과거의 연고권을 주장하며 한몫 챙기려 했던 것이다. 영국은 남아프리카에서 북아프리카를 향하여 내륙으로 진출했고, 동부 연안에서는 독일과 포르투갈이 식민지 확보에 열을 올렸다. 또 이탈리아는 소말리아 지역을, 스페인은 서부 연안 지역에 눈독을 들이고 있었다. 바야흐로 아프리카의 분할이 시작된 것이다.

---

*   '부어 인'이라고도 하며 스스로는 '아프리카너'라 부르는 네덜란드계 남아공 백인을 지칭

유럽 국가들이 아프리카를 나누는 데 중요한 분기점이 되는 것은 1884~1885년의 '베를린 회의'였다. 당시 신흥 강국으로 떠오르고 있던 독일의 비스마르크 수상은 영국과 프랑스의 갈등을 기회로 아프리카에 대한 발언권을 강화하기 위해 이 회의를 주재했다. 베를린 회의는 콩고 독립국에 대한 레오폴트의 주장을 인정하고, 적도 아프리카 지역에 대한 프랑스의 권리를 승인했다. 또 이 지역에서 무역의 자유가 있음을 선포했다. 서북부 지역에서부터 나이저강Niger River 하류까지는 영국이, 나이저강 상류 지역에 대해서는 프랑스의 우월권이 인정되었다. 또 잔지바르 맞은 편 영토는 독일의 보호령으로 인정했다.

베를린 회의 이후 아프리카 지역을 나누기 위한 유럽 국가들의 행보는 더욱 바쁘게 진행되었다. 이를테면 동부 지역에서 잔지바르에 대한 간접적인 영향력을 행사하던 영국은 1886년과 1890년 독일과 조약을 맺어 이 지역을 나누었다. 그 결과 오늘날의 케냐와 우간다는 영국이, 탄자니아는 독일이 차지하게 된다. 서부 지역에서 나미비아는 독일이, 앙골라는 포르투갈이 차지했다. 또 북서 아프리카도 쪼개졌다. 이렇듯 유럽 국가들이 한꺼번에 아프리카에 덤벼들자 아프리카는 삽시간에 분할되었다. 1902년까지 에티오피아와 라이베리아Liberia**를 제외한 아프리카의 모든 나라가 유럽의 식민지로 전락했다. 세계 전체 육지 면적의 22%를 차지하는 거대한 아프리카 대륙이 베를린 회의 뒤

---

* 아프리카 서부를 흐르는 강. 4천 180킬로미터의 길이로 나일강, 콩고강에 이어 아프리카에서 세 번째로 긴 강.
** 1822년 미국 식민협회가 흑인 해방노예를 이주시켜 1847년에 독립을 선언한 아프리카 최초의 공화국이다. 1865년까지 미국에서 약 2만 명의 해방노예가 입국했다. 현재 이들 해방노예의 후손들은 전인구의 3% 정도며 이 나라의 주류를 이루고 있다.

불과 20여 년 남짓한 기간에 완전히 분할되고 만 것이다.

레오폴트 왕의 잔혹한 유령

유럽 국가들에 의해 분할된 아프리카는 어떤 운명에 처했을까? 또 그 땅에 사는 사람들을 기다리고 있던 것은 무엇이었을까? 식민지 지배 방식이나 그 결과는 지역에 따라, 식민지 본국의 정책에 따라 조금씩 차이가 있었다. 하지만 식민지 통치를 받으며 살았던 사람들이 겪은 고통은 근본적으로 차이가 없었다. 폭력적 지배, 무자비하고도 가혹한 처벌, 살인적인 노동과 세금, 그리고 인종 차별까지……

그런데 아프리카 곳곳에서 행해진 그와 같은 비인간적인 식민지 통치 가운데서도 가장 가혹하고 잔인했던 곳을 꼽으라면 콩고를 빼놓을 수 없다. 그 어떤 곳보다도 콩고에서 가혹한 행위가 자행되었던 중요한 원인은 그곳이 레오폴트 개인의 식민지였다는 점과 밀접한 관련이 있다.

콩고 총독은 영국이나 프랑스, 독일의 식민지 총독과는 달리 별로 권한이 없었다. 콩고국의 고위 관리와 중간 관리는 레오폴트가 직접 임명했다. 브뤼셀에 있는 3~4명의 각료로 구성된 소규모 내각 또한 레오폴트에게 직접 보고했다. 왕이 혼자서 마음대로 처리한 것이다. 행정의 하급 단위에서는 광대한 영토의 구석구석 담당 지역과 강변의 주재소들을 책임지는 백인 관리들이 왕의 식민지 정책을 수행했다. 그러나 일부 먼 거리에 있는 주재소들에는 몇 달이 지나도 증기선이 찾

벨기에의 레오폴트2세

아오지 않았다. 그 때문에 이들은 어떤 의미에서 소왕국 내의 또 하나의 왕이었다.

콩고국을 움직이는 중요한 지침이나 정책은 왕실 칙령의 형태로 내려갔다. 왕실 칙령은 콩고에서 공한지空閑地는 모두 국가의 소유라고 선언했다. 하지만 그 방대한 영토를 모두 착취할 수단을 갖지 못한 왕은 콩고를 여러 단위로 나누어 각각을 개인 회사들에 임대했다. 이들 회사는 이익 가운데 50%를 콩고국사실은 레오폴트 개인에 준 대신, 레오폴트는 군대와 관리들을 동원해 이들 회사가 이익을 쥐어짜는 데 일조했다. 콩고인들은 이 과정에서 살인적인 노동과 가혹한 처벌에 시달려야 했다. 1896년 벨기에의 상원의원 에드몽 피카르는 급류 근처에서 보았던 짐꾼들의 행렬을 이렇게 묘사했다.

우리는 이 짐꾼들을 계속해서 만났다. …… 옷이라고는 허리춤을 가린 작은 천 조각밖에 걸치지 않은 불쌍한 흑인들이었다. 곱슬곱슬한 맨머리는 상자, 짐 더미, 상아, 통 등을 떠받치고 있었다. …… 그들은 대부분 병들어 있었고 피곤함과 굶주림 때문에 짐의 무게를 제대로 이겨내지 못했다. 그들이 먹는 것이라고는 한 줌의 쌀과 냄새나는 건어물이 전부였다. 그들은 걸어 다니는 막대기, 혹은 원숭이처럼 가느다란 다리를 가진 짐 나르는 짐승이었다. …… 강력한 민병대를 가진 콩고 정부가 그들을 징발했고 마을의 족장은 자신의 노예들을 짐꾼으로 내어놓고 그들의 임금을 가로챘다. 그들은 구부러진 무릎으로 배를 앞으로 쑥 내밀고는 한 손을 들어 짐을 붙잡았고 다른 손으로는 막대기를 짚으며 땀과 오물에 찌든 채로 먼 길을 걸어갔다. 그들이 시지포스처럼 걸어가는 산길과 계곡에서는 날파리와 온갖 해충들이 그들의 얼굴과 몸을 사정없이 찔러댔다. 그들은 짐을 나르던 길 위에서 죽었고 혹은 요행히 그 괴롭고 힘든 여정을 마치고 자신들의 마을로 돌아가더라도 후유증과 피로로 죽을 수밖에 없었다.

이와 같은 강제 노동과 착취는 아프리카 식민지 어느 곳에서나 자행된 일이었다. 콩고의 비극은 단순히 이런 가혹한 노예 노동과 착취에 있었던 것은 아니었다. 이곳 사람들에게 상상할 수 없는 잔혹한 일들이 벌어지기 시작한 것은 1891년 콩고에서 야생고무가 채집되면서부터였다.

1890년대 전 세계적으로 고무 수요가 폭발적으로 늘어났다. 고무 타이어와 호스, 튜브, 그밖에 소품을 만드는 데도 고무가 필요했고, 전보, 전화, 전기선 등 절연 장비를 만드는 데도 고무를 사용했다. 1890년 내내 고무 가격이 폭등했고, 공장에서는 고무가 없다고 난리였다. 레오폴트가 지배하는 콩고의 절반 지역에서는 야생 고무 덩굴이 자라고 있었다. 이것은 레오폴트에게는 호기였다. 그는 그동안 식민지 경영을 위해 투자했던 밑천을 한꺼번에 뽑아내기 위해 콩고에서 고무 생산을 독려했다. 세계는 여전히 상아를 필요로 했으나 1890년대 후반에 이르러 콩고의 주 소득원은 야생고무였다.

야생고무를 생산하는 데는 노동력만 있으면 됐다. 생산 설비도 기술도 공장도 필요 없었다. 사방에 흩어져 있는 나무에 올라가 고무 수액을 채취하면 된다. 고무를 뜻하는 프랑스어 카우추는 '눈물을 흘리는 나무'라는 뜻을 가진 남아메리카 원주민의 말에서 나왔다. 그 눈물고무 수액을 위해 사람의 피눈물이 필요했다.

콩고의 고무나무는 아랫부분의 둘레가 30센티미터쯤 되는 기다란 넝쿨로 지상에서부터 다른 나무를 타고 올라가 30미터쯤 올라가면 옆에 있는 다른 나무를 타고 수십 미터를 뻗는다. 고무를 채취하기 위해서는 그 넝쿨의 표면을 벤 다음 양동이나 항아리를 들이대어 천천히 떨어지는 걸쭉한 수액을 모은다. 원래는 표면을 살짝 베어내 채취해야 하지만 덩굴을 완전히 자르면 더 빨리 많은 양의 고무 수액을 채취할 수 있다. 대신 고무나무는 죽게 된다. 지나친 채취 때문에 고무나무들은 동이 나버렸다. 그것은 사람들이 빨리 할당량을 채우기 위해 넝쿨을 잘라 버렸기 때문이다. 사람들은 고무 수액을 채취하기 위해 마을에서 먼 곳으로 가야 했다. 그리고 지상에서 채취할 수 있는 넝쿨이 바닥나자 높은 곳에 올라가야 했다.

고무 채취 작업은 굉장히 힘든 노동이다. 그래서 젊은 사람들은 이 일을 하지 않으려고 산속으로 도망갔다. 그러자 콩고 공안군은 이들에 작업을 강요할 방법을 생각해 냈다. 그것은 볼모였다. 볼모는 여자나 어린아이, 노인 또는 마을의 촌장이었다. 공안군은 볼모를 잡은 뒤 정해진 양의 고무 수액을 가져와야 이들을 풀어 주었다. 만일 제시간에 필요한 양을 채우지 못하면 가차 없이 채찍질이 가해졌다. 많은 사람이 채찍으로 생긴 상처로 고생하며 시름시름 앓다가 죽어갔다. 그래도 이건 약과였다. 레오폴트 왕의 탐욕이 콩고를 유령의 땅으로 만들었던 것이다.

식민 지배의 잔인한 유산

채찍질보다 훨씬 잔혹한 형벌은 오른손 자르기였다. 어떤 마을에서 고무 채집에 협조하지 않는다고 주민이 무차별적으로 학살되었다. 그런데 벨기에 출신의 장교들은 현지 출신의 하급 공안에게 학살의 증거를 요구했다. 그것은 혹시라도 현지 출신의 공안들이 탄약을 빼돌려 나중에 반란용으로 사용할까 봐 그런 것이었다. 이를 위해 하급 공안들에 사살한 사람의 오른손 손목을 잘라오게 했다. 하지만 어떤 경우에는 살아있는 사람의 오른손을 절단하기도 했고, 다리를 절단하는 때도 있었다.

이와 같은 고무 테러가 콩고 전역에 퍼져 나갔다. 엄청난 수의 사람들이 집단으로 학살되었고, 산 사람들의 손과 다리가 잘려나갔다. 살아남은 사람들의 가슴속에는 평생 지울 수 없는 쓰라린 기억의 화인이 찍혔다. 한 흑인 관리는 악독한 백인 관리의 행적을 이렇게 기억했다.

모든 흑인은 그자를 적도의 악마라고 생각했다. …… 그자는 들판에 죽어 나자빠진 시체들로부터 손을 잘라오게 했다. 그자는 군인들이 양동이에 담아온 손의 숫자를 일일이 확인했다. …… 고무를 내놓지 않겠다고 하는 마을은 완전히 싹쓸이를 당했다. 나는 젊은 시절 보예카 마을의 담당자인 피에베즈의 부하 몰리니가 원주민 열 명을 잡아다가 그물 안에 집어넣고 그물에 무거운 돌을 매달아 강물에 던지는 것을 보았다. …… 고무 때문에 이런 고문과 학대를 저지르는 것이다.

여기에 등장하는 피에베즈는 흔히 말하는 '인간 백정'이었다. 그는 아프리카인들을 인간으로 보지 않았다. 언제든지 사냥할 수 있는 밀림에 사는 동물과 전혀 다를 바 없는 존재로 보았다. 이 인간도살자는 마을 사람들이 그가 요구한 물고기와 카사바를 내놓지 않는다고 한꺼번에 흑인 백 명의 머리를 잘라 버린 적도 있었다. 인간도살자는 그렇게 하고도 "나의 목표는 궁극적으로 인간을 위한 것입니다. 나는 1백 명을 죽였습니다. 하지만 그렇게 해서 나머지 5백 명을 살렸습니다."라고 자랑스레 이야기했다. 조셉 콘래드의 『암흑의 핵심 The Heart of Darkness』에 나오는, 사람 해골과 뼈로 화단과 집안을 장식한 커츠라는 인물은 결코 상상 속의 인물이 아니라 지금으로부터 1백여 년 전 콩고에서 무수히 실존했던 인물 중 한 명이었다.

레오폴트가 지배한 콩고에서는 고무 테러로 엄청난 사람들이 목숨을 잃었다. 그 숫자는 1천만 명에 이를 것으로 추산되고 있다. 콩고 인구의 반 이상이 이 과정에서 희생되었던 것이다. 실로 상상을 초월하는 엄청난 숫자가 아닐 수 없다. 그러나 콩고의 비극은 식민지 통치 시대의 고무 테러에만 있었던 것이 아니다. 콩고는 독립을 이룬 뒤에도 식민지의 어두운 유산을 떨쳐버리지 못했다. 많은 아프리카 나라들이 그렇지만, 콩고에서 식민 통치의 그늘이 특히 짙어보이는 이유는 무엇일까?

콩고가 벨기에의 식민지 통치에서 벗어난 것은 1960년이다. 레오폴트 빌에서 대규모 시위가 벌어졌고, 유혈 진압에도 시위가 확산되자 벨기에는 손을 들지 않을 수 없었다. 하지만 독립한 콩고의 앞날은 그다지 밝지 않았다. 원주민 가운데 대학을 졸업한 사람은 30명이 채 안되었다. 콩고 현지 출신의 흑인 장교, 엔지니어, 농업 경제학자, 의사들은 한 명도 없었다. 약 5천 명의 관리자급 공직자 가운데 흑인은 3명뿐이었다. 식민지 정부는 콩고의 자치나 자립에 관해 관심도 없었고, 교육에도 관심이 없었다. 지구에서 유례를 찾아보기 어려운 철저한 우민화 정책을 폈던 것이다.

독립된 지 한 달 뒤에 치른 선거에서 루뭄바가 총리로 선출되었다. 그런데 루뭄바는 아프리카가 정치적 독립만으로는 진정한 해방을 이룰 수 없다고 생각했다. 그는 아프리카는 유럽의 경제적 식민지 상태에서 해방되어야 한다고 생각했다. 당시 벨기에, 영국, 미국의 기업들이 콩고에 투자한 규모는 대단했다. 콩고는 구리, 코발트, 다이아몬드, 금, 주석, 망간, 아연 등 천연자원이 풍부했다. 루뭄바의 호소는 감동적이었다. 그러나 서방 세계는 그의 주장이 위험하다고 판단했다. 그는 소련에 도움을 요청했고, 그것이 그의 죽음을 재촉하는 일이 되고 말았다.

미국 안전보장위원회 산하 비밀공작 소위원회는 취임한 지 두 달도 채 안 된 콩고 최초의 민선 수상을 암살하는 작전을 승인했다. 루뭄바 수상은 미국 CIA의 사주를 받은 군부에 의해 1961년 1월 엘리자베스

빌지금의 루뭄바 시에서 체포된 뒤 비밀리에 총살당했다. CIA 요원은 루뭄바의 시체를 차 트렁크에 넣은 채 버릴 곳을 찾아 도시 주변을 배회했다. 루뭄바를 살해한 조제프 데지레 모부투나중에 '모부투 세세 세코'로 이름을 바꿈라는 이름의 장군은 과거 콩고 공안군의 부사관 출신으로 당시 육군 참모총장이었다.

모부투는 미국의 지원 아래 1965년 쿠데타를 일으켜 권좌에 오른 뒤 32년 동안 독재자로 군림했다. 그는 정적을 회유 · 협박하거나 고문 · 살해하고, 강제추방하곤 했다. 미국은 그의 통치 기간에 10억 달러가 넘는 민간 및 군사 원조를 제공했다. 프랑스는 더 많은 원조를 제공했다. 그 대가로 미국과 프랑스는 확실한 우군을 얻었고, 군사 작전을 위한 활동 무대를 확보하게 되었다. 그러나 모부투는 콩고 민중을 위해서는 한 일이 없었다.

모부투는 1997년 쫓겨날 때까지 32년 동안 권좌에 있으면서 끌어모은 돈이 어찌나 많은지 세계 최고의 부자 대열에 낄 정도였다. 재산이 많을 때는 40억 달러에 달했다고 한다. 그에게는 국가 재산과 개인 재산의 구분이 없었다. 모든 대기업의 수익금 가운데 일정 부분은 자신의 몫으로 챙겼다. 피부색만 제외하면 모부투는 1백 년 전의 통치자인 레오폴트와 모든 점에서 똑같았다. 일인 통치, 자신의 이름을 딴 호수, 요트, 국가 재산의 횡령, 자신의 영토에서 영업하는 사기업들의 막대한 주식 보유 등등, 모든 것이 같았다.

모부투는 레오폴트의 현대적 초상이었다. 어쩌면 그것이야말로 콩고 식민지 지배의 가장 어두운 유산인지도 모른다. 1997년 카빌라가 이끄는 반군에 의해 모부투가 쫓겨났으나, 이듬해 1998년 콩고 민주회의RCD가 봉기하면서 콩고는 내전에 휩싸인다. 그 뒤 콩고 내전은 주변 국가들의 개입으로 국제전 양상으로 발전했고, 수많은 인명 피해와 국토의 황폐화를 가져왔다. 이는 모부투 독재 시대의 어두운 유산이 아닐 수 없다. 과연 콩고가 식민지 통치와 모부투 독재 정권이 남겨놓은 잔혹한 유산에서 벗어날 날은 언제일까?

10. 미국-멕시코 · 인디언 전쟁

변명의 여지가 없는 미국의 영토 확장 전쟁

전쟁에 중독된 나라, 미국

지금은 우리나라 사람들의 인식도 많이 달라졌지만, 멀지 않은 과거에만 해도 미국을 세상에서 가장 '선한 나라'라고 생각한 사람들이 많았다. 그런 사람들 가운데는 미국을 '침략 전쟁을 일으킨 적이 없는 나라'라고 생각하는 사람도 있었다. 그러나 지금 우리나라는 물론이고 전 세계적으로 미국에 대한 인식이 매우 악화되어 있다. 미국의 부시 행정부는 21세기에만 벌써 두 번씩 아프가니스탄과 이라크이나 침략 전쟁을 벌였으며, 민주당 정부인 오바마 행정부조차도 이란을 향해 전쟁 위협을 계속하고 있다. 상식이 있는 사람이라면 이런 모습을 보고서도 미국이 '선한 나라', '평화를 사랑하는 나라'라고 여기지는 않을 것이다. 현실에 대한 약간의 통찰만 있다면 미국이야말로 '세계를 위협하는 가장 위험한 나라', '전쟁 중독에 걸린 나라'라는 사실을 단번에 알아차릴 수 있을 지경이다.

그러나 미국이 처음부터 남의 나라를 침략하고 전쟁을 벌이는 전쟁

국가였던 것은 아니다. 전쟁이란 힘이 없으면 일으킬 수 없는 법이다. 더욱이 현재 미국이 벌이는 전쟁은 단순히 국가 간의 영토 분쟁이나 이해 충돌을 넘어서는 이른바 '세계 질서의 조정자' '세계 평화의 수호자' '세계의 헌병'으로서의 미국의 위상과 관련되어 있다. 따지고 보면 세계 질서라는 것도 결국은 미국의 국가 이익을 위한 것이기는 하지만 어쨌든 현재 미국이 주관하는 전쟁은 초강대국 미국이 세계 질서를 자신의 요구에 맞게 조정, 통제하기 위한 목적으로 벌이는 것이다. 미국이 세계 초강대국으로서 세계 질서에 관여하기 시작한 것은 냉전 시대부터였고, 소련 붕괴 후에는 세계 유일의 초강대국으로서 그 영향력이 더욱 확대되었다.

미국은 그 이전 시기에는 다른 나라를 침략하는 일을 벌이지 않았던 것일까? 그렇지는 않다. 역사상 힘을 가진 강국들은 예외 없이 침략 전쟁과 정복 전쟁을 일으켰다. 힘이 강한 나라는 온갖 구실을 붙여 약한 나라를 침략하고, 영토를 빼앗았다. 그런 점에서 본다면 역사는 한편으로 '전쟁의 역사'라고도 할 수 있다. 미국도 예외는 아니었다. 미국도 다른 나라를 넘볼 힘이 생기자 침략 전쟁에 가담하게 된다.

그런데 근대 사회의 전쟁은 중세까지와는 달리 지역 차원을 넘어 세계적 차원에서 진행되었다. 그것은 자본주의가 발전하면서 세계가 하나의 시장으로 통합되어 가는 과정에서 일어난 일이었다. 그것은 처음 지리상의 발견에 의한 영토의 점유와 금·은 등 자원의 약탈에서 시작해 점차 자본주의 상품 판매 시장 확보를 위한 식민지 경쟁에서 발생했다. 이러한 제국주의 식민지 확장 전쟁의 선두에 선 것은 유럽 국가들이었다. 제일 먼저 스페인이, 다음으로 네덜란드와 포르투갈, 프랑스와 영국이 그 뒤를 이었다. 그리고 다시 미국, 독일, 일본, 러시아가 뒤따랐다.

그리하여 19세기 후반 전 세계를 몇몇 강대국들이 나누어 지배하는 '제국주의' 시대가 도래하게 되었다. 제국주의 시대는 힘의 논리가 극에 달한 시대였다. 이 시대는 힘의 논리에 따라 총과 대포, 함선으로 무장한 전쟁 국가들이 세계를 지배한 시대였다. 이 시기에 미국은 세계 최강은 아니었지

1848년에 그려진 테쿰세의 초상

만, 당당히 제국주의 열강과 더불어 어깨를 나란히 하며 세계를 누볐다.

미국이 다른 나라를 침략하기 시작한 것은 제국주의 시대가 본격화되는 19세기 후반이 아니라 건국하고 얼마 지나지 않은 19세기 초반이었다. 우선 1812년 7월에 시작해 1815년 1월에 끝난 영국과의 전쟁을 들 수 있다. 이것은 신생 국가 미국이 지금의 캐나다 지역까지 국가 영역을 확장하기 위해 벌인 '영토 확장 전쟁'이었다. 당시 영국은 유럽에서 나폴레옹의 프랑스와 전쟁을 벌이고 있어서 제대로 대응할 수 없었다. 이런 조건을 살펴 미국이 선제적으로 전쟁을 시작했지만 소기의 성과를 거두지는 못했다. 영국과 캐나다 연합군은 젊은 인디언 추장 테쿰세Tecumseh*의 지원에 힘입어 미국의 공세를 막아낼 수 있었다. 미국은 유럽에서 나폴레옹이 몰락하자 영국과 강화 조약을

---

* 쇼니족 추장으로 미국의 인디언 추방에 대항하기 위해 영국·캐나다와 협력한다. 윌리엄 해리슨이 이끄는 미군과의 전투에서 사망했다.

맺을 수밖에 없었다. 이때부터 미국은 영토에 대한 탐욕을 유감없이 드러내기 시작했다.

다음으로 미국이 영토 확장을 위해 노골적인 침략 전쟁을 벌인 것은 1846년에 벌어진 멕시코와의 전쟁이었다. 이 전쟁은 그 어떤 수사를 붙이더라도 영토 확장을 목적으로 한, 달리 변명할 수 없는 '명백한 침략 전쟁'이었다. 미국의 역사학자들은 이 전쟁을 '더러운 전쟁'이라고들 부른다. 19세기 내내 계속된 인디언과의 투쟁 또한 '명백한 영토 확장 전쟁'이었다. 그 뒤 미국은 스페인과의 전쟁1898년을 비롯해 외국으로 팽창하기 위한 전쟁을 계속 벌였다. 그렇게 해서 쿠바, 필리핀, 푸에르토리코, 하와이 등을 합병 또는 속국으로 만들었다.

미국이 20세기에 벌인 전쟁은 언급하기도 어려울 정도로 많다. 제2차 세계대전 이후에 세계에서 일어난 전쟁이란 전쟁에는 거의 다 미국이 개입했다고 할 수 있을 지경이다. 미국은 '세계의 헌병'을 자처하면서 모든 분쟁에 노골적으로 개입했다. 한국 전쟁과 베트남 전쟁, 이라크 전쟁을 비롯해 크고 작은 전쟁에 미국은 빠지지 않고 개입했으며 제3세계 반혁명 쿠데타와 내전에도 관계했다. 이런 때 미국은 '자유와 민주주의를 지키기 위해서'라는 명분을 내세우며, 유엔과 다국적군의 이름으로 개입하는 것을 잊지 않았다. 만일 그러한 포장이 어려울 때는 은밀한 비밀공작을 통해 개입했다.

그러나 그런 포장만으로 미국의 전쟁 국가적 본질이 완전히 감춰질 수 있는 것은 아니었다. 그럼에도 미국은 침략자의 이미지를 은폐하기 위해 다양한 방법을 동원했다. 하지만 소련이 무너진 뒤 미국이 세계 유일 초강대국으로 남게 되자 미국은 그런 위장도 하지 않은 채 드러내 놓고 전쟁을 벌이기 시작했다. 유엔과 국제 사회의 반대에도 아랑 곳하지 않고 이라크에 대한 침략 전쟁을 감행한 사실에서 알 수 있듯 이, 미국은 세계 패권을 지키기 위해 '전쟁 국가'라는 사실을 애써 감 추려고도 하지 않았다.

미국이 침략 전쟁의 달콤한 맛을 처음 알게 되는 것은 멕시코와의 전쟁이다. 그때 전쟁에서 패배했다면 미국은 남의 나라를 침략하는 전 쟁을 더 이상 감행하지 못했을 것이다. 그런 점에서 미국이 전쟁 국가, 패권 국가로 첫걸음을 내딛게 되는 멕시코와의 전쟁, 그리고 내부의 또 다른 영토 확장 전쟁이었던 인디언과의 전쟁을 살펴보는 것은 지금 의 미국을 이해하는 데 중요한 의미가 있다.

알라모를 기억하라

1836년 2월, 산타 안나Santa Anna 장군이 이끄는 6천 명의 멕시코군 대가 텍사스로 진격했다. 멕시코군은 먼저 3천 명의 병력으로 산 안토 니오를 공격했다. 그러나 트래비스 대령이 이끄는 187명의 텍사스군 은 '알라모Alamo'라고 하는 포교단 건물을 방호벽으로 삼아 끈질기게 저항하면서 열흘 동안이나 버텨냈다. 산타 안나 장군의 대부대는 수많 은 사상자를 내고 한때 퇴각했지만, 마침내 텍사스군을 백병전으로 무 너뜨리고 알라모 건물마저 포탄으로 박살내 버렸다. 텍사스군은 사로 잡혀 총살당한 5명을 비롯해 187명이 모두 몰사했다.

전투가 끝난 뒤 알라모에는 단지 세 명의 생존자만 남았다. 수잔나

알라모 요새

디킨슨이라는 여인과 15개월 된 아기, 그리고 트래비스의 노예였던 조. 산타 안나 장군은 이들 세 사람을 텍사스 군사령관 샘 휴스턴에게 보냈다. 만일 텍사스군이 저항을 계속하면 어떻게 될 것인가 하는 경고와 함께. 존 웨인이 주연한 〈알라모 요새〉라는 미국 영화 때문에 알라모의 이야기는 우리에게도 비교적 널리 알려졌다. 그러나 영화 〈알라모 요새〉는 미국의 시각으로 만들어진 할리우드 영화에 불과할 뿐 역사적 진실과는 거리가 있다.

1836년 4월, 멕시코군과 텍사스군은 산하신토San Jacinto에서 다시 맞붙었다. 병력면에서는 이번에도 텍사스군이 절대적으로 열세였다. 그러나 텍사스 군대는 샘 휴스턴Sam Houston의 지휘 아래 "알라모를 잊지 마라!"는 구호를 외치며 필사적으로 싸웠다. 반면 산타 안나의 멕시코 군대는 숫자만 믿고 자만심에 빠져 낮잠을 즐기다가 텍사스 군대의 급습에 크게 패배했다. 전투는 18분 만에 끝났고, 멕시코군은 혼비백산하여 리오그란데강 건너로 도망치고 말았다. 텍사스군의 전사자는 9명밖에 안 됐지만, 멕시코군은 수백 명의 사망자를 냈다. 그리고 그보다 훨씬 많은 숫자가 포로로 잡혔다. 멕시코 사령관 산타 안나 장군도 포로가 되어 미국으로 끌려갔다. 그는 멕시코가 텍사스의 독립을 인정한 뒤에야 멕시코로 되돌아올 수 있었다. 텍사스는 이때부터 1845년 미국의 28번째 주가 되기까지 독립 공화국으로 존재한다.

산타 안나는 멕시코 독립 후 극심한 정치적 혼란에 휩싸였던 1822년부터 1855년 사이에 여섯 번이나 대통령을 지내면서 멕시코 정치를 주물렀던 멕시코의 정치적 거물이다. 그는 라틴아메리카 나라에서 정치를 좌지우지한 '카우디요Caudillo' 중 대표적인 인물이다. 카우디요란 스페인어로 '정치적 · 군사적인 절대 지배자'를 뜻한다. 이들은 정권을 장악하기 위해 무력을 사용하고, 권력을 장악한 뒤에는 철저한 물리적 탄압과 억압적 통치로 권위를 유지한 카리스마적인 지배자들로서 일종의 '정치 군벌'이라고 볼 수 있다.

19세기 라틴아메리카 국가에서는 소수의 카우디요들이 나라의 정치를 좌우함으로써 혼돈과 무질서가 계속되었다. 카우디요들이 무력을 바탕으로 끊임없이 권력 투쟁을 벌였으며 그 때문에 나라는 계속 전쟁 상태에 놓이게 되었다. 카우디요는 정치 불안의 장본인이었을 뿐만 아니라 정권을 장악한 뒤에는 부패와 족벌 정치, 비민주적 독재 정치를 일삼아 라틴아메리카 정치에 그릇된 전통을 남긴 해악인 존재들이었다. 19세기 대표적인 카우디요로는 베네수엘라의 블랑코, 아르헨티나의 로사스, 멕시코의 산타 안나를 들 수 있다. 20세기 라틴아메리카의 독재자들 또한 일종의 카우디요 같은 존재라고 할 수 있었다. 베네수엘라의 고메스, 브라질의 바르가스, 아르헨티나의 페론, 쿠바의 바티스타, 도미니카공화국의 트루히요, 아이티의 뒤발리에, 니카라과의 소모사 등이 그런 인물들이었다.

그렇다면 텍사스 문제는 어떻게 일어나게 된 것일까? 멕시코는 왜 텍사스를 공격했으며 텍사스인들은 또 누구인가? 멕시코군이 텍사스군을 공격한 것은 스페인 지배 시절부터 멕시코의 일부였던 텍사스가 1835년 11월에 분리하여 독립하겠다고 선언했기 때문이었다. 물론 그 배후에는 미국이 있었다. 애덤스 대통령 시절 미국은 텍사스의 매입을 제안했지만 거절당했고, 그 뒤 1930년 이 비옥한 땅에서 목화를 재배하기 위해 2만 명 이상의 미국인들이 몰려들었다. 목화농장에서 일하는 노예도 2천 명이나 되었다. 그러나 멕시코는 노예제도를 인정하지 않고 있었다. 그런데 얼마 지나지 않아 텍사스에 사는 미국인 수가 멕시코인 수를 앞지르게 되었다. 텍사스의 미국인들은 멕시코에서 탈퇴하기로 결의했다. 그러자 산타 안나 대통령은 자신이 직접 6천 명의 군대를 이끌고 텍사스 공격에 나섰다. 자신의 정치적 입지를 강화하려 했던 것이다. 하지만 안타깝게도 멕시코 군대는 텍사스군에게 보기 좋게 패배하고 말았다.

1836년 4월의 승리 이후 텍사스는 멕시코에서 떨어져 나와 분리 독립했으며, 샌 안토니오San Antonio를 대통령으로 선출했다. 그리고 이어서 멕시코는 미국 연방에 가입 신청을 했으나 곧바로 받아들여지지 않았다. 이것은 노예제 문제로 내부 진통을 겪고 있던 미국이 멕시코와의 전쟁을 바라지 않았기 때문이었다. 그러나 1844년 민주당의 제임스 K. 포크James Knox Polk가 대통령에 당선되면서 상황은 달라졌다. 포크는 노예제를 지지하는 여러 주를 옹호하고 있던 인물이었다. 그는 미국이 '이 지구에서 가장 훌륭한 나라'라고 믿었으며, 미국의 제도를 세계로 퍼뜨리는 것은 자신들의 '분명한 운명'이라고 믿는 팽창주의자였던 것이다.

미국의 '분명한 운명'

1840년대 미국에서는 팽창주의 기운이 열풍처럼 번지고 있었다. 그것은 아직 미개척지인 미국의 서부 땅에 대한 미국인들의 이민과 개척 열풍으로 나타났다. 1800년경 530만에 불과하던 미국의 인구는 1850년 2천 3백만 명으로 늘어났다. 이렇게 인구가 급작스럽게 늘어난 것은 유럽으로부터 몰려오는 폭발적인 이민 때문이었다. 1820년대까지 연간 1만 명 정도에 불과하던 이민자 수가 1832년에는 6만 명, 1842년에는 10만 명으로 늘어났고, 1845년부터 1860년 사이에는 더욱 폭발적으로 증가했다. 이것은 1848년의 아일랜드 대흉작과 유럽 혁명의 여파 때문이었다.

이민자들은 주로 북부 지방의 공장 지대나 서부로 향했다. 이들은 일찍부터 개척된 북서부 오하이오는 물론이고 프랑스에서 사들인 루이지애나까지 몰려들었다. 여기에 남부의 농장주들과 투기꾼까지 가세하면서 서부를 향한 개척 열풍이 일어났다. 이들은 루이지애나를 넘어 텍사스, 오리건, 캘리포니아로 나가기 시작했다. 이러한 팽창주의를 부추긴 것은 이른바 '분명한 운명론'이었다. 모든 것이 그렇듯이 이념도 한 번 사람들의 마음속에 들어와 박히기 시작하면 폭풍우가 몰아치듯 걷잡을 수 없는 힘을 갖고 퍼져 나간다. '분명한 운명론'도 그러했다. 그것이 미국인의 머릿속에 자리 잡는 순간 정말 운명처럼 미국을 휩몰아쳤다.

'분명한 운명'을 처음 이야기한 것은 존 설리번John Sullivan이란 잡지사 기자였다. 그는 팽창주의를 설파하고 있던 한 잡지에서 "해마다 수백만씩 늘어나는 인구의 자유로운 발전을 위해 하느님께서 떼어주신 아메리카 대륙을 메워 가는, 우리들의 '분명한 운명'을 성취하는 것"에 대하여 강력하게 이야기했다. 이 글이 나온 뒤부터 미국인들은 미국의 확장을 신의 계시와도 같은 '분명한 운명'으로 받아들이기 시작했다. 그러나 분명히 하자면, '분명한 운명'이란 말은 백인들의 '땅에 대한 탐욕'을 고상하게 포장한 것에 불과했다. 이 '분명한 운명'이란 사실 "유럽인들특히 앵글로색슨 족과 그 후손들이 운명적으로 신대륙을 다스리도록 정해져 있으며, 따라서 아메리카 대륙에서 멕시코인들이나 인디언들은 영원히 추방되는 것이 마땅하다는 것"이었다.

이러한 '분명한 운명'이라는 팽창 열풍 속에서 제임스 K. 포크가 대통령에 당선되었다. 그의 공약 가운데에는 텍사스의 병합도 들어 있었다. 1820년대에 많은 미국인이 텍사스 지방에 정착하게 되는데 이들은 멕시코 정부로부터 토지를 공여 받는 일이 흔히 있었다. 그러나 미국인들의 이주가 급격히 진행되자 멕시코 정부는 1830년 더 이상의 이주를 금지했다. 1834년 멕시코에서 산타 안나 장군이 독재정권을 수립하자 텍사스의 미국계 주민이 반란을 일으켰고, 이것이 성공하여 텍사스는 반¥독립 상태를 유지하고 있었다. 이제 멕시코와 미국의 전쟁은 피할 수 없는 상황이 되었다.

멕시코는 1845년 3월 미국과 외교 관계를 단절했고 1846년 전쟁이 시작되었다. 사실 미국의 포크 대통령이 멕시코에 전쟁을 선포한 이면에는 태평양으로 세력을 확장하고 있던 영국과 프랑스가 캘리포니아 지역의 항구들에 눈독을 들이고 있던 것을 의식했기 때문이었다. 그를 비롯한 남부의 노예주들에게는 새로운 땅이 필요했는데 미국에 앞서 영국과 프랑스가 태평양 연안 도시를 차지하게 되면 그들의 계획에 커다란 차질을 빚을 것은 당연했다. 미국으로서는 빨리 멕시코를 제압하고 서부 지역의 땅을 손에 넣어야 했던 것이다.

1846년 5월 8일, 첫 전투에서 미군은 대승을 거두었다. '팔로 알토 전투Battle of Palo Alto'에서 2천 3백 명의 미군이 그 두 배에 달하는 멕시코군을 물리쳤던 것이다. 뒤이어 레사카 데 라 팔마 전투에서는 1천 7백 명의 미군이 7천 5백명이 넘는 멕시코군을 격파했다. 이 전투로 전쟁의 승패는 사실상 판가름이 났다. 뒤이어 미군은 태평양 쪽과 멕시코만을 봉쇄했다. 그리고 6월 6일, 미국은 북위 49도선을 미국과 캐나다의 경계선으로 삼는 조약안을 영국에 제시함으로써 오리건주를 둘러싼 영국과의 전쟁 가능성을 미리 막았다. 북쪽에서 전쟁 가능성을 차단한 미국은 멕시코와의 전쟁에 전력을 쏟을 수 있게 되었다. 미국은 일방적으로 멕시코를 몰아붙였다. 미국은 6월 14일 캘리포니아를, 8월 15일 뉴멕시코를 병합한다고 선언했다.

미군은 1847년 2월의 부에나 비스타와 새크라멘토 크리크 전투, 3월의 베라크루스 전투에서 멕시코군을 연이어 격파했고 4월에는 멕시코 시를 향했다. 8월 20일 멕시코가 휴전을 제의했지만, 미국은 무시했다. 9월 8일 드디어 미국의 스콧 장군은 멕시코 시에 입성했고 이로써 전쟁은 끝났다. 1848년 2월 '과달루페 이달고 조약Treaty of Guadalupe

Hidalgo'*이 체결되었다. 이 조약으로 멕시코는 텍사스, 캘리포니아, 네바다, 유타, 그리고 뉴멕시코와 애리조나의 대부분, 와이오밍과 콜로라도 일부를 미국에 넘겨주어야 했다. 멕시코는 반 이상의 영토를 미국에 넘겨준 셈이었다. 그 대가로 멕시코는 1천 5백만 달러를 받았고 미국 정부는 멕시코가 미국인에게 진 빚을 떠맡았다. 이렇게 해서 멕시코와 미국의 국경선은 리오그란데강이 되었다.

이 전쟁의 패배로 멕시코는 엉망진창이 되었다. 국민이 받은 충격은 말할 수 없었고, 국가 경제는 파탄 상태에 이르렀다. 정신적 충격과 굴욕감으로 곳곳에서 소요가 일어나고, 인디언의 분리 운동이 벌어졌다. 국가 통합의 필요성을 절감한 정치가들은 전쟁의 패배로 물러난 산타 안나를 다시 불러들여 문제를 해결하려고 했지만, 1853년 대통령에 취임한 그는 독재 정치와 부패로 국민을 다시 한 번 실망하게 했다. 1855년 산타 안나는 축출되어 콜롬비아로 망명의 길을 떠나야 했고, 멕시코는 새로운 시대를 맞았다. 그러나 전쟁 패배의 후유증은 그 후에도 계속 남아 멕시코의 발전을 저해했다.

---

* 멕시코와 미국이 1848년 5월 멕시코-미국 전쟁이 끝나면서 체결한 조약이다. 이 조약으로 멕시코는 1천 5백만 달러에 대한 대가로 미국에 광대한 136만 제곱킬로미터의 토지를 양도했다. 또한 동시에 멕시코의 대미 부채 325만 달러를 탕감했다. 양도된 곳은 현재 텍사스주, 콜로라도주, 애리조나주, 뉴멕시코주, 와이오밍주의 일부, 캘리포니아주, 네바다주, 유타주의 전체 면적이다. 오늘 날 애리조나와 뉴 멕시코의 일부분이 되고 있는 나머지 지역은 1853년 개즈던 매입으로 양도되었다. 텍사스주와 멕시코의 국경은 리오그란데강으로 하는 것이 확정했다.

'분명한 운명'을 믿게 한 전쟁

멕시코 사람들은 미국을 지독히도 싫어한다. 그들의 반미 감정은 한국 사람들의 반일 감정을 능가한다. 그건 당연한 일이다. 자기 영토를 마음대로 빼앗아 간 나라를 좋아할 사람이 이 세상에 어디 있겠는가. 그러나 멕시코인들이 아무리 감정적으로 미국을 미워한다 하더라도 멕시코는 결코 미국의 적수가 되지 못한다. 그러니 자조 섞인 한탄이 나올 법도 하다. 그래서 1876년부터 1910년 멕시코 혁명으로 축출될 때까지 멕시코를 지배한 독재자 디아스^{Porfirio Díaz}는 "불쌍한 멕시코야, 너는 하느님으로부터는 참 멀리도 떨어져 있고, 미국과는 너무 가깝게 있구나."라고 한숨 섞인 푸념을 쏟아내곤 했다고 한다. '미국과 너무 가까이 있어 불행한 나라'가 멕시코다. '미국을 너무 사랑하는' 일부 한국 사람들로서는 도저히 이해할 수 없을지도 모르겠지만, 멕시코 사람들 대부분의 감정 상태는 "미국이 싫다!"는 것이다.

한편 이런 지리적 조건이 좋게 작용하는 면도 없지는 않다. 무엇보다 멕시코는 군사비가 거의 안 들어가는 나라다. 미국과 국경을 맞대고 있으면서 군사력을 키운다는 것이 무의미하기 때문이다. 그래서 전쟁을 생각할 필요가 없는 멕시코는 중남미에서도 군사비의 비율이 가장 낮다. 1993년 멕시코는 국민총생산^{GNP}의 0.5퍼센트를 군사비로 썼다. 같은 시기 아르헨티나는 2.4퍼센트, 칠레는 3.6퍼센트, 쿠바는 3.7퍼센트, 페루는 1.4퍼센트, 베네수엘라는 2.4퍼센트, 브라질은 1.0퍼센트의 군사비를 썼다. 그러니 군부의 힘 또한 약할 수밖에 없다. 20세기 중남미 여러 나라는 숱한 군부의 정치 개입으로 정치적 혼란을 거듭했지만, 멕시코는 군이 아예 없는 코스타리카와 함께 군의 정치 개입 없이 비교적 정치적 안정을 이룩할 수 있었다.

반면 멕시코는 1929년 이후 2000년까지 제도혁명당의 독재가 계속되었다. 그동안 집권자는 바뀌었지만 집권 정당은 한 번도 바뀌지 않았다. 다음 대통령은 전임 대통령이 지명하는 것이나 마찬가지로 제도혁명당의 일당 독재가 계속되었다. 그리고 한번 대통령에 당선되면 6년 동안은 제왕처럼 군림했다. 그러나 제도혁명당 독재도 마침내 끝났다. 2000년 7월 대통령 선거에서 국민행동당의 비센테 폭스Vicente Fox 후보가 대통령에 당선되었던 것이다. 이로써 소련 공산당의 73년에 이어 세계에서 두 번째로 긴 71년 장기 집권의 제도혁명당 시대가 끝나고 멕시코에 새로운 시대가 열렸다.

그러나 이러한 민주화에도 멕시코는 심각한 사회 문제들을 안고 있다. 그 가운데 가장 문제가 되는 것이 빈부격차다. 멕시코는 세계에서 빈부격차가 가장 심한 나라다. 1994년 당시 "멕시코 인구의 10퍼센트가 국가 전체 부의 60퍼센트를 차지하고 있으며, 8천 5백만 인구 가운데 빈민이 4천만 명, 극빈자는 1천 5백만 명"이나 될 정도였다. 그런데도 미국의 경제 전문지 《포브스》의 조사로는 '세계의 억만장자' 중 멕시코는 네 번째로 억만장자가 많은 나라로 나왔다. 구체적인 수치는 변했지만, 상황은 그 후에도 마찬가지다. 2003년에도 세계에서 빈부격차가 가장 심한 나라 1위는 멕시코였다. 그 뒤를 이어 2위가 한국이었다는 것도 놀라운 사실이이지만 말이다. 미국은 멕시코와 한국 다음인 3위였다. 이들 나라들은 모두 신자유주의의 중심 국가들이다.

아무튼 이런 빈부격차도 미국 옆에 있는 탓일까? 그건 아닐 것이다.

미국과 국경을 맞대고 있는 캐나다는 전혀 그렇지 않으니까. 그러나 멕시코에 미국의 이익에 반하는 정권이 들어서면 미국은 수단과 방법을 가리지 않고 개입하려 할 것이다. 멕시코에는 1990년대 '제2의 체게바라'라고 불리는 마르코스의 사파티스타 민족 해방군이 활약했지만, 이들이 미국의 국익에 전면적으로 반하는 혁명을 성공시키는 것은 거의 불가능한 일이나 마찬가지였다. 이런 점 또한 미국과 가까이 있는 멕시코의 불행이라면 불행이다. 멕시코는 북미자유무역협정NAFTA으로 미국 · 캐나다와 경제통합을 이루었지만, 그것이 반드시 멕시코 인민의 삶을 풍요롭게 만드는 것은 아니었다.

미국과의 전쟁이 멕시코에 이렇게 심대한 영향을 미쳤다면, 멕시코와의 전쟁이 미국에는 무엇을 주었을까? 미국인들은 매우 좋아 날뛰었다. 물론 일부의 반발도 있었다. 노예폐지론자들은 이 전쟁을 '노예 정복 전쟁'이라 하여 의심스러운 눈으로 쳐다보았다. 전쟁에 열광한 그들은 미국의 '분명한 운명'에 대하여 철석같이 믿게 되었다. 그리고 사람들은 서부로, 서부로 몰려갔다. 1848년 1월, 캘리포니아 새크라멘토 계곡에서 황금이 발견되면서 '황금 열풍골드러시'이 시작되었다. 이제 '선택받은 땅' 미국의 영토는 대서양에서 태평양까지 이르게 되었다. 드디어 미국은 세계적 강국으로 발전할 기초를 마련하게 되었다.

그렇다면 미국은 멕시코와의 전쟁에서 이득만 보았을까? 미국이 전쟁의 대가로 땅을 얻는 대신 1천 5백만 달러를 내고 멕시코 정부가 진 빚을 떠맡은 것을 두고, 당시 휘그 계의 한 신문은 "우리가 얻은 승리의 대가는 아무것도 없군. 고맙게도……."라고 했다지만, 그건 너무 좋은 미국의 속내를 드러내보이기 쑥스러웠기 때문이 아니었을까? 그러나 미국도 잃은 것이 있었으니, 그것은 바로 도덕성과 정당성의 상실이다. 철저히 자기의 국익만을 추구하는 국제 관계에서 이것을 두고 잃은 것이라고 할 수 있을지는 모르겠지만, '멕시코 전쟁'으로 미국은 독립 전쟁과 독립 선언의 정신을 근본적으로 훼손했다는 사실은 누구도 부인할 수 없게 되었다.

미국의 교양서 저술가인 케네스 C. 데이비스는『교과서에서 배우지 않는 미국 역사』에서 미국 · 멕시코 전쟁을 "영토 확장을 목적으로 한, 달리 변명할 수 없는 전쟁"이라고 평가했으며, 당시 그 전쟁에 참가했던 그랜트 중위는 "강한 나라가 약한 나라에 대하여 도발한, 가장 정당치 않은 전쟁"이라고 말했다. 미국 · 멕시코 전쟁이 '명백한 침략 전쟁'이라는 사실을 인정한 사람은 당시에도 적지 않게 있었다. 링컨도 조건을 붙이기는 했지만 1847년 12월 22일 하원에서 행한 첫 연설에서 이 전쟁에 반대하는 연설을 했다.

그러나 미국이 멕시코 전쟁에서 남부와 서부의 땅을 빼앗았다고 해서 그것이 곧바로 미국 사람들의 땅이 된 것은 아니었다. 그 광대한 지역은 아직 미지의 황무지로 남아 있을 뿐이었다. 이 지역이 진정으로 미국의 영토가 되기 위해서는 사람이 정착하고 개발되어야 했다. 그렇지만 그것도 그리 걱정할 것은 아니었다. 사람들이 황금의 꿈에 들떠 서부로 몰려들기 시작했기 때문이다. 그리하여 얼마 지나지 않아 그곳은 미국에 황금과 부를 안겨주는 땅이 되었다. 다만 그 과정에서 미국인들은 다시 한 번 전쟁을 치러야 했다. 바로 이전부터 그곳에 살고 있던 '인디언과의 싸움'이었다. 인디언과의 싸움은 또 다른 의미에서 '침략 전쟁이며 정복 전쟁'이었다.

인디언의 피로 물든 미국의 역사

1990년대 초반에 만들어진 할리우드 영화 가운데 〈늑대와 춤을〉이란 제목의 영화가 있다. 우리나라에서도 개봉되어 서울에서만 1백만 명이 훨씬 넘는 관객이 들면서 공전의 히트를 기록했다. 지금은 한국 영화가 1년 전국 관객 2억 명, 히트작 한 편에 1천만 명의 관객을 동원하는 시대를 맞이했을 정도로 엄청난 규모로 성장했지만, 당시로써는 〈서편제〉가 사상 최초로 서울 관객 1백만 명을 넘긴 바로 직후였음을 생각하면 이 영화의 열기를 가히 짐작할 수 있다. 케빈 코스트너라는 당시 최고 주가를 올리던 할리우드의 유명 배우가 제작·감독·주연을 맡은 이 영화가 개봉되자 미국 사람들에게 적잖은 충격을 주었다고 한다.

〈늑대와 춤을〉이란 영화는 '인디언에 대한 새로운 시각'을 담고 있다. 그 이전의 인디언 영화와 달리 이 영화에서 인디언은 '살인자' 또는 '미개인'으로 취급되지 않았다. 인디언도 백인과 마찬가지로 자기 나름의 문화와 삶의 방식을 가진 존재, 백인과 같은 '인간'으로 취급되고 있다. 이 영화에서는 오히려 백인들이 파괴적인 존재로 표현되고, 인디언은 평화를 사랑하고 자연과 조화를 이루며 살아가는 훌륭한 존재로 묘사된다. 인디언에 대한 터무니없는 편견과 왜곡에 비하면 대단히 충격적이고 신선했다.

그러나 〈늑대와 춤을〉도 인디언 문제의 본질을 제대로 보여주지는 못했다. 그 영화에는 백인들이 인디언의 삶의 터전을 어떻게 빼앗았고, 어떻게 죽음의 구렁텅이로 몰아넣었는지에 대한 이야기가 없다.

백인들이 인디언을 얼마나 잔인하게 학살했는가 하는 점도 제대로 드러나지 않는다. 그 영화는 인간은 백인이건 인디언이건 누구나 자연과 함께 조화를 이루며 평화롭게 살고자 하는 본성이 있음을 서부의 대자연과 함께 서정적으로 보여줄 뿐이다. 일종의 '감상적 휴머니즘'이라고 할 수 있을 것이다.

남북 전쟁이 아직도 끝나지 않은 1863년. 북군의 전쟁 영웅 존 던버 중위는 동부의 전쟁터를 벗어나 전부터 바라던 서부 지구로 배치를 받는다. 그가 근무지에 도착했을 때 그곳에는 한 사람의 군인도 없었다. 존 던버는 서부의 대자연 속에서 평온한 나날을 보낸다. 그는 수족 인디언과 가까워지면서 그들의 삶을 이해하기 시작한다. 그는 인디언들이 대자연과 조화를 이루며 살아가는 '위대한 영혼'을 가진 사람들임을 깨닫고 점차 그들의 삶 속에 함께 융화되기 시작한다. 그는 어릴 때부터 인디언과 함께 자란 백인 '주먹 쥐고 일어서'와 결혼도 하여 인디언 집단의 일원이 되었다. 그는 용감한 인디언 전사가 되었다. 그에게는 '늑대와 춤을'이라는 인디언식 이름이 붙여졌다. 그가 야생의 늑대와 함께 멋들어지게 춤을 춘 것이 사람들에게 깊은 인상을 심어주었기 때문이다.

던버의 하루하루는 평온했다. 던버는 인디언의 삶에서 기쁨과 보람을 느꼈다. 그러나 평화는 오래가지 않아 깨지고 말았다. 새로운 부대가 들어오면서 수족 인디언은 그들이 살고 있던 터전에서 밀려나게 되었으며, 존 던버는 도망병으로 정처 없이 떠도는 신세가 되고 말았던 것이다.

〈늑대와 춤을〉이 인디언 문제의 본질을 제대로 보여주지는 못했지만, 이전의 영화와는 확실히 다른 면이 있었다. 그동안 할리우드 영화는 인디언에 대한 왜곡된 인식을 심어주는 주범이었다. 이것은 일종의 역사 왜곡으로, 식민지 침략을 정당화하려는 일본의 역사 왜곡이나 '동북공정'을 통해 고구려사를 중국사로 편입시키려는 중국의 역사 왜곡과 그 성격을 같이하는 것이다. 그런 점에서 본다면 〈늑대와 춤을〉이란 영화는 기존의 할리우드 영화들에 비해서는 한 걸음 나아간 것이었다.

이제 역사적 사실로 돌아가 인디언 문제를 간단히 살펴보자. 아메리카 대륙에 사람이 최초로 살기 시작한 것은 지금으로부터 대략 3~4만 년 전으로 추정되고 있다. 그 사람들이 지금의 인디언과 같은 종족인지 아니면 다른 종족인지는 명확하지 않다. 다만 지금으로부터 대략 1만 5천 년 전에는 인디언이 이 땅에 살고 있었던 것은 분명하다. 이들 인디언의 수는 학자마다 큰 차이를 보이지만 콜럼버스가 아메리카 대륙에 도착했을 때 남북 아메리카 전체를 통틀어 대략 5천만~8천만 명 정도가 살고 있었을 것으로 추정되고 있다.

그러나 스페인이 아메리카에 들어오기 시작한 지 1백 년이 지난 1600년경에는 그 수가 10분의 1 정도인 8백만 명에서 1천 6백만 명 사이로 줄어들었다. 스페인인들에 의한 학살과 가혹한 노동력 착취로 많은 원주민이 사라져갔지만, 그보다 더 큰 이유는 백인들이 가져온 온갖 질병 때문이었다. 천연두·홍역·발진티푸스 등에 무방비로 노출된 원주민 인디언들이 그야말로 떼죽음을 당한 것이다. 그런데 여기서 우리가 알아야 할 사실은 유럽인들의 인디언 학살이 매우 조직적이었다는 점이다. 케네스 C. 데이비스의 말을 들어보자.

금세기에 히틀러도 치밀한 계산과 조직적인 방법으로 유럽의 유대인들을 말살하려고 했는데, 당시 유럽인들이 대륙에서 자행한 살인극 또한 그 잔인성과 효율성에 결코 히틀러에 뒤지지 않는 것이었다. 정복자들의 눈에 띈 원주민 중 거의 90퍼센트가 진보와 문명과 기독교의 이름으로 희생의 제물이 되었으니 말이다.

스페인의 뒤를 이어 북아메리카에서 세력을 뻗친 영국과 프랑스도 인디언을 학살하는 데서 스페인과 다르지 않았다. 식민지 개척사는 인디언과의 투쟁사였고 '인디언 학살의 역사'였다. 백인들의 손은 인디언의 피로 얼룩졌다. 그들에게 그것은 '신의 뜻'이었다. 영국에서 독립한 미국의 백인들이라고 이런 인식에 변화가 있었던 것은 아니었다. 미국인들은 '독립 선언서' 첫머리에서 "모든 인간은 평등하게 태어났다."고 했지만, 그 인간에는 백인만 포함되어 있었다. 미국이 영토를 넓혀 갈수록 인디언의 삶의 터전은 좁아졌고, 인디언 인구는 줄어들었다.

그런 점에서 미국의 인디언 전쟁은 "인디언 살육의 마지막 마무리 또는 청소 작업"이었다. 헐리우드의 서부극을 보면 인디언과의 전쟁이, 마치 많은 사람이 '카우보이와 인디언의 시대'라고 생각하는 1800년대 후반 서부에서 시작된 것 같은 인상이 든다. 그러나 실제로 서부에서 일어난 인디언과의 전쟁들은 남은 인디언들을 소탕하는 마지막 노력에 지나지 않았다. 그 무렵 인디언들과의 싸움은 사실상 끝난 상태였다. 그때 이미 인디언들은 대부분 백인의 지배 아래 들어와 있었으며, 인디언 수는 격감하여 있었다. '살육과 노예화와 땅 빼앗기'는 유럽인들이 아메리카 땅에 발을 들여놓는 것과 함께 이미 오래전에 시작되었다. 그리고 인디언 학살의 마지막을 장식하는 미국의 인디언 전쟁으로, 그나마 남아 있던 인디언들은 삶의 터전마저 완전히 빼앗겨 버리고 인디언 종족의 유지마저 위태로워졌다.

배신과 살육, 그리고 약속 위반

미국 역대 대통령 가운데 인디언의 추방에 가장 악명을 떨친 사람은 앤드루 잭슨Andrew Jackson이다. 잭슨은 1815년 민병대를 인솔하여 뉴올리언스 교외에서 영국군을 격파하는 데 큰 공을 세워 세상의 주목을 받았으며, 인디언 토벌대장이 된 후 그 잔인성으로 명성을 날렸다. 그는 인디언들로부터 '큰 칼' 또는 '비수'로 불렸을 정도이다. 그는 테네시의 민병대 사령관으로 있으면서 남부에서 인디언 크리크 부족과 맞서게 되었는데, 당시 정부로부터 우호 관계를 약속받은 체로키 족을 이용하여 크리크족의 뒤통수를 치게 했다. '이이제이'는 중국에서만 사용하는 방법이 아니다. 세계 어느 곳에서도 쓰이는 수법이다. 아무튼 평화 조약의 협상자가 된 잭슨은 크리크족의 땅 절반을 가로채어 친구들과 함께 헐값에 사들여 땅부자가 되었다.

미국 7대 대통령 앤드루 잭슨

그리고 1828년 대통령이 된 잭슨은 인디언들을 모두 미시시피강 건너 편으로 내몰았다. 인디언들이 '눈물의 발자국'으로 부르는 '인디언 강제이주'였다.

강제이주 정책은 동남부에 있던 '5개 문명 부족'인 촉토, 치카소, 크리크, 체로키 그리고 세미놀 부족에게 집중되었다. 이들은 이미 백인 문화와도 조화를 이루며 나름대로 사회를 발전시키고 있었지만, 백인들은 단지 '그들이 목화 재배에 알맞은 값진 땅에 살고 있다'는 이유로 그들이 살던 땅에서 추방했다. 1831년에서 1833년 사이에 1차로 1만 5천 명의 촉토 족이 미시시피 강변으로부터 지금의 아칸소 서쪽 땅으로 쫓겨 갔다. 촉토족에 이어 치카소족, 그리고 그 뒤를 크리크족이 이었다. 이들은 이 과정에서 수도 없이 죽었다. 겨울에는 폐렴, 여름에는 콜레라로. 촉토족은 새로 정착한 땅에서 1만 5천 가운데 3천 5백 명이 질병과 여러 가지 이유로 죽었다.

마지막 추방 대상은 조지아 지역에 사는 체로키족이었다. 체로키족은 문자도 가지고 있었고, 발전된 문화도 가진 문명 부족이었다. 그들은 도로를 닦고 학교를 세우고 교회를 짓고 대의제도에 따른 정부도 가지고 있었으며, 농사도 짓고 소도 치고 있었다. 또한 그들은 체로키의 독립 국가 건설을 위해 노력했으며, 연방 정부의 강제 이주 정책에 반대하는 법정 투쟁까지 벌였다. 연방 대법원은 이들의 주장을 인정했으나 소용없었다.

1838년 체로키족 1만 5천 명은 연방군에게 쫓겨났다. 그들은 '전쟁 포로처럼' 연방군에게 내몰려 오하이오강과 미주리강을 건너고 테네시와 켄터키를 지나서 지금의 오클라호마로 들어갔다. 이 과정에서 체로키족은 처음의 10분의 1도 못 되는 1천 2백여 명만 살아남았다. 이 수난의 길과 먼 여정을 인디언들은 '눈물의 발자국'이라고 불렀다. 이주를 거부하던 세미놀족과 새크 부족은 무차별 학살되었다.

인디언 이주 정책은 "'이전移轉'이라는 간결한 이름으로 불렸는데, 그것은 20세기 초반 히틀러의 이른바 '최후의 해결'에 맞먹는 것"이었다. 프랑스의 정치가이자 역사학자로 『미국의 민주주의』를 쓴 토크빌 Tocqueville은 인디언의 강제 추방 과정을 보면서 "사람이라면 누구나 그 광경을 보고 가슴이 미어지는 감정을 누를 수 없었을 것이다."라고 했다. 토크빌은 당시 형벌제도를 연구하기 위해 미국에 머물고 있었는데, 연방정부의 강제 이주 정책에 따라 노인과 병자, 부상자와 젖먹이까지 포함된 촉토족이 한겨울에 얼음을 깨며 미시시피강을 건너는 광경을 직접 목격했다. 그는 이렇게 덧붙였다. "인디언들은 이제 자기들의 고장이 없어졌으니 머지않아 백성으로서의 존재마저도 잃게 될 것이다."

인디언의 수난은 여기서 끝난 것이 아니었다. 잭슨은 인디언들을 강제 이주시키면서 그들이 가는 곳을 '인디언들의 영구적인 개척지'로 보장한다고 했다. 그러나 "그 약속도 인디언의 슬픈 역사에 얼룩진 모든 협약과 마찬가지로 일방적으로 파기"되었다. 남북 전쟁이 끝나면서 정치인, 금광을 찾는 탐광자, 농부, 철도 건설업자, 목장주들이 되돌아왔고, 인디언들의 정착지를 위협하기 시작했다. 당시 명맥을 유지하고 있던 인디언 가운데 가장 힘 있고 인구가 번창한 부족은 수족이었다. 이 밖에도 아라파호, 코만치, 푸에블로, 나바호, 아파치 등의 인디언이 있었는데 1860년대부터 또다시 이들에 대한 강제 추방이 시작되

조지 암스트롱 커스터

었다.

남북 전쟁이 마무리되자 1866
년부터 1891년 사이에 다시 미
연방 육군은 인디언과의 전쟁에
나섰다. 마지막 싸움은 몬태나의
빅혼강Bighorn River*지역에서 벌어
졌다. 남북 전쟁 때 남군의 리 장
군을 끝까지 추격해 사로잡은 인
물인 금광업자 조지 암스트롱 커
스터George Armstrong Custer는 연
방정부에서 인정한 인디언 거주지를 무단으로 침입했다. 그는 공격을
삼가라는 연방 정부의 특별 명령을 어기고 250명의 부하를 거느리고
공격을 감행했다. 그의 용기는 가상했으나 그에게 돌아온 것은 죽음밖
에 없었다. '웅크린 황소Sitting Bull'와 '미친 말Crszy Horse'이 지휘하는 인
디언들은 1876년 6월 25일 전투에서 커스터의 침략군을 몰살시켰다.
그리고 그들은 다만 혼혈 정찰병 한 명만 살려서 돌려보냈을 뿐이다.
야전에 밝은 커스터가 왜 무모한 전투를 벌였는지 이해하기 어려운 일
이었는데, 이를 두고 워싱턴 정가의 희생양이라는 설도 있었다. 이상
하게도 상식적으로 잘 해명이 되지 않는 사건의 경우에는 언제나 음모
론이 뒤따른다는 것을 알 수 있다.

그러자 연방군의 무지막지한 공격이 시작되었다. 수족은 이 싸움에

---

*   미국 와이오밍주 중서부 및 몬태나주 중남부의 작은 지역을 지나는 옐로스톤강의 최대 지
    류.

서 거의 죽고, 살아남은 사람들은 캐나다로 도망쳤다. '웅크린 황소'는 생포되었으나 붙잡힐 때 입은 상처 때문에 결국 죽고 말았다. '웅크린 황소'는 "대평원의 인디언 가운데 범상치 않은 지도자"로 알려졌는데, 그는 "뜨거운 동족애, 온화하고 유쾌한 성품, 종교적인 신실함, 강력한 예언가적 자질, 전투에서의 용맹, 지도력, 거기에 뛰어난 노래 솜씨까지" 갖춘 인디언의 영웅으로 평가되고 있다.

수족과의 전쟁이 끝난 뒤 마지막 소탕 작전이 벌어졌다. 동북부에서는 네즈퍼스족과 조지프 추장, 서북부에서는 아파치족과 그 추장 제로니모가 표적이었다. 제로니모는 1886년에 생포되었다. 그 후 그는 세인트루이스의 세계 박람회에서 "자기 사진이 든 25센트짜리 우편엽서를 파는 가련한 신세"가 되었다. 그리고 1890년에는 운디드니Wounded Knee*에서 수용소에 갇혀 있던 350여 명이 몰살당하는 사건이 일어났다. 이들은 부녀자가 포함된 전혀 저항할 수 없는 상태에서 집단 학살된 것이다. 이때 살아남은 사람들의 증언을 책자로 모은 『나를 운디드니에 묻어주오』에서 이들은 이렇게 증언했다.

우리는 도망치려고 했다. 그런데 그들은 우리가 들소라도 되는 것처럼 무조건 쏘아댔다. 나는 백인 중에도 좋은 사람들이 있다는 것을 알고 있었지만, 미군들은 비열한 자들이었다. 아녀자에게 총을 쏘아대다니! 인디언 전사라면 백인 아이들에게 그런 짓은 하지 않았을 것이다.

---

* 미국 사우스다코타주 남서부 파인리지 인디언 보호구역에 있는 작은 촌락과 강 지역.

운디드니의 위치

　인디언은 이렇게 운디드니에서 최후를 맞았다. 인디언은 1890년에
서 1910년 사이에 25만 명으로 줄어들었다. 실로 야만적인 인간 도살
이 아닐 수 없었다. 1924년에야 인디언도 미국 시민권을 얻게 되었다.
미국 내의 소수민족으로 공식적인 인정을 받은 것이다. 지금도 인디언
대부분은 보호 구역 안에서 자신들의 문화와 관습, 제도를 유지하면서
살아가고 있다. 인구도 늘어나 미국과 캐나다를 합쳐 50만 명에 육박
하고 있다. 하지만 백인과의 혼혈이라든가 현대 문명을 쫓아 미국 사
회로 들어가는 인디언이 늘어나면서 점차 '인디언의 정체성'마저 유지
하기 어려워지고 있다.

인디언 전쟁의 종착점은 패권 국가

아메리카 대륙의 주인이었던 인디언은 이제 완전히 변방으로 밀려나 그 존재조차 미미해져버렸다. 인디언들은 유럽인들이 아메리카 대륙에 발을 들여놓은 이래 4백여 년 동안 계속 몰락의 길을 걸어야 했고, 급기야는 그 존속마저 위태로운 지경에 이르렀다. 그것은 두말할 필요 없이 유럽인들의 일방적인 인디언 살해 때문이었다. 1492년 콜럼버스가 산살바도르의 해변 백사장에 첫발을 내디딘 뒤부터 아메리카에는 피의 역사가 시작되었다. 그것은 인디언에 대한 백인들의 '끝없는 배신과 살육과 약속 위반'의 되풀이에 관한 이야기였다. 처음부터 백인들은 인디언을 상대하면서 "우수한 무기와 많은 병력, 그리고 배반, 이 세 가지 요소를 기본 전략"으로 삼았고, 궁극적으로 그들은 "인종 말살이라는 인류 역사상 가장 잔혹했던 또 하나의 참극"을 연출했다.

미국인들이라고 여기서 예외일 수는 없다. 그들은 인디언에 대하여 어떤 생각이 있었으며, 인디언 전쟁을 어떤 마음으로 벌이고 있었는가. 1867년 인디언 토벌 전쟁에 나섰던 윌리엄 셔먼^{William Tecumseh} ^{Sherman} 장군의 연설 가운데 한 구절을 보자.

금년에 더 많은 인디언을 죽이는 것은 다음 전쟁에서 죽일 숫자가 그만큼 줄어든다는 것을 의미한다. 인디언들을 보면 볼수록 그들을 모두 죽여버려야지, 그러지 않으면 가난뱅이 종자들을 남겨두는 결과가 된다는 생각을 더욱 굳히게 된다.

윌리엄 셔먼은 인디언을 짐승보다도 못하게 보았던 것 같다. 짐승은 고기나 가죽이라도 쓸모가 있지만, 인디언은 그것도 안 되니 아예 씨를 말려야 할 종이라고 본 것이다. 이에 비해 인디언 지도자의 한 사람이었던 '미친 말'이 1877년에 남긴 다음과 같은 유언은 너무도 대조적이다.

우리에게는 물소가 있어 우리의 식량이 되고, 그 가죽은 의복과 천막을 만드는 데 사용했습니다. 우리는 우리의 뜻에 반하여 보호구역 안에 갇혀 게으른 삶을 사는 것보다는 사냥을 좋아했습니다. 때때로 우리는 먹을 것을 충분히 얻지 못하여 사냥하고 싶은데, 이 보호 구역을 못 떠나게 합니다. 우리는 우리의 생활 방식을 좋아합니다. 우리는 정부에 폐해가 된 적이 없습니다. 우리는 모두 평화를 원했으며, 우리를 내버려 두기만 바랐습니다. 그런데 겨울에 군대를 보내어 우리 동네를 모두 부수어버렸습니다. 그 후에 '롱 헤어'라고 하는 커스터가 또 그렇게 쳐들어왔습니다. 그들은 우리가 자기들을 학살했다고 말합니다만, 우리가 만일 우리를 스스로 지키기 위하여 마지막 한 사람까지 싸우지 않았더라면 그들이 우리를 그렇게 죽였을 것입니다. 처음에 우리는 우리의 처자식을 데리고 탈출하려 했으나 너무 빈틈없이 포위되어 있었기 때문에 싸울 수밖에 없었습니다.

누가 진정으로 인간다운지, 누가 진정으로 평화를 사랑하는 사람인지, 누가 진정으로 지성을 가졌으며, 누가 문명인의 사고를 하고 있는지 너무도 명백하게 드러나지 않는가?

멕시코 전쟁과 인디언 전쟁을 통하여 미국은 영토를 엄청나게 확장했다. 미국의 영토는 대서양에서 태평양까지 도달했고, 북아메리카 대륙의 반 이상을 차지했다. 그리하여 미국은 아메리카 대륙의 최강자로 등장했으며, 드디어 '아메리카의 헌병'으로 자처하기 시작했다. 힘이 있으면 써먹고 싶은 것이 세상의 이치인지라 그런 모양이다. 미국이 아메리카의 헌병으로 나서고자 하는 조짐은 이미 19세기 초반부터 조금씩 나타나고 있다. 1823년 12월 2일, 미국 대통령 먼로가 의회에 보낸 연두교서에는 다음과 같은 내용이 들어 있었다.

앞으로 아메리카는 …… 어떠한 유럽 국가들에 의해서도 장래의 식민지화를 위한 종속국으로 여겨질 수 없다. …… 그러므로 우리는 아메리카의 어떠한 지역에 대해서도, 유럽 국가들의 입장에서 그들의 체제를 확장하기 위한 어떠한 시도도 우리의 평화와 안정에 위험스러운 것으로 간주해야만 한다. 이는 미국과 아메리카 국가들과의 현존하는 정직함과 우호 관계 때문이다.

뒤에 '먼로주의'로 이름 붙여진 이것이 뜻하는 바는 "미국도 유럽의 문제에 간섭하지 않을 테니 그 대신 유럽도 아메리카 문제에 간섭하지 마라."는 것이었다. 당시 유럽에는 신성동맹의 반동 체제가 들어서면서 모든 정치 질서를 나폴레옹 이전의 상태로 되돌리려 하고 있었다. 이들의 반동적인 정책은 중남미 지역에서 스페인이 식민지를 되찾도록 한다는 것으로 이어졌다. 하지만 스페인은 중남미 지역을 다시 지배할 힘이 없었다. 이런 조건에서 미국이 '아메리카의 것은 아메리카에'라는 슬로건을 들고 나온 것이다.

미국의 주장은 진정으로 중남미 지역의 독립을 바랐기 때문이 아니었다. 미국은 자신이 '아메리카 대륙의 패자覇者'라는 점을 국제 사회에 알리고, 앞으로 미국은 아메리카 대륙의 '헌병'으로 역할을 하겠다는 '선언적 의지'를 밝힌 것이었다. 하지만 미국도 당장에는 그런 역할을 할 힘은 없었다. 따라서 미국의 '아메리카 헌병' 역할은 그로부터 70년 뒤인 1898년의 미국·스페인 전쟁을 거치면서 본격적으로 시작되었다. 미국·스페인 전쟁의 표면적인 이유는 스페인의 식민지 쿠바 인민들의 해방을 지원한다는 것이었지만, 실제 의도는 아메리카 대륙에서 미국이 패권 국가로 나서기 위한 것이었다.

스페인과의 전쟁에서 승리함으로써 미국은 필리핀을 손에 넣었고, 쿠바를 실질적으로 지배하게 되었다. 이때부터 중남미는 미국의 뒷마당이 되었다. 미국은 푸에르토리코와 하와이를 보호령으로 삼았고, 파나마를 장악했다. 나아가 중남미의 모든 국가에 대한 미국의 간섭이 시작되었다. 그리고 20세기, 미국은 '세계의 헌병'을 자처하며 분쟁이 있는 모든 곳에 개입했고, 21세기 마침내 세계를 지배하는 패권 국가가 되었다. 멕시코 전쟁과 인디언 전쟁에서 시작된 미국의 팽창주의가 극에 달한 것이다. 모든 것은 절정이 끝나면 내리막길이 시작된다. 미국의 패권도 이제 절정을 지나 내리막길로 들어선 듯하다.

11. 라틴아메리카 독립 전쟁

라틴아메리카의 정체성 찾기

독립 전쟁의 진군나팔이 울리다

1810년 스페인이 지배하는 라틴아메리카[*]의 광대한 지역에서 독립 운동의 횃불이 동시에 올랐다. 그 해 4월 주민은 카라카스에서 혁명을 일으켜 스페인 군대를 내쫓았다. 5월에는 부에노스아이레스에서 시민이 봉기해 스페인 부왕副王, 스페인 왕을 대리하여 스페인 식민지를 다스린 관리을 몰아

---

[*] 미국과 멕시코의 국경지대를 흐르는 리오그란데강 이남에 펼쳐져 있는 북·중앙아메리카와 남아메리카의 라틴계 언어권 나라들을 가리킨다. 통상 멕시코에서 아르헨티나에 걸쳐 스페인어를 공용어로 하는 18개국과 포르투갈어를 사용하는 브라질, 프랑스어를 사용하는 아이티를 합친 20개국을 말하며, 종종 여기에 영어를 사용하는 카리브해의 10개국과 남미 북동부의 가이아나(영어권), 수리남(네덜란드어권), 중미의 벨리즈(영어권)까지 합쳐서 33개국을 칭하기도 한다. 북미의 멕시코부터 남미 최남단 칠레까지 남북으로 약 1만 3천 킬로미터, 동서로 약 5천 킬로미터이며 총면적 약 2천 53만 제곱킬로미터인 이 대륙은 세계 육지 면적의 1/5을 차지하고 있다. 30여 개 독립국과 식민지 소국들을 합하여 33개국의 중남미 총인구는 대략 5억에 이른다. 최근에는 지역적 성격을 분명히 하기 위해 '라틴아메리카와 카리브해 지역'이라고 부르기도 한다. 우리나라에서는 그냥 중남미라고 부르는 경우가 많지만, 지리적으로 보면 멕시코는 북아메리카에 속한다는 점에서 정확한 표현이 아니다. 또 일부에서는 라틴아메리카가 아니라 이베로아메리카라고 불러야 한다고 주장을 펴기도 한다. 이는 이 지역에 가장 큰 영토와 가장 많은 인구를 가진 브라질이 포르투갈어를 공용어로 사용하고 있다는 점을 감안한 것으로 점차 확산되는 추세이다.

냈다. 9월 16일 멕시코에서는 이달고 신부가 이끄는 농민과 원주민들이 스페인의 지배에 반기를 들었다. 또 같은 달 18일에는 칠레의 산티아고에서도 독립운동이 시작되었다. 당시의 통신수단과 물리적 거리를 생각한다면 이와 같은 동시다발적인 봉기는 놀라운 일이었다.

1800년대라면 태평양 쪽에 있는 아카풀코에서 남아메리카 대륙의 최남단 혼 곶을 돌아 대서양 해안을 타고 올라가, 라 플라타강까지 가려면 배로 몇 달이나 걸렸던 시기였다. 지금도 멕시코에서 부에노스아이레스까지는 비행기로 16시간이나 걸리는 엄청난 거리이다. 이러한 물리적 거리와 통신수단의 부재에도, 멕시코에서 아르헨티나까지 스페인이 지배하는 광대한 지역에서 동시다발적으로 독립운동의 불꽃이 올랐다고 한다면 이를 어떻게 설명할 수 있을까? 이것은 아무래도 공통의 언어를 기반으로 하는 이 지역에서 정치·문화적 일치감이 존재했던 때문에 일어난 일이 아니었을까?

1810년, 라틴아메리카에서 독립이란 말은 그 자체로 친근한 어휘였고, 라틴아메리카 역사에서 새로운 출발점이 되었다. 이로부터 10여 년 뒤, 카리브 해의 쿠바와 푸에르토리코를 제외한 라틴아메리카의 모든 스페인 식민지가 독립을 이루었다. 이처럼 짧은 기간에, 이처럼 방대한 지역의 식민지가 독립을 이룬 경우는 일찍이 유례를 찾아보기 어렵다. 하지만 돌아보면 라틴아메리카의 독립이 그리 짧은 기간에 이루어진 것이라고만 말할 수는 없다. 라틴아메리카에서 독립운동의 역사는 18세기부터 이미 시작되고 있었기 때문이다.

1492년 콜럼버스의 항해 이후 3백여 년에 걸친 스페인의 지배 기간 적지 않은 반란이 있었지만, 18세기는 반란의 세기라 할 만큼 크고 작은 반란이 끊임없이 일어났다. 18세기 반란은 대부분 페루 지역을 중심으로 해서 일어났는데, 이것은 멕시코 지역보다 경제가 뒤떨어졌던 이곳에서 주민에 대한 수탈이 훨씬 가혹했기 때문이었다.

페루, 볼리비아 등 안데스 지역에서 반란이 빈번하게 일어난 것은 부왕 밑에 있던 지방관리들의 부패와 학정이 큰 원인이었다. 코레히도르라고 불리는 지방행정관들은 부족한 급료를 보충하기 위해 리마의 상인들과 짜고 의류나 노새, 그 밖의 수입품을 자신들의 관할 지역 주민에게 강매시켜 수입을 올렸다. 이런 행위를 레파르토라고 하는데, 코레히도르 중에는 이런 수법으로 부당한 이득을 취하거나 주민의 희생으로 부를 쌓은 자들이 적지 않았다.

이러한 레파르토는 코레히도르가 직접 주민을 대상으로 하는 것이 아니라 원주민 수장들에게 떠넘기는 방식으로 이루어졌다. 그러다 보니 원주민 수장들은 관리의 압박과 주민의 원성 사이에서 시달리지 않을 수 없었다. 곤경에 처한 이들 수장이 반란의 주역 노릇을 했던 것이다. 18세기에 일어난 반란 가운데 가장 규모가 컸던 것은 1780년 11월에 일어난 투팍 아마루Túpac Amaru의 반란이다. 투팍 아마루는 쿠스코 출신의 메스티소 수장으로 본명은 호세 가브리엘 콘도르칸키였는데, 그의 조상 가운데 1572년에 처형된 잉카 제국의 최후 황제인 투팍 아마루의 딸이 있어서 이름에다 투팍 아마루라는 이름을 덧붙였다.

투팍 아마루의 봉기는 처음 가혹한 세금에 대한 불만으로 시작되었으나 시간이 흐르면서 과거 잉카 제국의 복원을 꿈꾸는 민중운동으로 발전했다. 투팍 아마루는 쿠스코Cuzco를 위협하면서, 한때 볼리비아까지 세력을 넓혔으나, 결국 스페인군에 붙잡혀 1781년 5월 쿠스코의 광장에서 사지가 찢겨나가는 고통 속에서 목이 잘려 죽었다. 투팍 아마루를 19세기 독립운동과 곧바로 연결할 수는 없지만, 어쨌든 라틴아메리카 독립운동의 선구자가 된 것은 분명하다. 오늘날 투팍 아마루는 페루 독립운동의 선구자로서 나라의 판테온에 그의 흉상이 장식되어 있으며, 그의 이름을 딴 반정부 좌익 게릴라 조직도 등장하여 활약했다.

그 밖에도 18세기에는 크고 작은 반란이 일어났지만, 스페인의 식민지 지배를 근본적으로 뒤흔들지는 못했다. 이 때문에 19세기가 처음 시작될 때만 해도 20여 년 뒤에 스페인이 대부분 식민지를 잃어버리게 될 것이라고는 그 누구도 생각하지 못했다. 그런데 19세기 초반 스페인의 식민지 지배에 결정적인 영향을 미칠 사건이 일어났다. 그것은 식민지가 아니라 본국 스페인에서 일어난 사건으로 바로 나폴레옹의 스페인 침공이었다.

프랑스 혁명이 가져온 혼란의 와중에 권력을 장악한 나폴레옹은 국내 정치와 국외 정복 전쟁을 교묘하게 결합하면서 유럽을 장악했다. 이탈리아와 오스트리아, 독일, 러시아를 굴복시킨 나폴레옹은 영국을 굴복시키기 위해 대륙 봉쇄 정책을 폈다. 그러나 이베리아 반도의 한 귀퉁이에 있는 포르투갈은 봉쇄되지 않은 채 영국의 대륙 창구 노릇을 하고 있었다. 포르투갈의 점령을 구실로 1807년 11월, 이베리아 반도에 침입한 나폴레옹은, 1808년 5월 스페인의 국왕을 폐위시키고, 자신의 동생 조셉을 스페인 왕에 앉힌 다음 새 헌법을 선포하여 봉건제를 철폐해버렸다.

나폴레옹의 침략에 대항하여 마드리드 시민이 봉기하고 곳곳에서 게릴라전을 펼치며 투쟁했으며, 식민지에서도 프랑스의 지배와 조셉을

왕으로 인정하지 않았다. 식민지에서는 나폴레옹에게 볼모로 잡혀있는 페르난도 7세에게 충성을 맹세했으나 사실 이것은 구실을 찾기 위한 명목에 불과했다. 1814년 나폴레옹이 패배하고 페르난도 7세가 스페인 국왕으로 복귀하자 식민지에서는 자치권을 요구했고, 스페인 본국이 이를 거부하자 바로 저항에 들어갔다. 결국 나폴레옹의 스페인 침공은 스페인의 식민지 통제권을 결정적으로 약화시켰고, 이를 계기로 라틴아메리카의 독립운동이 본격적으로 막을 올렸던 것이다. 이런 와중에 1810년 스페인의 식민지 전역에서 동시다발적으로 봉기가 일어났는데, 이것은 라틴아메리카 독립 전쟁의 진군 나팔소리나 마찬가지였다.

'해방자' 시몬 볼리바르의 등장

스페인은 식민지를 통치하기 위해 부왕령副王領제도를 도입했는데, 부왕이란 국왕을 대신하여 스페인 식민지를 다스리는 관리로서 일종의 총독이었다. 부왕령에는 국왕이 임명한 부왕과 부왕이 의장을 맡은 아우디엔시아Audiencia가 있었다. 아우디엔시아는 국왕의 이름으로 부왕과 협력하거나 경쟁하며 식민지를 통치했으며, 식민지의 많은 통치 기관 중 가장 오래 존속하고 가장 안정된 기관이었다. 아우디엔시아의 구성원은 오이도르라고 불리는 몇 명의 의원이었는데, 그들도 국왕이 직접 임명했다. 1511년 산토도밍고에 최초로 설치된 아우디엔시아는 부왕령의 수도인 멕시코 시와 리마뿐 아니라 보고타콜럼비아, 키토에콰도르, 산티아고칠레 등에도 있었고, 18세기 말에는 멕시코 부왕령 아래 있던 필리핀의 마닐라를 포함하여 모두 14개나 되었다.

19세기 초, 스페인의 식민지는 크게 4개의 지역으로 분할되어 지배되고 있었다. 누에바에스파냐멕시코 부왕령, 페루 부왕령, 누에바그라나다콜롬비아 부왕령, 리우데플라타아르헨티나 부왕령이 그것이었다. 스페인은 처음 멕시코 시와 페루의 리마에 부왕의 수도를 정하고, 누에바에스파냐 부왕령1535년과 페루 부왕령1542년을 각각 설치했다. 이어 산업이 발전하고 도시가 늘어나자 1717년 페루 북쪽 지역, 즉 지금의 콜롬비아를 중심으로 베네수엘라, 에콰도르가 포함되는 누에바그라나다 부왕령을 분리했다. 또 1776년에는 현재의 아르헨티나를 중심으로 파라과이, 우루과이, 볼리비아 등을 포함하는 넓은 지역을 리우데플라타 부왕령으로 독립시켰다.

그런데 19세기 초 나폴레옹의 스페인 침공과 함께 스페인 식민지 곳곳에서 독립운동이 시작되었다. 그런데 그 가운데 독립운동이 가장 분명한 형태로 일어난 곳은 남아메리카 북부의 베네수엘라 지방과 남아메리카 남부의 라플라타지금의 아르헨티나 지방이었다. 1809년 7월, 라플라타 지방에 마지막 부왕이 부임하자 부왕과 그 아래서 특권을 지키려는 스페인 상인들과 자유무역을 지지하는 크리오요criollo* 상인들 사이에 심각한 대립이 생겼고, 이를 계기로 독립을 향한 움직임도 본격

---

* 아메리카 식민지에서 태어난 스페인계 주민(나중에는 백인계 전체를 일컬었음)을 말한다. 반면 본국인 이베리아 반도에서 태어난 백인들은 페닌슬라르'(반도인'이라는 의미)로 불렸다. 크리오요들은 식민지 사회의 상층에 속하지만, 정치적 힘은 주어지지 않았다. 그 때문에 불만이 많았고 그래서 독립운동에 직접 참가하거나 주요한 지원세력이 되었다. 그러나 한편으로는 이들 백인이 주도한 남미 독립운동이었기 때문에 한계 또한 분명히 있었다.

적으로 시작되었다. 우여곡절 끝에 시민이 '훈타Junta*를 결성했다.

　그러나 이것은 독립을 향한 출발에 불과했을 뿐이다. 멕시코와 페루, 그 밖의 지역에서 스페인 군대를 몰아내고 식민지 지배를 끝내기 위해서는 더 많은 시간이 필요했고, 피와 땀을 더 바쳐야 했다. 그리고 그것을 위해 식민지 민중을 자각시키고 하나로 뭉쳐 독립운동으로 이끌 훌륭한 지도자가 요구되었다.

　남아메리카의 독립 전쟁을 이야기할 때 반드시 빼놓을 수 없는 가장 중요한 인물은 시몬 볼리바르Simón Bolívar, 1783~1830년다. 그는 1783년 카라카스의 대지주 아들로 태어났으나 어려서 부모를 잃고 숙부와 가정교사에게서 자랐다. 그를 가르쳐준 가정교사 가운데 루소에 심취한 사람이 있어 볼리바르는 청소년기에 그 교사에게서 자유와 해방의 사상을 배웠다. 17세 때 학교 교육을 위해 스페인으로 간 볼리바르는 유럽 각지를 여행하면서 많은 것을 깨닫게 되었다. 그는 또한 나폴레옹의 대관식에도 참석했는데, 그 과정에서 프랑스 혁명의 기운을 듬뿍 받았다.

　볼리바르는 1810년 카라카스Caracas**로 돌아온 뒤 독립운동에 참가했다. 그가 이끄는 군대는 1811년 7월 5일 독립을 선포했으나 왕당파와의 전투 중 뜻밖의 지진으로 패배하고 말았다. 1812년 그는 '카르타

---

*　'정치위원회(일종의 대표자회의)'를 구성하고 1816년 7월 9일 마침내 '이루데라플라타 연합주'의 독립을 선언했다. 또 베네수엘라에서도 1810년 4월 19일, 크리오요들이 주동이 되어 스페인에서 파견되어온 군사령관을 추방하고 '훈타(junta)'를 결성했다. 훈타는 스페인어로 위원회라는 뜻인데 스페인어권인 중남미에서 쿠데타가 워낙 자주 일어나고 그때마다 훈타라 불리는 군사 지도부가 등장하여 훈타란 단어가 군사 독재정권을 가리키는 일반명사가 되었다. (엔하위키 미러 참고)

**　베네수엘라의 수도. 라틴아메리카 도시 가운데 가장 발전된 세계적인 도시이다.

헤나^{Cartagena*} 선언'을 발표했는데, 이때 이전의 공화국 정책이 현실과 동떨어진 정책을 채택하고 있다고 생각하여 느슨한 연방제의 모순을 지적했다. 그는 현실을 직시하지 못하는 이념가들을 비판하면서 강력한 중앙집권적 정부의 필요성을 역설했다. 그는 특정 지역, 특정 국가가 아닌 라틴아메리카의 독립을 강조했는데, 이는 후에 그가 구상하게 되는 대^大콜롬비아 안의 뼈대가 되었다.

그러나 1814년 볼리바르는 왕당파에게 참패하여 해외^{자메이카}로 망명을 하지 않을 수 없었다. 그는 이때 이미 독립국이 된 아이티 공화국과 영국으로부터 많은 지원을 받았다. 프랑스 식민지였던 아이티는 중남미 최초의 독립국으로 노예제 폐지를 위해서, 그리고 영국은 스페인 본국 우선주의 무역장벽과 높은 관세 정책에 대한 불만 때문에, 나아가 새로운 시장의 필요성 때문에 볼리바르를 지원했던 것이다.

볼리바르는 우여곡절 끝에 1817년 라틴아메리카 독립운동 세력과 영국인, 스코틀랜드인, 독일인으로 구성된 혼성부대를 이끌고 베네수엘라에 다시 돌아오게 되었으며, 왕당파 세력을 물리치고 오리노코 하구 근처의 안고스투라^{지금의 사우다드 볼리바르}에 거점을 마련할 수 있었다. 1819년 2월 마침내 그는 독립운동 세력을 결집하여 그곳에서 의회를 열고 혁명정부 수립을 선언했다. 그리고 동시에 본격적인 독립 전쟁에 나섰다.

1819년 5월 26일, 마침내 몬테칼 마을을 출발한 볼리바르의 군대는 누에바그라나다^{지금의 콜롬비아}를 향해 진군을 시작했다. 그러나 앞길

---

*   현재 콜롬비아 북부에 있는 도시.

은 험난하기만 했다. 먼저 초원지대를 지나야 했는데, 그곳은 5월부터 11월까지는 밤낮없이 내리는 비 때문에 저지대는 허리까지 물이 차올라 거대한 호수로 변해버리는 곳이었다. 언덕과 고지대를 더듬으며 길을 찾았고, 강물을 헤엄쳐 건넜다. 악어와 식인물고기, 거머리와 열대 진드기, 흡혈박쥐와 모기들과 싸우며 거의 잠을 자지 못한 채 걸어야 했다. 그렇게 해서 6월 중순 무렵 마침내 험준한 안데스 산맥의 초입에 도착했다.

안데스가 안겨준 고통은 초원지대와는 비교되지 않았다. 살을 에는 추위와 고산병으로 매일 같이 사람이 쓰러졌다. 신성한 땅을 침범하면 신의 분노가 있을 것이라는 미신이 사람들을 더욱 심한 공포로 몰아넣었다. 식량을 나르던 노새가 계곡으로 떨어져 죽고, 곡식 포대도 날카로운 바위에 찢겨나갔다. 정상에 가까워지자 나무도 사라지고 불도 피울 수 없었다. 물도 떨어져 눈을 먹으며 갈증을 달래야 했다. 사람들이 계속해서 죽어나갔고, 죽은 자들에게 위안을 줄 단 한 명의 사제마저 과로로 쓰러지고 말았다.

이제는 마지막인가 싶은 순간, 드디어 그들을 이끌던 길이 아래로 향했다. 그렇게 해서 안데스를 넘었을 때, 처음 3천 2백 명이었던 건장한 군인들은 이제 앙상한 뼈에 누더기를 걸친 1천 2백 명으로 줄어들어 있었다. 말이나 노새는 한 마리도 살아남지 못했다. 산을 넘은 볼리바르의 군대는 얼마간의 휴식을 취한 뒤, 병력과 말을 보충하여 7월 7일 다시 진군을 시작했다. 그러자 스페인군이 공격해왔다. 첫 공격은 볼리바르 군이 쉽게 물리쳤으나 대규모 군대가 재차 가로막고 나섰다.

1819년 8월 7일, '보야카Boyacá에서 벌어진 격전'에서 볼리바르 군은 결정적인 승리를 거두었다. 수적으로 우세하고 전투경험이 풍부한 스페인군이 승리할 것으로 여겨졌지만, 예상과는 달리 볼리바르 군이 승리했던 것이다. 볼리바르 군은 바레이로 장군과 1천 6백 명의 포로를 사로잡았으며, 스페인군이 가지고 있던 신무기도 대량으로 획득했다. 이 전투의 승리로 보고타를 손쉽게 점령할 수 있었다. 볼리바르가 보고타에 입성하자 임시정부가 구성되었다. 시민은 볼리바르를 임시정부 대통령에 추대하고, 그에게 '해방자'라는 칭호를 수여했다.

누에바그라나다가 해방되자 볼리바르는 평소 그의 지론이었던 '대콜롬비아' 구상을 발표했다. 스페인의 식민지인 베네수엘라, 누에바그라나다, 키토지금의 에콰도르를 하나의 연방으로 묶는다는 것이었다. 1819년 12월, 안고스투라에서 군사 지도자와 의원들이 참석한 가운데 회의가 열렸고, 대콜롬비아 안이 아무런 이의 없이 승인되었다. 볼리바르가 대통령에 선출되었고, 그 아래로 지역을 담당할 세 명의 대통령이 뽑혔다. 북부 지역에서 중요한 거점이 해방됨으로써 라틴아메리카의 독립은 새로운 전기를 맞게 되었다.

바다에서 쟁기질을 했을 뿐이다

1821년 6월 24일, 볼리바르가 이끄는 6천 5백 명의 부대는 그보다 많은 수의 스페인 군대를 맞아 카라보보Carabobo에서 결정적 승리를 거두었다. 이로써 베네수엘라도 해방되었다. 다시 그는 에콰도르를 향해 진군을 계속했다. 1822년 5월, 수도 키토 교외의 피친차에서 벌어진 전투에서 승리함으로써 볼리바르는 에콰도르까지 해방했다. 이렇게 되자 독립운동 지도자로서 볼리바르의 경륜과 인기는 절정에 이르렀다.

북부 지역에서 볼리바르가 이처럼 '해방자'로 명성을 떨치고 있을 때, 남부 지역에서는 또 다른 한 사람의 '해방자'가 맹활약을 펼치고 있었다. 산 마르틴San Martin이었다. 그는 시몬 볼리바르와 더불어 남미 해방에서 빼놓을 수 없는 또 한 명의 중요 인물이다. 그는 1778년 아르헨티나 북부에 있는 미시오네스주의 한 작은 마을에서 태어났으나, 7세 때 아버지를 따라 스페인으로 가 그곳에서 자랐다. 그는 11세에 스페인 군대에 들어가 22년 동안 복무했고, 나폴레옹의 침공으로 스페인의 페르난드 7세가 물러난 뒤인 1812년 자신이 태어난 고향으로 되돌아왔다. 그는 라플라타 지방의 독립운동 조직에 들어가 두각을 나타내기 시작했다.

산 마르틴은 1814년부터 멘도사 지방에서 지사를 하면서 페루 공략을 위한 준비에 들어갔다. 1817년 1월, 치밀한 준비 끝에 5천 명의 군대와 1천 6백 마리의 말을 이끌고 안데스 산맥을 넘었다. 허를 찔린 스페인군은 당황하다가 샤카부코차카부코에서 전멸하고 말았다. 시민들은 산티아고에 입성한 산 마르틴을 칠레 총독으로 추대했으나 그는 거부했다.

1818년 4월 5일, 산 마르틴은 마이포Maipo 전투에서 스페인의 잔존 부대를 무너뜨림으로써 칠레의 독립을 사실상 결정지었다. 이제 남미 지역에서는 페루밖에 남지 않았다. 1820년부터 리마 공략에 나선 산 마르틴은 마침내 리마에 입성했고, 1821년 7월 28일 페루의 독립을 선언했다. 그러나 부왕의 군대는 아직 고원지방에서 버티고 있었고,

주변의 정치상황도 그다지 좋은 것은 아니었다. 산 마르틴은 고립을 피하고자 페루에서 철수하지 않을 수 없었다. 산 마르틴은 이때 콜롬비아에서 에콰도르로 들어와 있던 시몬 볼리바르를 만나보기로 했다. 페루의 앞날을 놓고 의논하기 위해서였다.

1822년 7월 22일, 에콰도르의 열대 항구 과야킬에서 남미 독립운동의 두 영웅이 드디어 만났다. 그러나 두 사람의 만남은 그다지 성공적이지 못했다. 서로의 관심사가 달랐기 때문이다. 볼리바르는 대콜롬비아의 건설에 모든 관심이 쏠려 있었고, 산 마르틴은 아르헨티나와 칠레, 페루의 통합을 어떻게 이룰 것인가를 고민하고 있었다. 특히 산 마르틴의 고민은 페루에 집중되어 있었다. 페루에는 아직 스페인의 나머지 세력들이 뿌리 깊게 남아 있었고 크리오요들도 매우 보수적이었다. 그래서 산 마르틴은 유럽의 왕가 쪽에서 사람을 불러다 입헌군주제를 시행하는 방안을 생각했다. 하지만 볼리바르는 단호히 반대했다. 그는 독립한 아메리카는 공화국이 아니면 안 된다고 생각했던 것이다.

1822년 7월, 두 사람의 만남이 있고 나서 산 마르틴은 정치 일선에서 물러났다. 정확한 이유는 알려지지 않았지만 아마도 자신이 남아있으면 볼리비아의 행로에 방해될지 모른다고 생각했던 것 같다. 하늘의 태양은 하나요, 지도자도 한 명이면 충분하다고 생각한 것일까? 아마도 라틴아메리카에 두 명의 영웅은 필요하지 않다고 생각했는지도 모르겠다. 산 마르틴은 페루와 칠레, 아르헨티나의 모든 직위에서 물러났으며, 1824년에는 딸과 함께 영국으로 여행을 떠났고, 벨기에에 정착한 후, 1850년 파리에서 죽었다. 산 마르틴이 어떻게 그렇게 쉽게 정치에서 손을 떼고 물러날 수 있었는지는 아직도 잘 이해되지 않는 부분이다. 인간의 권력 의지와 욕망은 그 어떤 것보다도 집요하고 강렬하기 때문이다.

한편, 볼리바르는 산 마르틴의 당부에 따라 페루의 완전한 독립을 위해 더욱 힘을 쏟았다. 1823년 9월 리마에 입성한 볼리바르는 다음 해 12월 9일 아야쿠초 전투에서 스페인 부왕의 항복을 받아 페루의 독립을 완성했다. 그는 여세를 몰아 마지막 남은 상上 페루현재의 볼리비아 지역까지 해방했다. 이때 청년 장군 안토니오 수크레의 활약이 돋보였다. 이 지역 사람들은 그에게 "공화국의 아버지"라는 명예로운 칭호를 수여했고, 후에 나라 이름도 볼리비아로 바꾸었다. 그는 여기서도 상 페루와 페루를 묶는 대페루 구상을 발표했으나, 상 페루의 크리오요들은 반대했다.

1825년 볼리바르는 페루의 리마로 갔다가 다시 5년간이나 떠나 있었던 콜롬비아의 보고타로 갔다. 그러나 그동안 보고타의 상황은 완전히 바뀌어 있었다. 볼리바르의 인기는 뚝 떨어졌고, 그의 대콜롬비아 구상도 더는 지지를 받지 못했다. 1827년, 그는 카라카스로 갔으나 그곳도 상황은 그다지 좋지 않았다. 아메리카 연방을 향한 볼리바르의 이상은 한낱 물거품에 불과했다. 심지어 볼리바르는 암살 위협까지 받아야 했다. 본국으로부터 독립을 쟁취하는 것은 가능했지만, 독립 이후 지역마다 이해관계가 다른 크리오요를 중심으로 한 새로운 기득권 세력과 통일 국가가 세워지는 것을 두려워한 유럽 국가의 견제를 제압하기에는 역부족이었다.

1830년 4월 27일, 볼리바르는 대통령으로서의 모든 권한을 포기하겠다는 서한을 의회에 보낸 뒤, 카리브 해안의 산타마르타로 요양을 떠났다. 그러나 그때는 이미 결핵균이 온몸에 퍼진 상태였다. 그 해 12월 17일, 볼리바르는 마침내 세상을 떠났다. 그의 나이 47세였다. 죽기 직전 그가 남겼다는 말은 의미심장하다.

아메리카를 다스리는 것은 불가능하다. 혁명을 위해 싸운 인간은 결국 바다에서 쟁기질했을 뿐이다.

혁명을 위해 바친 자신의 노력이 헛된 일이었다는 자탄이었을 것이다. 자신의 삶에 대한 회한이며 세상에 대한 허무를 표현한 것이기도 하다. 그러나 볼리바르의 탄식이 반드시 맞는 것은 아니었다. 그의 대콜롬비아 구상은 이루어지지 않았지만, 라틴아메리카의 독립에 바친 그의 정신은 후대에 이어져 오늘날 다시 살아나고 있기 때문이다. 1999년 베네수엘라 대통령이 된 우고 차베스는 그의 개혁과 실험을 '볼리바리안 혁명'으로 명명하며 볼리바르의 독립 · 혁명 정신을 계승하고 있음을 분명히 했던 것이다.

이달고의 봉기와 멕시코의 독립

멕시코는 인구나 경제적인 면에서 스페인 식민지 가운데 가장 중요한 위치를 차지하고 있었다. 멕시코의 식민지 개척도 가장 일찍부터 시작되었고, 부왕령도 가장 먼저 멕시코에 설치되었다. 스페인의 경제적 이권도 가장 많았고 거리상으로도 남미 지역보다 가까웠기 때문에 스페인 본국으로부터 통제도 가장 엄격했다. 또한 멕시코는 스페인뿐만 아니라 프랑스의 이해관계도 컸기 때문에 이들 국가 사이의 세력 충돌도 있었다. 이런 이유로 해서 멕시코는 독립운동 과정도 많은 우여곡절을 겪어야 했다.

미구엘 이달고

멕시코에서 독립운동의 첫 깃발이 오른 것은 1810년이었다. 멕시코는 크리오요의 힘이 무척 강한 지역이었다. 그런데 유럽에서 나폴레옹이 스페인을 침공했다는 소식이 들려오자 멕시코에서 가장 먼저 크리오요들이 등을 돌리고 '훈타'를 구성하라고 요구하며 움직였다. 러시아 혁명 지도자 레닌은 "지배세력이 반란을 시작할 때가 가장 위험하다."고 말했다. 스페인 식민지에서 크리오요들은 지배세력의 한 부분이라고 할 수 있었다. 그런 집단이 반란을 준비하기 시작한 것이다. 그렇지만 1810년 9월 멕시코에 보수적인 부왕이 새로이 부임해 크리오요들에 대한 감시를 강화하여 독립을 위한 비밀결사 조직을 적발하고 주요 멤버를 체포하는 사건이 벌어지자 그 불꽃이 다른 곳에서 타올랐다. 원주민 농민들이 들고 일어선 것이다.

1810년 9월 16일, 미구엘 이달고^{Miguel Hidalgo} 신부는 돌로레스라는 마을에서 농민들을 모아 놓고 이렇게 외쳤다. "과달루페의 성모* 만

---

*   아메리카 가톨릭 신자들의 수호성인으로 모셔지고 있음.

세! 악독한 정부는 물러가라! 스페인 본국인들은 모두 죽어라!" '돌로 레스의 절규'라고 부르는 사건이다. 이윽고 이달고가 이끄는 원주민 농민과 메스티소들은 광산촌인 과나후아토^{Guanajuato} 시[*]를 향해 진격을 시작했다. 시간이 흐르면서 군중은 점점 늘어나 수만 명으로 불어났고, 시위대의 행동도 점점 과격해졌다. 과나후아토를 장악한 시위 군중은 크리오요든 가추핀^{**}이든 백인은 닥치는 대로 공격했다. 그러자 겁을 집어먹은 크리오요들은 부왕의 군대와 손을 잡고 반란을 진압하는 데 앞장서기 시작했다.

스페인군의 공격으로 시위대가 무너지고, 이달고는 북쪽으로 도망했다가 1811년 7월 30일 체포되어 처형되었다. 하지만 반란이 완전히 끝난 것은 아니었다. 이달고의 뒤를 이어 호세 마리아 모렐로스^{José María Morelos}라는 메스티소 신부가 반란군을 이끌었기 때문이다. 그는 게릴라 부대를 조직해 멕시코시 남부 각지에서 출몰하며 부왕의 군대를 괴롭혔다. 모렐로스는 1813년 11월 칠판싱고^{현 멕시코 게레로주의 주도}라는 곳에서 의회를 열고, 10개 조의 원칙을 채택했다. 거기에는 스페인으로부터의 완전독립, 주권재민, 삼권분립, 사유재산권의 확립, 신분제도의 폐지 등 자유주의적 정치이념이 고스란히 담겨 있다^{칠판싱고 회의}. 그러나 멕시코 시의 크리오요들은 모렐로스의 투쟁에 등을 돌리고 부왕 쪽에 협력했다. 결국 모렐로스는 1815년 11월 5일 게레로에서 체포되어 12월 22일 형장의 이슬로 사라지고 말았다. 이달고의 봉기는

<small>* 사카케카스, 포토 시와 함께 3대 은광 중심지. 16~17세기 세계사에서 가장 부유한 곳으로 인식된 도시.</small>

<small>** 가추핀이란 스페인 본국인을 부르는 말이다. 이는 페닌술라르, 즉 이베리아 반도인를 얕잡아 부르는 말로 '차페론'이라고도 하며 영어의 카우보이와 같은 의미이다.</small>

실패했으나, 이달고 신부는 오늘날 '멕시코 독립의 아버지'로 추앙받고 있다.

이달고와 모렐로스의 봉기가 실패한 뒤 멕시코는 한동안 부왕의 통치 아래 있었다. 하지만 그 상황은 오래가지 않았다. 1820년 3월 스페인 본국에서 리에고 이 누녜고 등 자유주의자들이 '1821년 헌법'을 내걸고 군대를 주도하여 반란을 일으키자 전제군주였던 페르난도 7세는 부랴부랴 자유주의자들이 요구한 헌법인 카디스 헌법의 부활을 선언했다. 그런데 이 소식을 접한 멕시코의 크리오요와 교회, 스페인인들이 강력하게 반발했다. 그들은 스페인 본국의 자유주의적 정책이 멕시코로 미치는 것을 막기 위해서라도 독립을 해야 한다는 데 의견을 같이했다.

이런 상황에서 부왕군의 지휘관 이투르비데Iturbide는 '이구알라 계획'이란 것을 발표했다. 이구알라 계획이란 크리오요들의 이해관계를 해치지 않는 온건한 모양으로 멕시코가 독립을 이룬다는 것이었지만, 실제로는 자신이 황제가 되겠다는 음모였다. 이투르비데는 군중을 동원해 '이투르비데의 황제 즉위를 원한다'는 여론을 조작했다. 이투르비데는 조작된 '민중의 여망'에 따라 의회에서 황제로 선출되었다. 1822년 7월 21일 이투르비데는 마침내 아구스틴 1세를 자처하며 대관식을 거행했다. 하지만 그의 권좌는 오래가지 못했다. 1923년 3월 산타 안나가 주도하는 공화주의 반란으로 실각하기 때문이다.

---

*   크리오요 출신의 독재자이다. 그는 후에 대통령이 되는데 그의 재임 기간 미국과의 전쟁에서 패해 텍사스를 넘겨주는 등 멕시코 영토의 태반을 미국에 빼앗겨 멕시코 역사상 가장 치욕스런 일을 당했다.

1824년 과달루페 빅토리아Guadalupe Victoria 장군이 멕시코 공화국 초대 대통령으로 취임했다. 이투르비데는 중미 국가들을 강제로 통합했으나 그가 실각하자 이들 나라가 모두 멕시코에서 독립하여 '중앙아메리카 연합주'라는 독립 국가를 세웠다. 그러나 애초부터 지역차이가 컸던 중미 국가들 사이에 분규가 끊이지 않으며, 결국 1838년 분해되어 현재의 국가들로 독립했다.

브라질 제국의 수립과 독립

남미에서 스페인의 식민지와는 달리 포르투갈이 지배하던 브라질이 독립을 이룬 과정은 상당히 온건했다. 그것은 브라질을 지배하고 있던 포르투갈의 국력과 유럽에서의 영향력, 그리고 식민지에 대한 지배력과 관계가 있었다. 또한 브라질의 지역적 특성, 즉 광범위한 열대우림 지역이 존재하면서 금광이나 은광 등 상업자본주의 시대를 빛낸 광물자원들이 발견되지 않았던 점도 중요하게 작용했다.

스페인과 마찬가지로 희망봉을 돌아 인도양에 진출하여 식민지 확보에 열을 올리고 있던 포르투갈은 스페인과의 세력 범위를 정할 필요를 느끼고 교황의 중재로 협약을 맺었다. 1493년 맺은 토르데시라스 조약으로 불리는 이 협약에 따르면, 아프리카 서안의 베르데곶Cape Verde, 아프리카 대륙 최서단을 이루는 지역 군도에서 370레그아* 서쪽의 경도선서

---

*　　약 1천 5백 킬로미터 가량 된다. 1레그아는 약 6미터 정도다.

경 46도 37분을 경계로 그 동쪽은 포르투갈, 서쪽은 스페인의 세력 범위로 정해졌다. 이 협약에 따라 16세기 스페인과 포르투갈이 아메리카에 식민지를 개척했을 때, 현재의 브라질 지역은 포르투갈령이 되었고, 나머지 지역은 모두 스페인령이 되었다. 또한 아메리카 대륙 서쪽의 태평양도 당연히 스페인의 세력 범위로 간주 되었다.

남미에서 처음 스페인과 포르투갈 두 나라의 세력 범위가 미칠 수 있는 곳은 한정되어 있었다. 포르투갈 왕실은 일부 귀족들에게 브라질을 개척하도록 했으나 잘 진행되지 않자 1548년 직접 통치하기로 했다. 그런데 브라질에서는 멕시코나 페루와는 달리 금광이나 은광이 발견되지 않았다. 그래서 포르투갈 식민지들은 주로 브라질 연안에 정착한 후 원주민 노동력을 이용해서 농업, 특히 사탕수수 재배와 설탕 생산에 힘을 쏟았다.

그러나 이런 농업노동에 익숙하지 않았던 원주민들이 죽거나 도망가 버려서 노동력이 절대적으로 부족하게 되자, 포르투갈인들은 아프리카에서 노예를 대량으로 들여왔다. 그렇게 해서 브라질에서는 설탕, 담배, 커피, 면화 같은 노예노동을 이용한 대규모 플랜테이션 농장이 자리를 잡게 되었다. 그 결과 19세기 초반 브라질의 총인구 350만 명 가운데 2백만 명이 흑인이었다. 포르투갈인은 40~50만 명에 불과했고, 인디오라고 불리는 원주민도 40~50만 명 정도 되었다. 물라토 mulato로 불리는 흑인과 백인의 혼혈인도 60만 명 정도 되었다.

그런데 당시 브라질의 식민지 본국 포르투갈은 1703년 영국과 메수엔 조약을 체결한 상태였다. 이 조약으로 영국 공예제품의 수입과 낮은 관세의 포르투갈산 포도주의 영국 수출이 명문화되었다. 이 조약을 맺기 전에도 포르투갈은 영국에 대한 경제적 의존도가 높았는데, 이 조약 체결 이후 포르투갈은 경제적으로 영국에 완전히 종속되었다. 그 때문에 나폴레옹의 대륙봉쇄에도 포르투갈만은 영국 함대가 자유롭게 접근할 수 있었다. 포르투갈은 나폴레옹의 침략을 방지하기 위해 어떻게든 중립을 지키려 했으나 현실적으로 영국의 요구를 거절할 수 없었다.

1807년 11월 마침내 프랑스군이 포르투갈을 침략했다. 이때 수도 리스본 항에는 영국 함대가 정박하고 있었다. 영국은 포르투갈 왕실에 영국 해군이 보호해줄 테니 브라질로 잠깐 이주하는 것이 좋겠다고 권했다. 이것은 "권고라기보다는 명령"에 가까웠다. 포르투갈 왕실과 관료 등 1만여 명은 그날 입은 옷차림 그대로 배에 올라 브라질로 향했다. 두 달 동안의 항해 끝에, 이들은 리우데자네이루Rio de Janeiro에 도착했다.

포르투갈 왕실이 이주하고 나서 인구 3만에 불과한 초라한 리우데자네이루는 화려하게 탈바꿈하기 시작했다. 1815년 포르투갈인들은 리우를 포르투갈 브라질 제국의 수도로 정하고 왕궁과 교회, 극장, 도서관, 박물관, 대학 등의 문화시설을 갖춘 정치와 문화의 중심지로 가꾸고자 했다. 그 결과 1827년까지 리우데자네이루는 인구 10만의 화려한 대도시로 탈바꿈하게 되었다.

포르투갈 왕실은 브라질에 도착하자 자유무역을 선언하여 3백 년에 걸친 포르투갈의 중상주의 정책에 종지부를 찍었다. 리우데자네이루는 자유무역항이 되자 외국 선박도 급증했는데, 그 대부분은 영국 상선이었다. 또한 영국은 브라질과 통상조약을 맺어 특혜관세를 인정받았다. 영국은 군함이 브라질 항구를 마음대로 드나들 수 있었으며, 브라질 삼림지대에서 목재를 베어내 선박을 만들 수도 있었다. 또한 영국의 신교도들도 교회를 세울 수 있었고, 영국인에 대한 재판은 영국 국왕이 파견하는 재판관에 의해 이루어지도록 했다. 이 때문에 1808년부터 1821년 사이에 거액의 영국 자본이 브라질로 유입되었다. 어떤 역사학자는 이를 두고 "1808년 브라질 식민지는 쇠약해진 어머니에게서 경제적으로 해방되어, 1810년 돈 많은 계모를 얻었다."라고 표현했다.

포르투갈 왕실은 1821년까지 브라질에 체류했다. 주앙 6세$^{Joao\ VI}$가 독립을 회복한 포르투갈로 귀국하고, 브라질에는 황태자인 동 페드루$^{Dom\ Pedro}$를 섭정으로 남겨놓았다. 포르투갈 본국은 브라질을 다시 식민지로 만들려고 했으나 현지의 반발은 심각했다. 포르투갈은 동 페드루가 독립을 선언할지 모른다는 의구심 때문에 귀환을 종용했지만, 동 페드루는 "모든 사람의 안녕과 국가의 전체적인 행복을 위해 나는 여기 머물겠다."고 선언했다.

1822년 5월, 동 페드루에게 '브라질의 영원한 수호자'라는 영광스런 칭호가 주어졌다. 또한 동 페드루는 자신의 승인 없이는 어떠한 포르투갈법도 인정될 수 없다고 포고했으며, 브라질에 파견된 모든 포르투갈 관리와 군대는 적으로 간주되었다. 1822년 9월 7일, 동 페드루는 상파울루 주변 이피랑가강 근처에서 브라질 제국의 독립을 선언하고 브라질 제국의 페드루 1세$^{Pedro\ I,\ 1822~1831년\ 재위}$가 되었다. 이와 함께 브라질은 포르투갈과 관계를 끊고 영국의 정치 경제적 지원을 받으며 근대국가를 향한 첫발을 내디뎠다.

브라질 제국은 아메리카 대륙에서 마지막까지 노예제도가 존재한 나라였다. 하지만 미국 남북 전쟁 후 노예제도가 브라질에만 남았기 때문에 노예제도는 비판받았다. 브라질에서는 실증주의 사상에 영향을 받은 청년 장교들을 중심으로 노예제도 폐지와 제정 폐지를 주장하는 자유주의 운동이 싹텄다. 1888년 페드루 2세[1831~1888년 재위]는 '황금법'을 공포하여 노예제도를 폐지했다. 귀족과 대지주들이 이에 반발하면서 제정은 대농장의 지지기반을 상실했다. 1889년 테오도로 다 폰세카[Manuel Deodoro da Fonseca, 1827~1892년] 장군[*]의 쿠데타로 제정이 붕괴하면서 브라질 제국이 무너지고 공화제로 이행했다.

독립은 이루었으나 길을 찾지 못하다

1800년이 시작되면서 30년 뒤 라틴아메리카 대부분의 식민지가 독립을 이룰 것이라는 사실을 예상한 사람은 아무도 없었다. 그러나 1828년 라틴아메리카 지역에서는 쿠바와 푸에르토리코를 제외한 모든 식민지가 독립했다. 식민지가 독립한다는 것은 기쁜 일이다. 하지만 독립이 됐다고 해서 모든 것이 해결되는 것은 아니다. 중남미 국가 대부분이 난제를 안고 있었다.

무엇보다 중요한 문제는 식민지 통치 조직이 무너진 상황에서 새로

---

[*] 브라질의 군인이며, 군사 쿠데타를 지휘하여 황제 페드루 2세를 퇴위시키고 브라질 초대 대통령이 되었다. 1891년 11월 23일 그는 대통령 자리에서 물러나면서, 페이쇼투 부통령에게 자리를 넘겨주었다.

운 정부가 구성되어야 했다. 관료조직도 다시 세워져야 했다. 이것은 나라를 세우는 일로써 무에서 유를 창조하는 것이나 마찬가지였다. 더불어 독립 전쟁에서 활약했던 크리오요와 인디오, 카스타, 메스티조, 물라토로 불리는 소외된 대중들을 어떻게 통합해갈 것인가 하는 문제가 있었다. 그리고 경제적인 문제도 있었다. 중남미는 정치적으로 독립했다고는 하지만, 경제적으로는 전혀 자립 기반을 갖지 못한 상태였다. 경제적 자립을 이루지 못하면 결국 정치적으로도 종속될 수밖에 없는 것은 자명한 이치다. 독립 이후에도 라틴아메리카 국가들은 유럽 국가들, 특히 영국의 경제적 지배 아래 놓임으로써 실제로는 식민지 시대보다 더한 종속 상태에 놓이게 되었던 것이다.

독립한 라틴아메리카 국가들은 대부분 공화정을 채택했다. 주권재민, 삼권분립, 인권 보장, 직접선거에 의한 대통령과 국회의원의 선출 등을 내용으로 한 헌법을 마련하여 근대적인 정치체제의 틀을 갖추었다. 그러나 이처럼 훌륭한 법과 제도에도 이것을 운용할 현실은 너무도 많은 문제를 안고 있었다. 정치 혼란이 계속된 것이다.

라틴아메리카 국가들의 정치적 혼란을 바로 보여주는 지표는 잦은 헌법의 제·개정이다. 이를테면 에콰도르에서는 19세기에만 헌법이 여덟 번이나 제정되었고, 20세기에는 열한 번이나 새로 제정 공포되었다. 볼리비아에서는 1878년 이전에 헌법이 일곱 번이나 제정되었다. 그나마 그 해 제정된 헌법은 그 후 60년간 유지되었다. 페루에서는 1867년까지 헌법이 여덟 번이나 새로 만들어졌다. 비교적 안정된 아르헨티나도 3회, 칠레는 2회 바뀌었다.

이것은 라틴아메리카의 정치 상황이 안정되지 못하고 혼란이 거듭

되었음을 말해준다. 그렇다면 중남미 정치는 왜 이렇게 혼란을 거듭한 것일까? 그것은 여러 가지 요인들이 복합적으로 작용한 결과이지만, 이러한 배경을 이해하는 데서 빼놓을 수 없는 것이 카우디요의 존재이다. 카우디요란 사적으로 군사력을 갖고 한 나라의 정치를 좌지우지한 정치적 실력자들을 말한다. 카우디요들은 자신을 따르는 심복들을 주종관계로 묶어 놓고 가부장적인 권위를 행사하며 정치를 독점적으로 지배했다. 카우디요는 기본적으로 군사력이 있어야 하고, 상황 판단을 잘할 수 있는 두뇌 회전과 카리스마를 갖춘 인물이어야 했다. 이들의 출신 배경은 다양했는데, 그중에는 메스티소 출신자들도 많았다. 이들은 주로 지주나 대상인 등 부유한 크리오요들의 이익을 대변했다.

19세기 당시 중남미 각국은 아직 도시화가 진행되지 않은 상태여서 부에노스아이레스 같은 수도조차도 인구가 수만 명에 지나지 않았다. 따라서 이런 작은 규모의 수도권을 무력으로 제압하고, 지방을 장악한 작은 우두머리들을 포섭하기만 하면 한 나라의 정치도 마음대로 주무를 수 있었다. 19세기 중남미에서는 숱한 정변이 일어났는데, 이는 대부분 어떤 카우디요가 정권을 잡고 있을 때, 또 다른 카우디요가 군대를 일으켜 이를 뒤집어엎고 정권을 빼앗기 위한 경우였다. 그러니까 누구든지 기회만 있으면 권력을 잡기 위해 무력을 동원할 수 있었고 실제로 그런 일이 수시로 일어났던 것이다.

이들 카우디요들은 군사력을 바탕으로 주지사 등을 하면서 한 지역을 장악한 상태에서 다른 지역을 기반으로 한 카우디요들과 동맹관계를 맺어 한 나라의 정치를 번갈아 가면서 주물렀다. 그 때문에 19세기 라틴아메리카의 대통령들은 사실은 국가와 국민을 대표하는 국가원

수라기보다는 이들 카우디요들의 정치적 연합과 동맹의 대표자에 불과했다. 따라서 카우디요들이 지배하는 라틴아메리카 국가들은 근대적 국가라기보다는 봉건적 전제 국가에 가까웠다.

19세기 중남미에서는 무수한 카우디요들이 등장하고 사라졌지만, 그 가운데서도 가장 유명한 인물은 1811년에서 1840년까지 파라과이를 지배한 호세 가스파르 로드리게스 프란시아José Gaspar Rodríguez de Francia다. 프란시아는 파라과이 독립운동에 참가해 권력을 장악한 뒤, 24년 동안 파라과이를 철권 통치했다. 그는 의회를 두지도 않았고, 장관도 임명하지 않았으며, 재판소도 없이 혼자서 나라를 통치했다. 반대자를 가혹하게 탄압하여 감옥은 넘쳐났고, 수많은 사람이 고문과 핍박으로 죽어갔다. 말년에는 자신의 암살을 극도로 두려워 한 나머지 노이로제 증상까지 보였으나 자연이 준 생명을 다했다. 그러나 그가 죽은 지 몇 개월 뒤, 그의 묘지는 누군가에 의해 파헤쳐져 유골이 여기저기 흩뿌려졌다고 하니 죽어서까지도 보복을 피해갈 수는 없었던 모양이다.

그 밖에도 1829년부터 52년까지 아르헨티나를 통치한 후안 마누엘 데 로사스, 1830년부터 30여 년 동안 베네수엘라를 지배한 호세 안토니오 파에스, 1833년부터 55년까지 무려 11번이나 대통령에 오르며 멕시코 정치를 주물렀던 안토니오 로페스 데 산타 안나 등도 빼놓을 수 없는 카우디요들이었다. 이들의 통치방식은 대체로 유사했다. 군사력을 동원한 힘의 통치와 여론 조작, 정치적 반대자에 대한 무자비한 탄압, 그리고 나라와 민중의 이익보다는 사적 이익을 위한 부정부패와 비리. 이 중에는 강력한 통치로 나라를 안정시키고 공공사업과 학교를 세워 국민의 교육을 높이는 등 긍정적인 활동을 한 인물도 일부 있지만, 카우디요는 20세기까지 이어지는 중남미 정치의 잘못된 전통과 혼란상의 장본인이라는 점에서 마땅히 비판받아야 한다.

쿠바 독립의 아버지 호세 마르티

라틴아메리카에서는 독립 후 카우디요들이 난무하며 정치적 혼란상이 계속되었던 이유는 라틴아메리카의 독립이 라틴아메리카 사람들—크리오요는 물론이고 인디언, 메스티소 등의 민중을 포함한 다수—의 힘보다는 외부적 요소에 의해 주어진 측면이 컸던 사실과 관계가 깊다. 실제로 라틴아메리카가 독립할 수 있었던 가장 일차적인 요인의 하나는 유럽의 정세변화였다. 나폴레옹의 스페인 침공으로 인한 힘의 공백상태와 유럽과 아메리카에서 주도권을 잡기 위한 영국의 라틴아메리카 독립지원이 그것이다.

나폴레옹이 패배하고 유럽에서 신성동맹이 성립되어 스페인 왕정이 다시 회복되자 한때 라틴아메리카의 독립은 꿈으로 돌아가는 듯했다. 하지만 국운이 날로 쇠약해져 가던 스페인은 지리적으로 멀리 떨어져 있는 라틴아메리카를 효율적으로 통제할 수 없었다. 그런 상황에서 당시 세계의 패자로 떠오르고 있던 영국은 경제적 이해 때문에 라틴아메리카의 독립을 다양한 방식으로 지원했다. 미국 또한 스페인의 영향력이 줄어들면 자신의 영향력을 확대할 수 있기 때문에 암묵적으로 이를 지원했다. 이런 상황에서 라틴아메리카의 상류층을 이루고 있던 크리오요들이 스페인의 굴레에서 벗어나 자신들의 정치적 · 경제적 이익을 위해 독립 전쟁에 가세했던 것이다.

그러나 이들 크리오요들은 볼리바르 같은 소수 인물을 제외하고는 인간의 자유와 독립, 또는 평등과 박애, 인권 같은 프랑스 혁명에서 제기되었던 인류의 이상에 대해서는 그다지 공감대가 없었다. 이것이 미국 독립 전쟁의 주체 세력과의 근본적인 차이점이었다. 이런 상황에서 독립을 이루다 보니까 라틴아메리카에서 힘의 진공 상태는 어쩔 수 없는 상황이 되었다. 라틴아메리카는 거의 모든 지역이 동시에 독립을 이루었지만, 이 광대한 대륙을 경영해갈 주도 세력은 사실상 없었다. 그 때문에 중남미 지역은 오늘날 우리가 보는 바처럼 20여 개의 나라로 쪼개질 수밖에 없었다. 거기다가 개별 국가들 또한 제대로 된 주도세력과 정치지도자가 없다 보니 힘 있는 카우디요들의 군웅할거群雄割據 시대가 찾아왔던 것이다. 강자만이 살아남는 정글의 법칙이 군사력에 의한 지배로 연결되었고, 그것이 라틴아메리카의 부정적 전통의 하나로 자리 잡게 되었다.

그러나 19세기 후반, 라틴아메리카에서 새로운 목소리가 들려오기 시작했다. 그것은 아직도 스페인의 식민지로 남아 있던 쿠바에서 시작되었다. 쿠바에서는 1868년부터 10여 년에 걸쳐 독립을 위한 저항운동이 진행되었다. 쿠바 독립운동은 1878년 한때 소강상태에 들어갔으나·1895년부터 다시 불붙었다. 이 과정에서 오늘날까지 쿠바 혁명의 아버지로 추앙받는 호세 마르티José Marti라는 걸출한 혁명가가 나타났는데, 그의 등장으로 라틴아메리카의 독립운동은 지금까지와는 차원을 달리하게 되었다. 지금까지의 운동이 스페인의 지배에서 벗어나는 그야말로 일차원적인 독립의 요구였다면, 호세 마르티가 이끄는 쿠바의 독립운동은 독립과 더불어 진정한 해방을 추구한 새로운 목소리였던 것이다.

호세 마르티는 쿠바 출신의 시인이자 혁명가다. 그는 동시대를 살았던 문인들과 사상가들은 물론이고 20세기 말의 사람들로부터도 존경받는 인물이다. 그는 그야말로 "시대와 성격이 다르고 세계관과 예술관이 다르고 지적인 작업의 범주까지도 다른 다양한 사람들로부터 높이 평가받는 드문 인물"이다. 마르티에 대해서는 "18세기 후반기에 비롯된 문화, 윤리, 정치에서 중남미 고유의 전통의 완성자"에서부터 "영웅이자, 성자이며, 현인이자, 순교자", "아메리카 대륙이 배출한 최고의 천재"에 이르기까지 극찬이 이어지고 있다. 특히 쿠바인들의 마르티에 대한 사랑은 엄청나다. 그것은 '관타나메라Guantanamera'*라는 곡에 그의 시를 붙여 제2의 국가처럼 애창하는 데서도 잘 알 수 있다. 그에게 이런 찬사가 쏟아지는 이유는 아마도 그가 삶 전체를 쿠바의 독립과 혁명에 바쳤기 때문일 것이며, 그의 혁명 사상과 이론이 20세기 민중해방 사상과 맞닿아 있기 때문일 것이다.

호세 마르티는 1853년 아바나 항구에서 하급 경찰관리의 아들로 태어났다. 그는 볼리바르나 산 마르틴과는 달리 가난한 빈민가 출신이었다. 아버지는 고지식해서 그나마 변변찮은 직장 생활도 제대로 하지 못했다. 가족들은 불안정한 수입과 일곱이나 되는 누이 등 많은 가족 때문에 아바나 항구 근처의 허름한 집에서 항상 쪼들리며 살아야 했

---

* '관타나모의 여인'이란 뜻.

다. 그런 중에도 마르티는 배움에 대한 꿈을 포기하지 않았다. 마르티는 16세 때 이미, 혁명가로서 그리고 시인으로서의 천재성을 유감없이 발휘했다. 쿠바 독립의 정당성을 그린 『절름발이 악마』와 『나의 조국』, 그리고 조국의 독립을 위한 헌신을 노래한 서사시 『압달라』가 그것이다.

마르티는 17세 되던 1870년 필화 사건으로 구속되어 6년형을 선고받았다. 다행히 친구의 도움으로 6개월 만에 수형 생활을 끝내고 스페인으로 유배 길에 오른다. 스페인에서 보낸 4년의 유배기간 동안 마르티는 법과 철학, 문학 등 여러 방면의 공부를 게을리하지 않았다. 그 과정에서 마르티는 19세기 당시 스페인 사회에 크게 영향을 미쳤던 기독교의 사회윤리 사상과 스페인의 전통적인 무정부주의 사상을 접하게 되는데 그것은 훗날 그의 혁명 사상의 형성에 커다란 영향을 미쳤다.

1873년 스페인에서 제1공화정이 들어섰으나, 공화주의자들 역시 식민지에 대한 기득권을 포기하기보다는 '위대한 스페인의 재건'을 위해 국외 식민지 통치의 기반을 강화해야 한다는 태도를 보였다. 호세 마르티는 『쿠바 혁명에 대한 스페인 공화정의 자세』를 집필해 스페인 공화주의자들의 이와 같은 편협한 민족주의적 사고를 비판했다.

1875년 쿠바에 있던 가족들이 모두 멕시코로 이주했다는 소식을 접한 마르티는 파리와 영국을 거쳐 멕시코에 도착했다. 마르티는 멕시코에 2년 동안 거주하면서 여러 신문사에 시와 사설을 기고하는 문필가로 활동했다. 그는 이 기간에 결혼도 했으나 가정생활은 그다지 행복하지 못했다. 현실의 물질적 안락을 추구했던 아내 카르멘 사안 바산은 조국 쿠바의 해방에만 신경 쓰면서 자신의 모든 정열을 불사르고 있던 호세 마르티의 삶을 이해할 수 없었던 것이다. 그 당시 쿠바에 새로운 정세가 조성되었다. 10년 동안 계속되던 쿠바 독립 전쟁이 '산혼 Zanjon 협정'으로 소강상태에 접어들었다. 스페인 식민정부는 산혼 협정을 통해 정치적인 이유로 쿠바를 떠나야 했던 모든 사람에게 사면령을 내렸다. 1878년 마르티는 조금도 주저함이 없이 쿠바로 돌아왔다.

쿠바로 돌아온 마르티는 변호사와 사립학교 교사로 생활하는 한편, 뉴욕에서 만들어진 쿠바 혁명위원회에 가담하여 조직 활동을 시작했다. 그는 강연과 기고, 그리고 온갖 방법을 동원해 쿠바의 암울한 정치 현실을 폭로 · 비판했다. 결국 그는 스페인 식민정부에 위험인물로 낙인 찍혔고, 1879년 9월 25일 다시 쿠바 땅에서 쫓겨나 스페인으로 유배를 떠나는 신세가 되어야 했다. 스페인에서의 두 번째 유배생활은 그리 오래가지 않았다. 마르티는 프랑스 국경을 넘어 탈출한 뒤 아메리카 대륙으로 향했다. 1880년 1월 미국 뉴욕에 도착한 마르티는 죽는 날까지 중남미 국가들을 잠깐 여행한 외에는 미국에서 쿠바의 독립을 위해 활동했다.

독립을 넘어선 민중해방의 목소리

1880년 마르티는 혁명위원회의 임시의장이 되어 쿠바의 독립과 혁명을 위한 최일선에 나섰으며, 생계와 독립투쟁을 위한 선전수단으로 여러 신문에 논설과 시를 발표하며 활약했다. 그의 활동은 매우 정력적이었고, 그의 글은 본질을 꿰뚫는 날카로움과 문학적 상상력으로 살아 있었다. 그는 얼마 지나지 않아 중남미를 대표하는 지성으로 명성을 떨치게 되었다.

호세 마르티는 미국에 머무는 동안 처음에는 긍정적이었던 미국에 대한 시각이 점차 부정적으로 바뀌어 갔다. 라틴아메리카를 향한 미국 자본의 탐욕적인 행태와 미국 정부의 팽창주의 대외 정책을 지켜보면서 자본주의 발전 뒤편에 숨어 있는 그림자를 보게 된 것이다. 1887년 이후 마르티는 자본주의 아래서 누리는 인간의 자유가 근본적인 한계를 갖고 있다는 사실을 똑똑히 인식하게 되었다. 자본주의적 경쟁과 발전 아래서 진정으로 자유를 누리는 사람은 소수 자본가와 유한계급뿐이며, 대다수 민중은 이름뿐인 거짓 자유의 환상 속에서 살고 있을 뿐이라는 것이다. 그가 보기에 풍요와 발전을 자랑하는 미국 사회에서도 민중은 실질적으로는 여전히 노예적 삶을 강요받고 있었다.

마르티는 미국 사회에 대해 거침없는 비판을 쏟아 부었다. "이 나라 미국은 커다란 나무와 같다. 커다란 나무의 뿌리에 좀벌레들이 꼬이게 되는 것은 당연한 법칙일 것이다.". 심지어 미국식 자본주의가 붕괴할 것이라고까지 했다. "북아메리카의 미국은 금세 망할 것이다. 탐욕스러움으로 인해, 정도를 벗어난 번영 탓에, 비도덕적인 풍요로움으로 인해 멸망할 것이다. 맹목적으로 살아왔기 때문에 끔찍하게 망할 것이다."

이 시기는 미국이 대내적인 팽창을 일단락 짓고 국외로 눈을 돌리기 시작할 때였다. 그 때문에 미국 자본주의의 제국주의적 탐욕이 더욱 노골적으로 드러나기 시작한 시기이기도 하다. 그와 같은 탐욕의 일차적 대상은 라틴아메리카였고, 특히 쿠바는 미국의 가장 중요한 경제적 이해관계가 얽혀 있는 곳이었다. 이런 경제적 이해 때문에 미국은 1898년 스페인과의 전쟁을 벌였고, 이 전쟁에서 승리한 미국은 스페인의 식민지들—쿠바, 푸에르토리코, 필리핀, 태평양의 괌 등—을 고스란히 차지하게 된다. 이 과정에서 쿠바 또한 미국의 속국이 되고 만다.

미국·스페인 전쟁이 끝난 뒤, 미군이 쿠바를 점령했고, 쿠바에서는 1898년부터 1902년까지 미군정이 시행되었다. 이것은 호세 마르티가 이끄는 쿠바 혁명군에 의한 독립을 막고 미국의 경제적 이익을 지키기 위한 것이었다. 그 뒤 쿠바는 형식적으로 독립을 이뤘으나 사실상 미국의 속국 상태가 되었다. 왜냐하면, 미국은 1901년에 채택된 쿠바 헌법에 "쿠바는 미국이 쿠바의 독립 유지와 국민의 생명, 재산 및 개인의 자유 보호를 위해 적절한 정부를 유지할 목적으로 쿠바에 개입할 권리를 인정한다."는 악명 높은 수정조항플래트(Platt) 수정조항을 강제로 삽입시켜 언제든지 미국이 무력으로 개입할 수 있는 근거를 만들어 놓았기 때문이다. 미국은 이를 통해 관타나모 만의 해군기지의 사용과 쿠바 국내의 행정을 감독할 권리를 확보했다.

호세 마르티는 이때 이미 미국 자본주의의 이와 같은 거칠 줄 모르는 탐욕성과 대외 팽창주의를 꿰뚫어보았다. 마르티는 미국 사회를 비판적으로 바라보기 시작하면서 사회주의에 대해서는 긍정적인 태도를 보였다. 그러면서도 그는 마르크스식의 사회주의를 라틴아메리카에 그대로 접목하는 것에 대해서는 부정적 견해를 강하게 표시했다. 그 대신 그가 내놓은 대안은 "토지공유제를 바탕으로 한 농업공동체"였다. 그는 "항구적이고 확실한 그리고 진정한 부의 원천은 농업에 있다."고 했다. 또 "도시가 국가의 정신을 이루고 있다면 국가에 피를 용솟음치게 하는 심장은 농촌에 있다."면서 농업이 이윤창출에 눈먼 도시의 상업자본과는 달리 "대지 위에서 살아가고 있는 사람의 건강한 삶을 보장"하는 '생명의 산업'이라고 보았다.

당연히 마르티는 그와 같은 공동체의 운영원리 가운데 가장 중요한 것은 경제적 부의 평등한 분배라고 보았다. 따라서 마르티가 추구한 사회는, 이성을 바탕으로 한 발전 중심의 서구사회와는 달리 사랑과 조화를 바탕으로 사회구성원 전체가 함께 어울려 살 수 있는 농업공동체였다. 다분히 공상적 사회주의의 이상주의적인 냄새도 풍기지만, 여기에는 자본주의 발전과 더불어 주변부로 전락한 라틴아메리카의 현실에 대한 예리한 성찰이 깔렸다. 마르티는 라틴아메리카의 정체성은 일방적으로 서구를 모방하는 것에서 찾아지지 않는다고 본 것이다.

이 시기 그는 문학적으로도 높은 성취를 이루는데, 1891년 최고의 작품으로 평가받는 『질박한 노래』가 그것이다. 이 작품을 발표한 뒤, 그는 모든 일을 접어둔 채 쿠바 혁명에 매진하게 된다. 마르티는 1892년 쿠바 혁명당을 창당하고, 쿠바에서 벌어지고 있던 무장 투쟁을 다양한 방법으로 지원하기 위하여 노력했다.

1895년 1월 31일, 마르티는 쿠바 혁명의 일선에 직접 참가하기 위해 뉴욕을 떠났다. 3월 25일 도미니카에서 막시모 고메스와 함께 '몬테크리스티 선언'을 통해 쿠바 독립의 전망을 밝힌 마르티는 4월 11일 쿠바의 동부 해안에 잠입한다. 이 대목에서 우리는 1956년 12월 2일 80명의 대원과 함께 그란마 호를 타고 쿠바 해안에 상륙한 피델 카스트로와 체 게바라를 떠올리지 않을 수 없다. 그러나 카스트로와 게바라는 쿠바 혁명을 성공시켰지만, 마르티는 성공하지 못했다. 그는 제대로 싸워보지도 못한 채 스페인군의 기습을 받아 5월 19일 도스 리오스에서 사망하고 말았다. 여기서 그는 다시 영원한 혁명가 체 게바라의 선구자가 되고 있다.

호세 마르티는 42세라는 짧은 생애를 살고 갔지만 많은 것을 남겼다. 그는 혁명에 성공하지 못하고 죽었지만, 그의 후예들은 60년이 지난 뒤 기어코 혁명에 성공했다. 카스트로가 이끈 쿠바 혁명은 바로 호세 마르티의 정신을 그대로 이어받은 것이었다. 호세 마르티의 존재는 19세기 라틴아메리카의 독립운동에서도 독특한 지위를 차지하고 있다. 대부분의 독립운동 지도자들이 이념이 없는 상태에서 단순히 식민지 본국으로부터의 독립만을 추구했거나, 독립한 뒤에는 크리오요와 식민지 땅의 지주와 자본가의 이해를 대변하는 카우디요^{독재자}로 전락했다. 반면, 호세 마르티는 진정으로 민중의 이익과 처지를 대변하는 라틴아메리카 지역 최초의 혁명가로, 삶을 한 점 부끄럼 없이 살다갔다. 그의 존재는 20세기 수없이 나타나게 될 라틴아메리카 민중 혁명가들의 출현을 알리는 전조였다. 호세 마르티를 통해서 비로소 라틴아메리카는 단순히 독립을 넘어선 해방의 목소리를 내기 시작했던 것이다.

근대편 참고자료 (6권, 7권)

구글 / 다음 / 네이버 / 브리태니커 백과사전 / 위키피디어 백과사전 / 파스칼 사전 / 두산동아 백과사전 / 엔하위키 미러
《한겨레》 /《한겨레21》 /《경향신문》

A. 소불 지음/ 최갑수 옮김,『프랑스대혁명사 (상), (하)』, 두레

A. 토플러 지음/ 정해근 옮김,『제3의 물결』, 정암

G. 르페브르 지음/ 민석홍 옮김,『프랑스혁명: 1789년』, 을유문화사

J. 네루 지음/ 곽복희 · 남궁원 옮김,『세계사 편력 1~3』, 일빛

J. 레슬리 미첼 외 지음/ 김훈 옮김,『탐험의 역사』, 가람기획

N. M. 나이마크 지음/이동한 옮김,『1880년대 러시아』, 지양사

강석영 지음,『라틴아메리카사 (상), (하)』, 대한교과서

강석영 지음,『칠레사』, 한국외국어대학교출판부

강석영 · 최영수 지음,『스페인 · 포르투갈사』, 대한교과서주식회사

개빈 멘지스 지음/ 조행복 옮김,『1421 중국, 세계를 발견하다』, 사계절

고석규 · 고영진 지음,『역사 속의 역사 읽기 3』, 풀빛

김원중 지음,『대항해 시대의 마지막 승자는 누구인가?』, 민음인

김진웅 · 손영호 · 정성화 지음,『서양사의 이해』, 학지사

김택현 지음,『역사를 움직인 다섯 인물 이야기』, 웅진닷컴

김학준 지음,『러시아 혁명사』, 문학과지성사

김학준 지음,『러시아사』, 대한교과서주식회사

김형준 지음,『이야기 인도사』, 청아출판사

김희영 엮음, 『이야기 일본사』, 청아출판사

나가이 미치오 외 엮음/서병국 옮김, 『세계사의 흐름으로 본 명치유신』, 교문사

남경태 지음, 『종횡무진 동양사』, 그린비

남경태 지음, 『종횡무진 서양사』, 그린비

노명식 지음, 『프랑스혁명에서 파리코뮌까지』, 까치

노암 촘스키 지음/ 오애리 옮김, 『507년 정복은 계속된다』, 이후

니나 브라운 베이커 지음/ 이정민 옮김, 『나는 왕이 아니다』, 파스칼북스

니콜라이 V. 랴자노프스키 지음/ 김현택 옮김, 『러시아의 역사 II : 1801~1976』,
　　까치

니콜라이 체르니셰프스키 지음/ 서정록 옮김, 『무엇을 할 것인가』, 열린책들

디 브라운 지음/ 최준석 옮김, 『나를 운디드니에 묻어주오-미국 인디언 멸망사』,
　　나무심는 사람

레닌 지음/ 나상민 편역, 『칼 마르크스』, 새날

레이 황 지음/ 권중달 옮김, 『허드슨 강변에서 중국사를 이야기하다』, 푸른역사

로버트 단턴 지음/ 주명철 옮김, 『책과 혁명』, 길

리영희 지음, 『새는 좌우의 날개로 난다』, 두레

마스다 요시오 지음/ 신금순 옮김, 『이야기 라틴아메리카사』, 심산

마야꼬브스키 지음/ 석영중 옮김, 『나는 사랑한다』, 열린책들

마키아벨리 지음/ 임명방 옮김, 『군주론』, 삼성출판사

마틴 키친 지음/ 유정희 옮김, 『사진과 그림으로 보는 케임브리지 독일사』,
　　시공사

막스 갈로 지음/ 임헌 옮김, 『나폴레옹 1~5』, 문학동네

박정기 지음, 『남북전쟁』, 삶과 꿈

박홍규 지음, 『인간시대 르네상스』, 필맥

발터 슈미트 외 지음/ 강대석 옮김, 『독일 근대사』, 한길사

배영수 편, 『서양사 강의』, 한울아카데미

백종국 지음, 『멕시코 혁명사』, 한길사

보카치오 지음/ 한형곤 옮김, 『데카메론 1, 2』, 오늘의 책

서현섭 지음, 『일본은 있다』, 고려원

소련 마르크스 · 레닌주의 연구소 엮음/ 김대웅 · 임경민 옮김, 『마르크스 (상),
    (하)』, 두레

송기도 · 강준만 지음, 『권력과 리더십 1~4』, 인물과사상사

송기도 · 강준만 지음, 『콜럼버스에서 후지모리까지』, 개마고원

수잔 와이즈 바우어 지음/ 최수민 옮김, 『우리아이를 위한 세계역사 3~5』, 꼬마
    이실

시오노 나나미 지음/ 오정환 옮김, 『나의 친구 마키아벨리』, 한길사

시오노 나나미 지음/ 오정환 옮김, 『마키아벨리 어록』, 한길사

아담 호크 쉴드 지음/ 이종인 옮김, 『레오폴드왕의 유령』, 무수

안드레 군더 프랑크 지음/ 이희재 옮김, 『리오리엔트』, 이산

알렉산드르 뿌쉬낀 지음/ 석영중 옮김, 『잠 안 오는 밤에 쓴 시』, 열린책들

알베르 마띠에 지음/ 김종철 역, 『프랑스 혁명사 (상), (하)』, 창비

앙드레 모로아 지음/ 신용석 옮김, 『영국사』, 기린원

야코프 부르하르트 지음/ 안인희 옮김, 『이탈리아 르네상스의 문화』, 푸른숲

양동휴 지음, 『산업혁명과 기계문명』, 서울대학교출판부

에릭 홉스봄 지음/ 김동택 옮김, 『제국의 시대』, 한길사

에릭 홉스봄 지음/ 박현채 · 차명수 옮김, 『혁명의 시대』, 한길사

에릭 홉스봄 지음/ 정도영 옮김, 『자본의 시대』, 한길사

에이프릴 고든 · 도널드 고든 지음/ 김광수 옮김, 『현대 아프리카의 이해』, 다해

역사교육자협의회 지음/채정자 옮김, 『중동 · 아프리카』, 비안

역사학연구소 지음, 『강좌 한국근현대사』, 풀빛

오창훈 외 지음, 『고등학교 세계사』, 지학사

유시민 지음, 『부자의 경제학 빈민의 경제학』, 푸른나무

유종선 지음, 『미국사 100장면』, 가람기획

이강무 지음, 『청소년을 위한 세계사-서양편』, 두리미디어

이강혁 지음, 『스페인 역사 100장면』, 가람기획

이구한 엮음, 『이야기 미국사』, 청아출판사

이노우에 키요시 지음/서동만 역, 『일본의 역사』, 이론과실천

이무열, 『러시아사 100장면』, 가람기획

이성형 엮음, 『라틴아메리카의 역사와 사상』, 까치글방

이성형 지음, 『콜럼버스가 동쪽으로 간 까닭은』, 까치글방

이승영 지음, 『17세기 영국의 수평파 운동』, 민연

이영석 지음, 『산업혁명과 노동정책』, 한일아카데미

정병조 지음, 『인도사』, 대한교과서

제임스 E. 도거티 외 지음/ 이수형 옮김, 『미국외교정책사』, 한울아카데미

조길태 지음, 『인도 민족주의운동사』, 신서원

조엘 안드레아스 지음/ 평화네트워크 옮김, 『전쟁중독』, 창해

조지프 콘래드 지음/ 이상옥 옮김 , 『암흑의 핵심』, 민음사

존 아일리프 지음/ 이한규 · 강인황 옮김, 『아프리카의 역사』, 이산

존 킹 페어뱅크 지음/ 중국사연구회 번역, 『신중국사』, 까치

주경철 지음, 『대항해 시대』, 서울대학교출판부

진순신 지음/ 권순만 외 옮김, 『중국의 역사 11, 12』, 한길사

진순신 지음, 『비본 아편전쟁』, 우리터

차기벽 · 박충석 편, 『일본현대사의 구조』, 한길사

차윤근 지음, 『가도 끝없는 아프리카』, 한국어린이재단

최영수 지음, 『라틴아메리카 식민사』, 대한교과서

카를로스 푸엔테스 지음/ 서성철 옮김, 『라틴아메리카의 역사』, 까치

카를 마르크스 · 프리드리히 엥겔스 지음/ 김기연 옮김, 『공산당 선언』, 새날

칼 마르크스 지음/ 안효상 옮김, 『프랑스 내전』, 박종철출판사

칼 마르크스 지음, 『프랑스 혁명사 3부작』, 소나무

케네스 C. 데이비스 지음/ 진병호 옮김, 『교과서에서 배우지 못한 미국의 역사』, 고려원미디어

케네스 O. 모건 엮음/ 영국사학회 옮김, 『옥스퍼드 영국사』, 한울 아카데미

콘스탄틴 플레샤코프 지음/ 표완수 외 옮김, 『짜르의 마지막 함대』, 중심

패티 벤데 엮음/ 권세훈 옮김, 『혁명의 역사』, 시아출판사

퍼시빌 스피어 지음/ 이옥순 옮김, 『인도 근대사』, 신구문화사

페트리샤 버클리 에브리 지음/ 이동진 외 옮김, 『사진과 그림으로 보는 케임브리지 중국사』, 시공사

프랑소아 퓌레 지음/ 정경희 옮김, 『프랑스 혁명의 해부』, 법문사

프랜시스 로빈슨 외 지음/ 손주영 외 옮김, 『사진과 그림으로 보는 케임브리지 이슬람사』, 시공사

프랜시스 윈 지음/ 정영목 옮김, 『마르크스 평전』, 푸른숲

프레데리크 들루슈 엮음/ 윤승준 옮김, 『새유럽의 역사』, 까치

하워드 진 지음/ 조선혜 옮김, 『미국 민중저항사 1, 2』, 일월서각

하이네 지음/ 김남주 옮김, 『아침저녁으로 읽기 위하여』, 남풍

한국역사연구회 지음, 『1894년 농민전쟁연구 1~5』, 역사비평사

호리카와 데쓰오 지음/ 이양자 역, 『중국근대사』, 삼화원

KI신서 5649

스토리 세계사 · 7

1판 1쇄 인쇄 2014년 8월 12일
1판 1쇄 발행 2014년 8월 25일

지은이 임영태
펴낸이 김영곤 **펴낸곳** (주)북이십일 21세기북스
부사장 임병주
출판사업본부장 주명석
책임편집 정지은 장보라 양으녕
마케팅 민안기 최혜령 이영인 강서영
영업본부장 안형태 **영업팀** 권장규 정병철
출판등록 2000년 5월 6일 제10-1965호
주소 (우 413-120) 경기도 파주시 회동길 201 (문발동)
대표전화 031-955-2100 **팩스** 031-955-2151
이메일 book21@book21.co.kr **홈페이지** www.book21.com
트위터 @21cbook **블로그** b.book21.com

ⓒ 임영태, 2014

ISBN 978-89-509-5591-5 13900
       978-89-509-5595-3 13900 (SET)

책값은 뒤표지에 있습니다.